# データマイニング手法

## 3訂版

## 〈予測・スコアリング編〉

ゴードン S. リノフ／マイケル J. A. ベリー 著

上野勉／江原淳／大野知英／小川祐樹／斉藤史朗
佐藤栄作／谷岡日出男／原田慧／藤本浩司   共訳

KAIBUNDO

*Data Mining Techniques:*
*For Marketing, Sales, and Customer Relationship Management,*
*3rd Edition*
by Gordon S. Linoff and Michael J. A. Berry

Copyright © 2011 by Wiley Publishing, Inc., Indianapolis, Indiana
All Rights Reserved. This translation published under license.

Translation copyright © 2014 by KAIBUNDO PUBLISHING CO., Ltd.
2-5-4 SUIDO, BUNKYO, TOKYO 112-0005

Japanese translation rights arranged
with John Wiley & Sons International Rights, Inc., New Jersey
through Tuttle-Mori Agency, Inc., Tokyo

# 訳者まえがき

　ビッグデータの時代となった。これまでの業務トランザクションデータに加えて，センシングやGPSなどM2M（マシンtoマシン）データ，SNSやweb上のソーシャルデータなど，どの組織においてもデータの増大とそれへの対処が喫緊の課題となっている。

　本書は，この領域でのデータ利活用についての著名なコンサルタントであり20年近く前からデータマイニングを実践している著者による，数式なしでの事例と図解による，ユーザのためのきわめて優れた手法紹介・解説である。本書では，最新の手法と応用事例によってほぼ全面的に改訂された『Data Mining Techniques (Third Edition)』からデータマイニング手法に関する章のみを翻訳している。

　データマイニングは，ビジネス課題解決のために行われる。したがってデータの選択やデータクリーニングから変数変換，手法選択，報告まで，その目的に照らして適切に行われなければならない。原著のChapter 1を開いただけでも，適切なデータ量，履歴期間，変数選択，データ抽出方法，欠損値の扱いなどについて，ビジネス課題のためのモデル構築の視点から具体的に触れていることがわかる。データサイエンティストは，まずビジネスサイエンティストでもなければならないのである。たとえば，判別問題の要因となる変数を探すときに，平均値の周辺を除いて両端のデータだけを使ったCARTから変数選択する，というような実務から生まれたたくさんのノウハウと手法に満ちているのが本書である。

　データマイニングにはビジネス上の目的がある。購買金額，顧客維持，解約行動，類似顧客からのリコメンデーションなどビジネス上の成果変数が明らかであり，それを向上させるためにモデルを利用することについては〈予測・スコアリング編〉で扱っている。ビッグデータから顧客をセグメント分けして，より効率的・効果的なCRMを行いたいというような課題については，〈探索

的知識発見編〉で扱っている自動クラスタリングやバスケット分析，リンク分析，テキストマイニングなどが役立つであろう。

　このようにデータマイニング実務経験から生み出された本書は，実務の関係者にとって貴重なものであることが第一の特徴である。第二に，事例のポイントを的確に伝えるために翻訳者もすべてデータマイニング実務経験のある者としたことも特徴かもしれない。第三に，この数年で普及してきたサポートベクターマシン，協調フィルタリング，生存時間分析，テキストマイニング，ナイーブベイズなどの新たな手法についても触れられている点があげられる。

　著者は最も経験のあるデータマイニングコンサルタントである。本書を手に取ることによってそのコンサルティング経験を追体験することからあなたのデータマイニングをスタートしてほしい。ビッグデータではほとんどの差異は統計的に有意となるので，データの海に溺れないためには本書のような確かな指針が必要と思われる。そして，データサイエンスを学ぶ学生にも，実務視点で学習分野を見直す機会となる良い参考書となると思われる。

訳者を代表して　2014 年 2 月　江原 淳

■訳者一覧

江原 淳（えはら あつし）［予測・スコアリング編 第1章，第2章］
　1977年 東京大学文学部卒業
　(社) 中央調査社，(財) 流通経済研究所を経て
　現在 専修大学ネットワーク情報学部 教授

上野 勉（うえの つとむ）［予測・スコアリング編 第3章］
　1989年 大阪教育大学教育学部卒業
　1999年 筑波大学大学院経営・政策科学研究科修士課程修了
　JTB（日本交通公社），CCC（カルチュア・コンビニエンス・クラブ）を経て
　現在 (株) ジーリサーチ 代表取締役，神奈川大学大学院非常勤講師

藤本 浩司（ふじもと こうじ）［予測・スコアリング編 第4章］
　1985年 上智大学理工学部数学科卒業
　1999年 東京農工大学大学院工学研究科博士後期課程修了
　アメリカン・エキスプレス (Japan) 社などを経て
　現在 テンソル・コンサルティング (株) 代表取締役社長
　　　東京農工大学工学研究院 客員教授 (兼務)　工学博士

佐藤 栄作（さとう えいさく）
　　［予測・スコアリング編 第5章，探索的知識発見編 第1章］
　2004年 東京大学大学院総合文化研究科博士課程修了 博士 (学術)
　日立化成工業 (株)，(財) 流通経済研究所を経て
　現在 千葉大学人文社会科学研究科 教授

斉藤 史朗（さいとう しろう）［探索的知識発見編 第2章］
　1983年 東京大学法学部卒業
　フリーランスでのセールス・プロモーションの企画・設計を経て
　現在 (株) 金融エンジニアリング・グループ 主任コンサルタント

原田 慧（はらだ けい）［探索的知識発見編 第3章］
　2006年 京都大学理学部卒業
　2011年 名古屋大学大学院多元数理科学研究科博士後期課程修了 博士 (数理学)
　現在 (株) 金融エンジニアリング・グループ コンサルタント

小川 祐樹（おがわ ゆうき）［探索的知識発見編 第4章］
　2005年 東京大学大学院人文社会系研究科修了
　市場調査会社を経て
　現在 (株) ジーリサーチに所属

大野 知英（おおの ともひで）［探索的知識発見編 第5章］
　1981年 東京大学工学部都市工学科卒業
　(株) 竹中工務店，(株) NTTデータセキスイシステムズを経て
　現在 ウェッジソフトウェア合同会社 代表

谷岡 日出男（たにおか ひでお）［探索的知識発見編 第6章］
　1979年 神戸大学理学部卒業
　2002年 筑波大学大学院経営・政策科学研究科修士
　現在 データマインテック (株) 代表取締役

# 目　　次

## [CHAPTER 1] 記述と予測：プロファイリングと予測モデル ............. 1

- 1.1 目的志向的データマイニング ........................................ 2
  - 1.1.1 モデル構造とターゲットの決定　2
  - 1.1.2 追加反応モデル　4
  - 1.1.3 モデルの安定性　6
  - 1.1.4 モデル用データの集計期間　8
- 1.2 目的志向的データマイニングの方法論 ............................. 11
- 1.3 第1段階：ビジネスの問題をデータマイニングの問題に翻案する ........ 13
  - 1.3.1 結果はどのように使われるか　16
  - 1.3.2 どのように結果は伝えられるのか　16
  - 1.3.3 各分野の専門家の役割と情報技術　17
- 1.4 第2段階：適切なデータを選択する ................................. 18
  - 1.4.1 どのデータが入手可能か　19
  - 1.4.2 データはどれくらいあれば十分なのか　20
  - 1.4.3 履歴はどれくらい必要か　21
  - 1.4.4 変数はどれくらい必要か　22
  - 1.4.5 データには何が含まれていないといけないか　22
- 1.5 第3段階：データについて知る ..................................... 23
  - 1.5.1 分布を検討する　24
  - 1.5.2 説明付きで変数を比較する　24
  - 1.5.3 仮定を検証する　25
  - 1.5.4 たくさん質問する　25
- 1.6 第4段階：モデル用データを作る ................................... 26
  - 1.6.1 顧客ごとに組み合わせる　26
  - 1.6.2 バランスのとれたサンプルを作成する　27
  - 1.6.3 複数の時間枠　29
  - 1.6.4 予測のためのモデル用データの作成　29
  - 1.6.5 プロファイリングのためのモデル用データの作成　31
  - 1.6.6 モデル用データセットの区分　32
- 1.7 第5段階：データで問題を定義する ................................. 33

|  |  | 1.7.1 カテゴリ変数には値が多すぎる　*33* |
| :-- | :-- | :-- |
|  |  | 1.7.2 偏った分布や外れ値のある数値変数　*34* |
|  |  | 1.7.3 欠損値　*34* |
|  |  | 1.7.4 時期によって意味の異なる値　*35* |
|  |  | 1.7.5 一貫しないコーディング　*35* |
| 1.8 | 第6段階：問題を浮かび上がらせるためにデータを変換する | ............ *36* |
| 1.9 | 第7段階：モデルを構築する | ........................................ *36* |
| 1.10 | 第8段階：モデルを評価する | ........................................ *37* |
|  |  | 1.10.1 二値反応モデルと分類の評価　*38* |
|  |  | 1.10.2 リフト値を使った二値反応モデルの評価　*39* |
|  |  | 1.10.3 リフト図を使った二値反応モデルのスコアの評価　*41* |
|  |  | 1.10.4 収益性モデルを使った二値反応モデルのスコアの評価　*42* |
|  |  | 1.10.5 　ROCチャートを使った二値反応モデルの評価　*44* |
|  |  | 1.10.6 予測結果の評価　*46* |
|  |  | 1.10.7 得点ランキングを使った予測値の評価　*47* |
| 1.11 | 第9段階：モデルを実装する | ........................................ *48* |
|  |  | 1.11.1 モデルの実装での実践的課題　*48* |
|  |  | 1.11.2 実装のためのモデル最適化　*49* |
| 1.12 | 第10段階：結果を評価する | ......................................... *50* |
| 1.13 | 第11段階：再び開始する | ........................................... *52* |
| 1.14 | 得られた教訓 | ................................................... *52* |

## [CHAPTER 2] 決定木 ....................................................... *55*

| 2.1 | 決定木とは何か，どのように使われるのか | ............................. *56* |
| :-- | :-- | :-- |
|  |  | 2.1.1 典型的な決定木　*57* |
|  |  | 2.1.2 解約について学ぶために決定木を使う　*59* |
|  |  | 2.1.3 データを知り変数を選択するために決定木を使う　*60* |
|  |  | 2.1.4 ランキングを作成するために決定木を使う　*62* |
|  |  | 2.1.5 ターゲット変数のクラスへの所属確率を推定するために決定木を使う　*62* |
|  |  | 2.1.6 レコードを分類するために決定木を使う　*63* |
|  |  | 2.1.7 数値を予測するために決定木を使う　*64* |
| 2.2 | 決定木は局所モデルである | ........................................ *64* |
| 2.3 | 決定木を育てる | ................................................. *68* |
|  |  | 2.3.1 最初の分岐を見つける　*68* |

2.3.2　決定木を最後まで成長させる　*72*
2.4　最良の分岐を見つける ................................................................. *74*
　　　2.4.1　分岐基準としてのジニ係数　*75*
　　　2.4.2　分岐基準としてのエントロピー減少または情報利得　*76*
　　　2.4.3　情報利得比　*78*
　　　2.4.4　分岐基準としてのカイ2乗検定　*79*
　　　2.4.5　分岐基準としての追加反応　*81*
　　　2.4.6　数値変数の分岐基準としての分散の減少　*82*
　　　2.4.7　F検定　*85*
2.5　枝刈り ................................................................................ *86*
　　　2.5.1　CARTの枝刈りアルゴリズム　*86*
　　　2.5.2　悲観的な枝刈り：C5.0の枝刈りアルゴリズム　*91*
　　　2.5.3　安定性に基づく枝刈り　*92*
2.6　決定木からルールを生成する ....................................................... *93*
2.7　決定木のいろいろ .................................................................... *94*
　　　2.7.1　多岐の分岐　*96*
　　　2.7.2　一度に複数項目を使って分岐する　*96*
　　　2.7.3　矩形でない箱を作る　*97*
2.8　決定木の品質を評価する ........................................................... *101*
2.9　決定木が適切なのはいつか ........................................................ *102*
2.10　ケーススタディ：コーヒー焙煎工場におけるプロセス管理 ............... *103*
　　　2.10.1　シミュレータの目標　*103*
　　　2.10.2　焙煎機シミュレーションの構築　*104*
　　　2.10.3　焙煎機シミュレーションの評価　*105*
2.11　得られた教訓 ....................................................................... *105*

## [CHAPTER 3] 人工ニューラルネットワーク ........................... *107*

3.1　ちょっとした歴史 .................................................................... *109*
3.2　生物学的モデル ...................................................................... *112*
　　　3.2.1　生物学的ニューロン　*113*
　　　3.2.2　生物学的入力層　*114*
　　　3.2.3　生物学的出力層　*114*
　　　3.2.4　ニューラルネットワークと人工知能　*114*
3.3　人工ニューラルネットワーク ..................................................... *115*
　　　3.3.1　人工ニューロン　*116*

3.3.2　多層パーセプトロン　*119*
　　　3.3.3　ネットワークの例　*120*
　　　3.3.4　ネットワークトポロジー　*122*
3.4　応用例：不動産査定 .................................................... *124*
3.5　ニューラルネットワークの学習 ........................................... *129*
　　　3.5.1　誤差逆伝播法を使って
　　　　　　ニューラルネットワークはいかに学習していくのか　*130*
　　　3.5.2　ニューラルネットワークの枝刈り　*131*
3.6　RBF ネットワーク ...................................................... *134*
　　　3.6.1　RBF ネットワークの概観　*135*
　　　3.6.2　RBF の位置を選ぶ　*136*
　　　3.6.3　普遍的な近似　*137*
3.7　ニューラルネットワークの実際 .......................................... *139*
3.8　学習用データを選ぶ .................................................... *141*
　　　3.8.1　すべての項目について値をカバーしていること　*142*
　　　3.8.2　項目の数　*142*
　　　3.8.3　学習用データのサイズ　*142*
　　　3.8.4　出力値の数と範囲　*143*
　　　3.8.5　MLP（多層パーセプトロン）を利用するための経験則　*143*
3.9　データを準備する ...................................................... *144*
3.10　ニューラルネットワークの出力を解釈する ............................... *146*
3.11　時系列に対するニューラルネットワーク ................................. *148*
　　　3.11.1　時系列モデリング　*149*
　　　3.11.2　時系列ニューラルネットワークの事例　*150*
3.12　ニューラルネットワークのモデルを説明できるか ........................ *151*
　　　3.12.1　感度分析　*152*
　　　3.12.2　スコアを記述するルールを用いる　*153*
3.13　得られた教訓 ......................................................... *154*


[CHAPTER 4]　最近傍アプローチ：
　　　　　　　記憶ベース推論と協調フィルタリング .................. *157*
4.1　記憶ベース推論（MBR） ................................................ *158*
　　　4.1.1　look-alike モデル　*160*
　　　4.1.2　事例：アパートの家賃の推定に MBR を用いる　*162*
4.2　MBR の課題 ............................................................ *165*

　　　　4.2.1　過去のレコードからバランスのとれたデータセットを選択する　*166*
　　　　4.2.2　学習用データを選ぶ　*167*
　　　　4.2.3　距離関数、結合関数、近傍レコード数を決定する　*171*
　4.3　ケーススタディ：マンモグラム画像の異常検出に MBR を利用する ...... *171*
　　　　4.3.1　マンモグラムの異常検出のビジネス上の課題　*171*
　　　　4.3.2　 MBR を適用する　*172*
　　　　4.3.3　総合的な解法　*175*
　4.4　距離と類似性を計測する ................................................. *176*
　　　　4.4.1　距離関数とは何か　*176*
　　　　4.4.2　一度に 1 つの項目に対して距離関数を構築する　*178*
　　　　4.4.3　他のデータタイプに対する距離関数　*181*
　　　　4.4.4　距離の尺度がすでに存在する場合　*182*
　4.5　結合関数：近傍データから答えを導く方法 ............................. *184*
　　　　4.5.1　最もシンプルなアプローチ：1 つだけの近傍レコード　*184*
　　　　4.5.2　クラス分類の基本アプローチ：多数決　*184*
　　　　4.5.3　カテゴリ値を予測するための重み付き投票　*186*
　　　　4.5.4　数値予測問題　*187*
　4.6　ケーススタディ：Shazam—曲名検索アプリへの応用 ................ *188*
　　　　4.6.1　この技術がなぜ難しいか　*189*
　　　　4.6.2　音声認証方式（audio signature）　*190*
　　　　4.6.3　類似性を測る　*192*
　4.7　協調フィルタリング：レコメンデーションのための最近傍アプローチ .... *195*
　　　　4.7.1　プロファイルを構築する　*197*
　　　　4.7.2　プロファイルを比較する　*198*
　　　　4.7.3　予測を行う　*198*
　4.8　得られた教訓 ........................................................... *200*

[CHAPTER 5]　心配すべき時を知る：
　　　　　　　顧客理解のための生存分析の活用 ...................... *203*
　5.1　顧客の生存 .............................................................. *207*
　　　　5.1.1　生存曲線から明らかになること　*207*
　　　　5.1.2　生存曲線から平均顧客継続期間を見つける　*209*
　　　　5.1.3　生存曲線を使った顧客リテンション　*212*
　　　　5.1.4　生存を減衰として見ること　*213*
　5.2　ハザード確率 ............................................................ *217*

    5.2.1　基本的なアイデア　*217*
    5.2.2　ハザード関数の例　*220*
    5.2.3　打ち切り　*223*
    5.2.4　ハザードの計算　*225*
    5.2.5　その他の打ち切りのタイプ　*227*
 5.3　ハザードから生存へ ................................................... *229*
    5.3.1　リテンション　*229*
    5.3.2　生存率　*231*
    5.3.3　リテンションと生存の比較　*232*
 5.4　比例ハザード ........................................................ *235*
    5.4.1　比例ハザードの例　*235*
    5.4.2　層別：生存確率に対する初期効果の測定　*236*
    5.4.3　コックスの比例ハザード　*237*
 5.5　生存分析の実際 ...................................................... *241*
    5.5.1　異なる退会タイプの扱い　*242*
    5.5.2　顧客はいつ戻ってくるだろうか　*244*
    5.5.3　顧客価値の理解　*247*
    5.5.4　予測　*250*
    5.5.5　時間と共に変化するハザード　*252*
 5.6　得られた教訓 ........................................................ *254*

索引　*257*

# CHAPTER 1

# 記述と予測：
# プロファイリングと予測モデル

　本章では，最もよく行われるデータマイニングである目的志向的データマイニングに焦点を当て，記述モデルや予測モデルの方法を紹介する。次章からは，特定の技術を解説して本章で扱うテーマを詳述する。

　目的志向的データマイニングでの主な2つのタイプである記述モデル（プロファイリングモデルと呼ばれることもある）と予測モデルには共通点がある。それらを使うときに，分析者は分析のゴールとその事例となるモデルを思い浮かべる。以下の例はすべて目的志向的データマイニングなのである。

- どの顧客が立ち止まりそうか
- 顧客が次回購入するのはいつだろうか
- 個別顧客にとって最良の提案は何だろうか
- 平均的顧客と優良顧客を分けているものは何か

　来店した顧客，購買間隔，購買した製品，所属するセグメントが個々に異なっているというように，これらはすべて履歴データに内包されている。データマイニングの目的は通常，データからある商品をより好んでいる顧客を発見することにある。

本章では，データマイニングのモデルがどのようなものであるかの説明から始める．モデルは実験室だけでなく実世界でも役立つべきなので，まず重要なのはモデルの安定性である．次に予測モデルとプロファイリングモデルとの違いを説明する．この2つのアプローチはたいへん似ていて，それを作るときに使われたモデル用データの特徴が異なるだけである．

章の大半は目的志向的データマイニングの手法の説明にあてられている．マイニング手法は誤解のないように単純なプロセスで示されているが，データマイニングは対話的なプロセスであるので，手法は実際には，安定した有益なモデルを構築するために探索し続けるためのガイドラインである．手法に立ち入る前に，まずモデルそれ自体を検討してみよう．

## 1.1 目的志向的データマイニング

目的志向的データマイニングとは，ターゲット変数に関連する特定の目的のモデルの構築である．

### 1.1.1 モデル構造とターゲットの決定

目的志向的データマイニングのモデルを作るときには，モデルで推定しようとするターゲット変数を決めて理解する必要がある．ダイレクトメールやeメールでのキャンペーンで誰に出すかを選ぶモデルのような，二値反応モデルがその典型的な事例である．このモデルを作るには，同様の以前のキャンペーンで反応のあった顧客の履歴データを使う．次のキャンペーンでの反応率を改善するために，反応しそうな次の顧客を発見することが目的志向的データマイニングの目的となる．

これは単純な事例に思えるかもしれないが，少し詳しく見るだけで別のレベルの問題に到達する．目的は，単に反応率の最大化であるべきではないかもしれない．所与のキャンペーン費用の総額の投資に対しての収入を最大化するというもう1つの目的がある．逆に見れば，反応を予測した顧客での予測反応率と予測収益の両方の予測が必要ということになる．図1.1では，期待されてい

る金額を得るために反応率と投資金額とを結びつける 2 段階のモデルを示している。この 2 つのモデルは，別のデータを使っていることに注意が必要である。反応率のモデルは，キャンペーン対象となった全顧客の履歴データに基づいていて，ターゲット変数は個々の顧客の反応の有無である。予想購買金額は反応のあった顧客だけから推定されており，ターゲット変数は個々人の購買総額である。

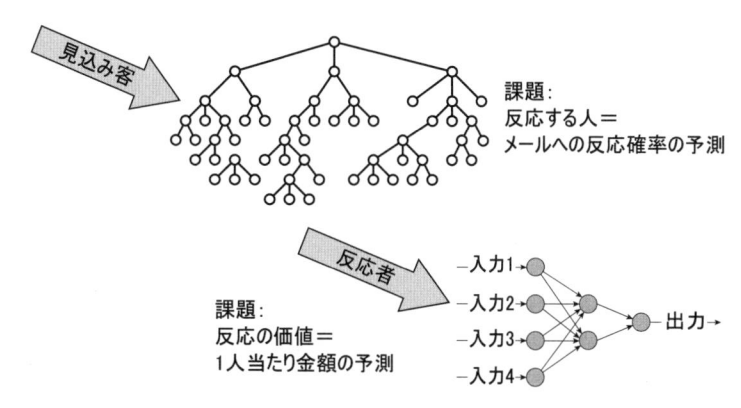

**図1.1** 反応金額を予測する 2 段階モデルの例。第 1 のモデルで反応を予測し，第 2 のモデルで反応金額合計を予測する。成果は反応金額の予測値である。

キャンペーンでの収入でなく利益の最大化のような別の目的でも，この 2 段階モデルを使える。反応した顧客は誰でも同じくらい購入するという単純な仮定を使ってもよいかもしれない。

キャンペーンの二値反応モデルの目的としては，以下のようなものもありうる。

- 休眠顧客の再活性化（長期間非購買の顧客）
- 翌年の顧客価値の最大化
- 「不良資産」最小化（未払い顧客）
- 顧客ごとの購買製品数・購買部門数の増大

1 つの目的で最適化されているキャンペーンであっても，それがいくつかの

副目的と結びついていることがあるが，多様な目的は多様なモデリングを必要としている．休眠顧客再活性化の目的であれば，過去18カ月購買がない顧客のデータに基づいてモデルを作る必要がある．顧客の年間購買金額の最大化であれば，より複雑な財務的計算が必要となるであろう．顧客との関係の幅を広げると，各部門ごとの別々のモデルを作る必要があるかもしれない．

特定のメッセージを受け取るべき顧客を選ぶのが目的ではなくて，1人1人の顧客に数種の対応のなかのどれを行うべきかが目的であることがある．クロスセルのモデルであれば，価格に敏感な顧客からサービスに敏感な顧客までの間でどのメッセージにするかという選択の問題であるし，メッセージ伝達方法（どの顧客にはeメールが向いていて，どの顧客は電話向きで，どの顧客は豪華なパンフレットを届けるべきかといった）の選択の問題でもある．

図1.2は，大量の選択肢があるときのモデルの構造を示している．個々の可能性には別々のモデルがあり，個々の顧客にどのモデルがベストかを決定する．収入の最大化とか利益最大化とか反応率最大化とかの「最大」のいくつかの尺度でモデルが競争するという考え方である．

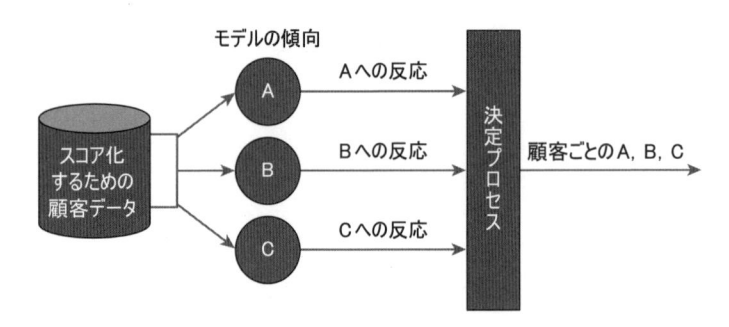

図1.2 多くの選択肢があるときのクロスセルモデル．各オプションは別個のモデルから構成されていて，最適なオプションを選択する決定方法も一緒に持っている．

## 1.1.2 追加反応モデル

目的志向的モデルでたいへん興味深いものに追加反応モデルやアップリフトモデルがある（本書の以前の版では特徴的反応モデルと呼んでいたが，その用

語は児童福祉分野で特定の意味で使われているため用語を変更したい)。

　反応に基づいてモデルを構築するのでなく，マーケティングメッセージに基づく反応の増分を予測するのがこのモデルである。既存顧客へのキャンペーンにとくに向いているが，見込み客へのキャンペーンでも有益なことがある。追加反応モデルでは，マーケティングキャンペーンで顧客の世界を以下の4グループに分割できるものとする。

- 確実な顧客：メッセージが届いていてもいなくても反応する顧客
- 説得可能顧客：オファーが届いたときだけ反応する顧客
- 喪失顧客：オファーにかかわらず反応しない顧客
- 寝た子を起こす顧客：キャンペーンで本当は欲しくなかったと思い起こさせてしまうと，購買中止など良くないことをしてしまう顧客

　用語は「ポートレートソフトウェア」による。第2章にそれを用いたより詳細なケースがある。

　顧客をこの4区分に分割すると非常に有益である。マーケティングキャンペーンのターゲットは，説得可能顧客である。確実な顧客は何もしなくても反応するし，喪失顧客は何をしても反応しない。寝た子を起こす顧客では，いなくなってしまうなど反応しないことよりもさらに悪いことになる。ケーブルテレビの優良顧客にさらにチャンネル追加を求めたりすると結果として基本契約だけにダウンしてしまうように，彼らにさらにコンタクトすると追い詰められてもはや顧客でいることにうんざりしてしまう。

　追加反応モデルの基本的アイデアは図1.3の2つのモデルを作ることにある。1つは顧客から無作為抽出したデータから反応確率を求めるモデルであり，もう1つは過去のキャンペーン結果から次回のキャンペーンへの反応率を推定するモデルである。追加の反応はこの2つの差を用いる。このように公式化すると，モデル自体はどのような二値反応モデルも使うことができることに留意されたい。

　「ポートレートソフトウェア」では別のアプローチを使う。ターゲットを2群に分けるのではなく「説得可能性」を直接モデル化しようとするのである。第2章でこれについて触れる。

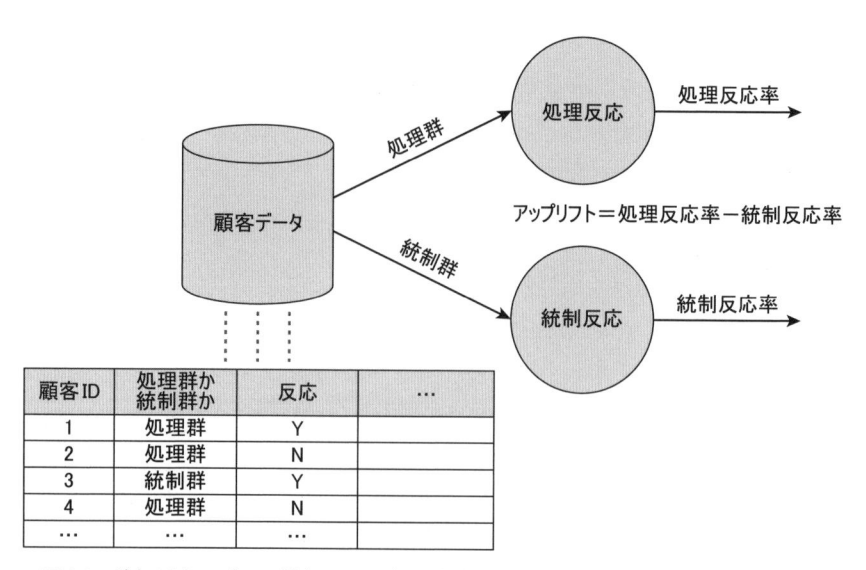

| 顧客ID | 処理群か<br>統制群か | 反応 | … |
|---|---|---|---|
| 1 | 処理群 | Y | |
| 2 | 処理群 | N | |
| 3 | 統制群 | Y | |
| 4 | 処理群 | N | |
| … | … | … | |

**図1.3** 追加反応モデルは異なる2モデルを接合する。1つは操作のない反応率予測，もう1つは操作された反応率の予測である。

追加反応のスコアは，この2つのスコアの差である。信頼性はこの比率の差を用いるので，差の誤差の範囲はそれぞれの誤差の範囲より大きい。ここで重要なのは，統計的に有意であるためにはサンプル数が大きいことが必要であることである。

> **ヒント** あり余るほどの反応のデータと無作為の履歴データがあるときには，追加反応モデルは強力なモデリング方法である。追加反応は2つのモデルのスコアの差を用いるので標準誤差は大きくなるため，サンプル数は大きくなければならない。

## 1.1.3　モデルの安定性

かつて，コンファレンスで次のように質問されたことがある。ケーブルテレビ局勤務で，その産業の典型的モデルである受信者へのプレミアムチャンネルのオファーのモデルを作ったことがある人であった。シンプルな質問で，「実験室ではうまくいくモデルがどうして実際にやるとうまくいかないのか」とい

うものである。テーブルにぶつかって砕ける前のオーブンでのスフレは悪くはない。この問題は，モデルがデータに「オーバーフィット」であることである。オーブンで膨れすぎたスフレのように，モデルが別の環境ではうまくいかなかったのである。

モデリングの最終目的は，実験室で最良のモデルを作ることではない。データマイニングの目的は何か効果をもたらすなど実世界に貢献することである。実験室で強力なモデルを作ることで，その目的は達成されるかもしれないし，されないかもしれない。ビル・ゲイツが天国と地獄を選ぶ古いジョークがある。天国はよいが，地獄を訪れたときそこが快適で寛大だったので地獄を選んだ。戻ってからまた地獄に行ってみると，実際には灼熱で苦痛に満ちていた。この違いはどうしてか尋ねると，悪魔ルシファーは最初のバージョンはデモだと答えた。

モデルでも同じである。実験室でうまくいっても実世界では砕け散ってしまうようなデモバージョンのモデルを欲しがらないことである。欲しがるべきなのは，モデル用データだけでなく未見のデータでも使えるようなモデルの「安定性」である。本章の多くの方法論はこの安定性を保証するために存在している。

安定性には4つの敵がいる。第1のものは単に物事を悪化させる。NASAは1999年に1.25億ドルもした火星探査機を失った。1つの設計チームがヤード・ポンド法の英国製部品を採用したが，そのほかはメートル法の部品であった。ロケットエンジンへの命令はメートル法のニュートンでないといけないが，コンピュータはポンドで計算した命令をしてしまった。標準化とコミュニケーションは重要である。データマイニングの世界では，モデリングチームが悪構造問題を単純に解こうとするときにこの種の問題に直面する。データはクリーンであり，分析は模範的なのに，解決策は使い物にならないことがある。

第2の問題はオーバーフィットである。モデルがより一般的なパターンでなくモデル用データを記憶しているときに生じる。かつて著者の勤務していた会社でレイオフがあったとき，偶然にも3人のアレックスが全員レイオフされたことがある。会社をスリム化するときに一部で生じた偶然に過ぎないのに，アレックスという名前をレイオフされるリスク要因とするパターンを見つけてし

まうかもしれない。人はパターンを認識するものであるし，ファーストネームのパターンは目立つのである。しかしながら，そのようなパターンはしばしば見せかけに過ぎないし，他の状況に応用することができない。オーバーフィッティングの例である。

　第3の問題は標本誤差である。モデルを作成したデータが，実世界を正確に反映していないかもしれない。元データから無作為抽出（ないしは層化無作為抽出）されたデータからモデルを作成したのでないときに発生する。たとえば，カリフォルニアの顧客のデータから作成したモデルは使えないであろう。他の地域の顧客と主要なところで異なっているかもしれないからである。

　第4の問題は，未来は過去の延長とは限らないことである。履歴データからモデルを作成するが，それを他の時点に応用する。過去に何が起きたかは，将来何が起きるかのガイドラインになるという暗黙の仮定をしていることになる。未来は過去と似ている必要はないので，そのようなモデルでは過去は未来の序曲であるという仮定の下に予測していることになる。

### 1.1.4　モデル用データの集計期間

　モデル用データで使う変数は，その変数のもたらされた期間を記述している。たとえば，全購買回数はその値が記録されだしたときからの情報で計算されている。前年の顧客の購買総額は，1年間という集計期間なのである。

　入力変数にもターゲット変数にも集計期間がある。この両者の関係は重要である。最もよくある状況を図1.4に示す。図の下半分は，ターゲット変数がわかる前の入力変数の集計期間である。このようなモデル用データから作成するものは予測モデルである。入力変数とターゲット変数が同じ集計期間である場合は，プロファイリングモデルである。

＜予測モデル＞

　多くのデータマイニング問題は予測の問題と捉えられる。過去の反応から誰が反応するか予測するとか，過去の事故に基づいて誰がリスクが大きいか予測するなど。これらの問題へのいちばん良い対処方法は，図1.4の下半分で示し

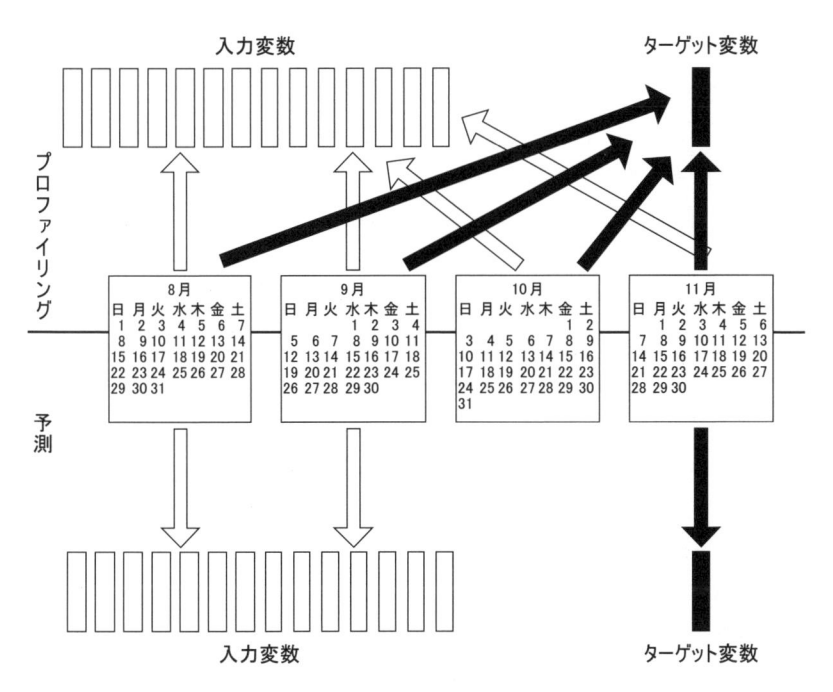

図1.4　予測モデルとプロファイリングモデルは，入力変数とターゲット変数の集計期間の違いのみによる。

たように入力変数をターゲット変数に照らして厳密に検討することである。

　9月にキャンペーンを予定しているカタログやネットの通販業者について考えてみよう。9月1日の顧客のデータを取り出して，どういう顧客にどういうマーケティング手段でキャンペーンすべきかを決めるモデルを使うのはどうだろうか。そのモデルを作るのに，どういうデータが使われるべきだろうか。その同じデータはモデルの評価にも使われることになるだろう。そのために，去年のカレンダーの9月1日に立ち戻り，当日の顧客のデータを取り出して去年のマーケティング手段への反応のデータを追加する。このようなアプローチでは入力変数に未来の情報がまったくないので，ターゲット変数を予測するモデルの精度を悪くしてしまう。

予測に挑戦するにはモデル用データを作るのに膨大な作業が必要なのである。顧客中心で正規化されたデータウェアハウスを作ることよりも，カレンダーをさかのぼることは安易な方法であると言わなければならない。それには努力が必要であるが，そのほうがより安定したモデルが作成でき，顧客の重要な行動の原因をよりよく捉えることができる。

＜プロファイリングモデル＞

もう1つの選択肢はプロファイリングであり，図1.4の上半分に示されている。プロファイリングのモデルでは入力変数とターゲット変数とは同一の期間のデータである。これは多くの問題についてよく行われるアプローチであって，高度な分析手法を使う必要は必ずしもない。たとえば，実際に調査することが顧客のプロファイル作成の共通の方法である。実査すると見込み顧客はどのようであるか明らかとなる。少なくともアンケートへの回答者の傾向は明らかとなる。

プロファイルは，性別・年齢・居住地などデモグラフィクス変数で記述されることが多い。広告は同じ変数で売られているので，デモグラフィクスでのプロファイルは広告媒体での戦略に直接変換できる。単純なプロファイルは保険料率にも使われる。17歳の男性は60歳の女性よりも自動車保険料は高い。同じように，定期生命保険申込書では性別・年齢・喫煙有無が問われるが，それ以上のことはあまり必要ない。

このようにプロファイリングは強力ではあるが重大な限界もある。1つは原因と結果を区別できないことである。プロファイリングが詳細なデモグラフィック変数に基づいている限り，この限界は目立たない。女性より男性がビールをたくさん購入するからといって，ビールを飲むことが男性性の原因であるかどうか悩む必要はないであろう。男性とビールに結びつきがあっても，逆も真であるわけではない。

**注意** プロファイリングのモデルは関係性を見いだすが，それは原因と結果を示しているわけではない。だから，ターゲット変数に顧客の行動を，入力変数にデモグラフィクスを用いたモデルが多いが，この場合，因果関係はより直観的に決められている。

行動データの場合は因果関係の向きは明らかとは限らない．実際の例で見てみよう．

- 譲渡可能定期（CD）を持つ顧客は貯蓄口座をほとんど持たない
- ボイスメールを使う顧客は自分の番号にたくさん短時間通話をかける
- 自動引き落としで支払う顧客は支払いがほとんど遅れることがない

貯蓄口座に資金を置いておかないことは，男性がビールを飲むのと同じように CD 保有者に共通の特徴である．ビール会社が男性に自社製品を売ろうとするように，銀行は貯蓄口座の残高がない人に CD を勧めるべきであろうか．おそらくそうではない．想像するに，CD を保有している人は CD 購入にお金を使ってしまったので貯蓄口座に残高がないのではないか．貯蓄口座に残高がないということの普通の理由は，お金がないことであるが，お金のない人は CD を購入しそうもない．

同様に，ボイスメール使用者はボイスメールをチェックできる唯一の方法なので自分の番号に何度もかけている．このパターンは，見込み客の発見に対しては役に立たない．自動引き落としでの支払者にほとんど遅れがないことは顧客に関する情報をもたらしてはいない．支払いは自動で行われているのであるから．

## 1.2 目的志向的データマイニングの方法論

目的志向的データマイニングは 11 段階ある．

1. ビジネスの問題をデータマイニングの問題に翻案する
2. 適切なデータを選ぶ
3. データについて知る
4. モデル用データを作成する
5. データで問題を定義する
6. 情報が浮かび上がるようにデータを変換する
7. モデルを構築する

8. モデルを評価する
9. モデルを採用する
10. 結果を評価する
11. 再度繰り返す

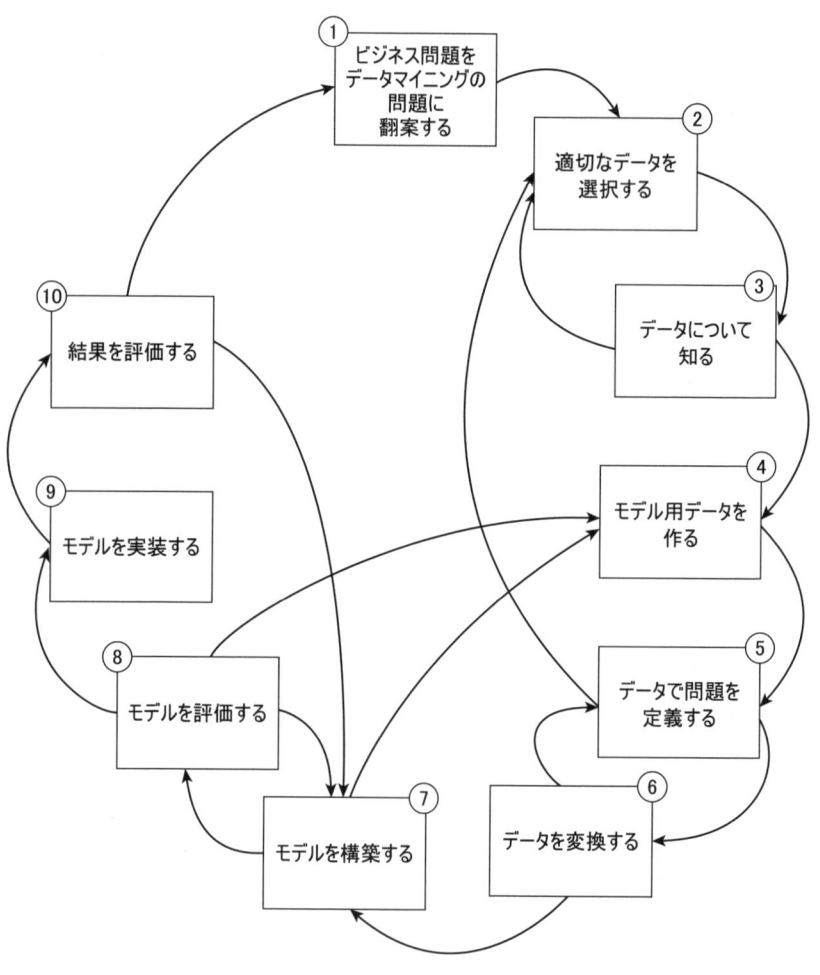

図1.5 目的志向的データマイニングは直線的プロセスではない。

図1.5に見るように，データマイニングは一直線で進むのではなく，繰り返しの連鎖のプロセスであると考えたほうがよい。各段階には自然と順序があるが，ある段階が終了してから次に移る必要はないし，望ましくもない。後ろの段階で何かわかると，前のほうに影響して再度やることになるであろう。

## 1.3 第1段階：ビジネスの問題をデータマイニングの問題に翻案する

不思議の国のアリスでアリスがチェシャ猫に尋ねるシーンがお気に入りである。

「あのう，わたくし，ここからどの道を行けばいいか，教えていただきたいんですけど」
「そりゃ，あんたがどこへ行きたいかによるわな」とネコのこたえだ。
「どこだっていいんですけど―」
「そんなら，どの道だってかまわんだろ」
「―どっかへ行きつけさえすればね」アリスがいいそえると，ネコはネコで，
「あ，そりゃ行きつけらあ。ちゃんと歩きつづけて行きさえすりゃあね」
ルイス・キャロル（矢川澄子訳）『不思議の国アリス』（新潮文庫）より

チェシャ猫は，「どこに行きたいかわからないなら，ちゃんと歩きつづけられるかどうかは言えないだろう」と付け加えるかもしれない。

目的志向的データマイニングのプロジェクトでの適切な目的地は，きちんと定義されたビジネス課題の解決である。特定のプロジェクトでのデータマイニングのゴールは，以下のような広範で一般的な用語では記述されない。

- 顧客の行動の洞察を得る
- データから意味のあるパターンを見つける
- 何か興味深いものを学ぶ

これらはみな価値あるゴールだが，たとえそれが達成されたとしても測定が困難である。測定が困難なプロジェクトに価値を見いだすことは困難である。

可能な限り，広範で一般的なゴールをやめて，測定できるようなより特定されたものにする。顧客の洞察の獲得なら，以下のような具体的なゴールに変えられる。

- 購読雑誌の継続をしそうもない顧客を識別する
- 在宅ビジネス顧客の顧客中断率を減少させるようなアウトバウンドコールを計画する
- ウェブ上の取引の，どれが詐欺に近いかを決める
- ワインとビールの扱いをやめたら危険にさらされる製品をリストアップする
- 現在のマーケティング戦略に基づいて今後3年間の顧客数を予測する

入力変数群とターゲット変数との関係を説明するモデルを見つけるときの技術的な問題として目的志向的データマイニングはしばしば表現される。技術的な作業は多くのデータマイニングで確かに中心的課題ではあるが，ターゲット変数が適切に定義され，関連ある入力変数が決まるまでは，技術的な検討作業を試みるべきではない。この作業は解決されるべきビジネス問題をよく理解することに依存しているのである。次に示す事例のように，ビジネスの問題を適切にデータマイニングの問題に翻案できないと，事実を学ぶが役に立たないという，避けようとしている危険の1つにはまってしまう。技術的な作業を始める前には2つの問いかけをしなければならない。結果をどのように使うのか。結果をどのような形態で配布するのか。最初の質問への回答と第2の質問への回答にはかなり距離がある。

◆ビジネス問題の誤解：要注意の物語

著者の起業したコンサルタント会社のデータ分析者が以前，消費財の大メーカーのためにスーパーのポイントカードのデータを分析するために招集された。話を理解するためにはスーパーマーケットビジネスについて少し知っていたほうがよい。一般的にはスーパーは，スーパーでソフトドリンクを買ってもらえる限り，コカコーラとペプシコーラのどちらを顧客が買うか気にすることはな

い（どちらかのブランドが粗利の高い一時的な特売を行うのでない限りは）。メーカーはどのブランドが売られるかに敏感であって，店舗で製品カテゴリ全体を管理する競争をしている。カテゴリマネジャーは自社製品と競合製品をどのように品揃えすべきかコントロールしているが，自社売上最大化ではなくカテゴリ売上最大化が彼らのゴールである。

我々のクライアントは，ローカルスーパーのポイントカードデータを使ってカテゴリマネジメントを改善できることをデモすることを望んでいた。デモ用のカテゴリに選ばれたのはヨーグルトであった。ヨーグルトはスーパーマーケットでは高粗利の代表的な製品なので。

それを理解した後，ビジネスのゴールはヨーグルト愛好者を識別することに置かれた。ターゲット変数作成のためカード所持者のヨーグルト愛好度を年間ヨーグルト購入金額で高中低に，ヨーグルトに使った金額の比率で高中低に分割した。どちらも高のユーザは，ヨーグルトに比較的高額を使っていて購買金額に占めるヨーグルトの比率も高いのでヨーグルト愛好者と命名された。

顧客ごとに扱うためにトランザクションデータは何度も変換された。各カテゴリでの時間帯別の来店比率や購買金額，買い物頻度，平均購入個数など，行動変数が入力変数となった。

このデータから，全顧客にヨーグルト愛好度のスコアをつけるプロファイリングモデルを作成した。このスコアから，今回はヨーグルトを買わなかった顧客に対しても，ヨーグルト愛好者に属する顧客ならばチェックアウト時にクーポンを発行した。このモデルは，内なるヨーグルト愛好度に気付かせるのではなくて，クーポンを出せば使うつもりのある見込み顧客をよく識別できていたと思われる。

モデルは大きなリフトをもたらし，我々は喜んだ。しかしながらクライアントは失望した。「でも，誰がヨーグルト愛好者なのかわからない」とクライアントに問われて，「このモデルでスコアの高い人が愛好者ですよ」と答えても，良い回答とは思われなかった。クライアントは次のようなものを求めていたのだ。「ヨーグルト愛好者とはこの地域の何歳から何歳までの女性で，住宅価格の中央値はこの範囲にある」というように。そのような記述は広告媒体の購入や広告クリエイティブの内容の決定に使うことができる。デモグラフィクスでなく購買行動に基づく我々の結果では，それはできないのである。

## 1.3.1 結果はどのように使われるか

「結果がどのように使われるか」は，おそらく最も重要な問いである。驚くべきことに，最初の答えはしばしば「よくわかりません」である。先の警告的な物語でみたように，異なる用途だと異なるソリューションが必要である。

たとえば，多くのデータマイニングの取り組みでは顧客の維持率改善を計画しているが，その結果は多くの異なる方法で使われることがある。

- 高価値ないし高リスク顧客が維持されるようなオファーで先手を打って接触する
- 最もロイヤルな顧客が得られるよう獲得チャネルを変更する
- 将来の顧客数を予測する
- 顧客の離反を引き起こすような製品の欠陥を改善する

データマイニングのプロセスには，このどれもが影響する。ダイレクトメールやアウトバウンドコールで既存顧客に接触することは，リスクのある顧客にしたことになる。なぜリスクのある顧客なのかを知れば魅力的な彼らへのオファーが提供できるし，いつリスクがあるのかを知れば接触は早すぎても遅すぎてもいけないことが理解できる。予測からは，どの現在の顧客が去ってしまいそうかわかるので，新規顧客をどれくらい獲得し彼らはどれくらい継続しそうかを決定する必要がある。新規顧客の予測という後者の問題は，ビジネスの目標や予算に組み込まれており，通常は単なる予測モデルの問題ではない。

## 1.3.2 どのように結果は伝えられるのか

目的志向的データマイニングのプロジェクトはいくつかのまったく異なった配布物となる。洞察が目的のときは，グラフや図を多用した報告書やプレゼンテーションであり，試験的プロジェクトや一度きりの実証実験であるときはマーケティング実験において異なる扱いを受けた顧客のリストであるかもしれない。実行中の分析的 CRM の一部としてのデータマイニングプロジェクトであれば，伝達される成果はコンピュータプログラムになることもある。追加プ

ログラムでは，通常業務で顧客をスコアリングするのに加えて，期間中のスコアを計算しモデルを管理する．伝達方法の形態はデータマイニング結果に影響する．マーケティング実験での顧客リスト作成は，目的がマーケティングマネジャーを驚かせることにあるときは不十分である．

もう1つの事例として，生命保険会社が，どの顧客が最も保険をキャンセルしそうかを予測するデータマイニングプロジェクトを始めたことがあげられる．プロジェクトのスタート前にマネジャーは結果がどのように使われるのか尋ねた．この保険会社は保険の大半を独立した代理店で販売していて，代理店は数社の保険を扱っている．もし代理店にキャンセルしそうな顧客を提供すると，代理店は顧客には単に接触するだけで，他社の保険を売ってしまうかもしれない．結果をどのように使うか考えて，データマイニングのプロジェクトをやめることにつながった．

## 1.3.3　各分野の専門家の役割と情報技術

継続した課題への良い回答を得る唯一の方法は，ビジネス問題の当事者にどのようにデータマイニング結果が使われるのかを明らかにさせ，分析者やITスタッフやデータベース管理者に，どのように結果が伝達されるのかを明らかにしておくことである．組織内の多彩な視点からの入力データを，そしてもし適切なら組織外のデータも獲得することが，しばしば有益である．個別にインタビューするよりも，組織のさまざまな構成員の代表を一カ所に集めることを著者は推奨している．そのようにすれば知識や経験の異なる人々が互いのアイデアに反応しあう機会ができる．これらすべての目的は，準備しているビジネス問題を明確に記述することにある．最終的な記述はできるだけ特定的なほうがよい．「次の60日以内にやめてしまいそうなゴールドレベルの顧客1万人を識別する」としたほうが，「すべての顧客の解約スコアを提供する」というよりも良い．

これらの議論でのデータマイナーの役割は，ビジネス問題の最終的な記述を，技術的な問題に翻案できるようなものにすることの保証にある．そうしないと，世界一よいデータマイニングでも誤ったビジネス問題に向けられてしま

うかもしれないから。

## 1.4　第2段階：適切なデータを選択する

　データマイニングにはデータが必要である。いちばん良いときには必要なデータが企業のデータウェアハウスに最新更新で，正確で，入手可能で，クリーニング済みで存在しているかもしれない．実際にはそれらは，さまざまな OS 上で，さまざまなフォーマットのデータマートのなかに，非互換のデスクトップツールのアクセスを通じて，しばしば散在している．

　もちろん問題によって，産業によって，有益で利用可能なデータ源は異なる．有益なデータの事例をいくつかあげてみよう．

- 保証申し込みデータ（決められた書式と自由記述のテキストがある）
- POS データ（代替コード，提供クーポン，特売の適用も含む）
- クレジットカード課金データ
- 医療保険の請求データ
- ウェブのアクセスログ
- 電子商取引のサーバログ
- ダイレクトメールへの反応データ
- コールセンター記録（コールセンターでのメモも含む）
- 印刷部数記録
- 空港付近に置かれたマイクのノイズレベル
- 詳細な通話記録
- アンケート調査のデータ
- デモグラフィクスとライフスタイル
- 経済統計データ
- 1時間ごとの気象データ（風向，風力，降水量）
- 国勢調査データ

　ビジネス問題の定式化が終了したのち，手に入るとよいであろうデータの希望リストを作成したほうがよい．既存顧客の研究であれば，顧客獲得チャネ

ル，日付，製品ミックス，クレジットスコアなどの入会時と現在のデータ，会員期間に蓄積された行動データ，顧客と世帯についてのデモグラフィックデータなどがあげられる。もちろん希望リストのすべてが入手可能なわけではないが，見いだそうとすることのアイデアからスタートするほうが，それなしにスタートするよりもよいのである。

時には特定のビジネス問題なしにデータマイニングが始まることもある。企業は収集データから価値を十分には引き出せないことに気づいたら，データマイニングでもっと有益なことができるのではと始めたりする。そのようなプロジェクトを成功させるには特定問題を解決するためのプロジェクトに転換してしまうのがよい。この場合，データから解決するにはどういう問題が有益で実行可能なのかを理解するために，その分野の専門家と一緒に作業することが重要な成功要因である。

### 1.4.1　どのデータが入手可能か

顧客データをまず探す場所は企業のデータウェアハウスである。多くのところからのデータを合わせてデータクリーニングされたものがウェアハウスにはある。シングルデータモデルでは，同一の項目名はデータベース中で同じ意味であり，データのタイプも同じである。企業のデータウェアハウスは履歴データのリポジトリであり，新データが追加されても履歴データに変更はない。これは意思決定支援のために設計され，データマイニングにちょうどよいレベルに詳細データから集計することができる。

唯一の問題は，多くの組織ではそのようなデータウェアハウスが実際には存在しないか，あったとしても規定どおり運用されていないということである。この場合，データマイナーはさまざまな部門ごとのデータベースから，あるいは業務システムの内部から，データを探さなければならない。業務システムはウェブサイトの運用や，要求の処理や，呼び出しの完了や，請求の処理といった確実なタスクを行うよう設計されている。業務システムはトランザクション処理を正確に速くできることを主要な目的として設計されている。履歴データがもしあっても遠隔地の地下にあるテープのアーカイブであるかもしれない

が，どのようなフォーマットのデータでも目的に合わせる。知識発見に有益な形でデータを入手するには，組織での策略とプログラミングの努力とが必要であるかもしれない。

多くの会社では，どのデータが入手可能か調べることは驚くくらい困難である。文書は紛失していたり期限切れだったりする。すべてに回答できる人は1人もいないことがよくある。どのデータが入手可能か調べるには，データディクショナリを精査したり，ユーザとデータベース管理者にインタビューしたり，レポートを調べたり，データそれ自体を見たりする必要がある。

顧客に関するデータと同じくらい，見込みに関するデータが必要なのも問題である。そのようなデータが必要なときには，ウェブログや通話記録やコールセンターのシステムや表計算のような，業務システムや外部ソースがしばしば唯一の頼みとなる。

> [ヒント] データマイニングの努力を無にする確実な方法は，完全でクリーンなデータが得られるまで待つことである。よりクリーンな追加データはあると望ましいけれども，データマイニングは入手可能なものを使ってなされなければならないのである。

## 1.4.2 データはどれくらいあれば十分なのか

どれくらいデータがあれば十分かという問いへの単純な回答は残念ながら存在しない。どのアルゴリズムを使うか，データの複雑性，ありそうな結果の相対的な頻度などによるのである。モデルを作るのに使える最少のデータの決定について統計学者は長い間テストしてきた。機械学習研究者は学習用データの一部を再利用して検証やテストをすることに時間と努力を費やしてきた。これらはすべて要点が外れている。ビジネスでは統計学者はほとんどいなくて，データはたくさんあるのである。

どんな場合でも，データがあまりないときにはデータマイニングはあまり効果的ではなく有益でもない。少量のデータベースなら明らかかもしれないパターンを大量のデータが覆い隠してしまっているときに，データマイニングは最も役に立つ。どのような構成なら十分なサンプルサイズかという問題が生じ

ないくらいたくさんのデータを使うことが著者のアドバイスである。モデル用データが数万レコードになるように，分類前のレコードで数百万レコードでなく，一般的には数万レコードからスタートする。

　データマイニングではデータは多いほどよく，少ないと差し止めたほうがよい。最初の差し止め請求はモデル用データの量とその密度の関係からである。密度というのは，関心ある結果がどれくらいかに関連している。実際の数値を予測するときには，特定の値が調整されるようなことなく，モデル用データでターゲット変数のすべての範囲が使えなければならない。二値反応モデルでは，ターゲット変数は比較的まれなものを表現しているかもしれない。ダイレクトメールのオファーへの反応は，まれである。クレジットカード保持者が詐欺に関与することもまれである。どの月においても，新聞購読者がキャンセルすることはまれである。モデル構築プロセスで，モデル用データは結果の総数と同数になっているべきである。まれな事象の比率が非常に低い大量データよりも，より小さくてもそのようにバランスのとれたサンプルのほうが好ましい。

　第2の差し止めはデータマイナーの時間からである。モデル用データが良好で，安定したモデルを構築するのに十分に大きいときに，さらにそれを増やすことは逆効果である。より大きいデータセットの実行には，より長い処理時間がかかるからである。データマイニングは対話的なプロセスであるので，もしモデリング作業の実行が分単位でなく時間単位になってしまうと，結果を待つ時間は非常に大きくなる。

### 1.4.3　履歴はどれくらい必要か

　データマイニングでは過去のデータから未来の予測を行う。しかし，どれくらいの過去のデータまで使うべきであろうか。これは単純な質問だが，単純な答えはない。最初に考慮するのは季節性である。大半のビジネスにはある程度の季節性がある。第4四半期には売り上げは伸びる。レジャーの旅行は夏に多い。保険控除金額の支払い後に第4四半期に健康保険請求が増える。この種の暦に関連した事象を捉えるに十分な履歴データがあるべきである。

他方，マーケットの状況が異なるので，古すぎるデータは有益とは言えない。新たな規制が導入されるなど何らかの外部の出来事があるときにはとくにそうである。多くの顧客分析では 2～3 年の履歴が使われる。しかしながらその場合でも，顧客のスタート時点からのデータが貴重だとわかることがよくある。最初のチャネルは何か，最初のオファーは何であったか，最初の支払いをどのようにしたのか……。

### 1.4.4　変数はどれくらい必要か

経験の浅いデータマイナーは，急ぐあまりに重要と思われる少数の変数を選んで，興味の持てない変数は捨ててしまうことが時々ある。データマイニングのアプローチは，何が重要で何がそうでないかをデータ自身に顕わにさせるようにしている。

以前は無視されてきた変数が，他の変数と組み合わせると説明力を持つようになることがよくある。たとえば，クレジットカードの発行者のデータだと，顧客別収益性モデルに現金前払いのデータが含まれることはまずない。データマイニングしてみると，11 月と 12 月にだけ現金で前払いする顧客は非常に収益性があることを発見した。想像するに，彼らは大半の期間，高金利でお金を借りることを避けるくらい慎重であるが（いつも現金前払いの顧客よりも不払いに少しなりにくいくらい慎重），休日に別に現金が必要になって高金利でも借りようとするのであろう。

分析の最終モデルは普通，少数の変数に基づいている。しかし，これらの変数は他のいくつかの変数を結び付けたものであり，初めにはそのどれが重要になるか明確でないかもしれない。変数が少ないときに良好に働くデータマイニング手法がある。そこでは多くの変数を結合してより少数の変数としている。

### 1.4.5　データには何が含まれていないといけないか

データには関心あるすべての結果の事例が最低限含まれていないといけない。目的志向的データマイニングでは，特定のターゲット変数の値を予測する

ときに，モデル用データには分類前のデータが含まれていないといけない。債務不履行しがちな者とそうでない者とを識別するためには，どちらの者も含む数千の事例が必要である。新規申込者が来たとき，申込書は過去の顧客のものと比較される。履歴データからのニューラルネットワークやルールなどによる間接的比較だったり，記憶ベース推論のような直接的な比較だったりする。過去の債務不履行者と似ている申込書であったら新規申込者のスコアは低くなり，結果として拒否されることになる。

ここにはデータが過去に起こったことを記述することができるという暗黙の考え方がある。誤りから学ぶためには我々がそれをしてしまったことをまず知らねばならない。これはいつでもできるとは限らない。ある会社は，保証の請求における詐欺のモデルの構築を目的志向的データマイニングで試みたが放棄してしまった。あるタイプの請求が詐欺だろうとわかっても，そのどれが詐欺なのかわからなかったからである。明らかに正当な請求と詐欺の請求を含むモデル用データなしには，目的志向的データマイニングは使えない（そのような問題には探索的データマイニング手法を使うアプローチがよい）。もう1つの会社はダイレクトメールへの反応モデルを作ることを望んだが，過去のキャンペーンに反応した人だけのデータしかなかった。反応しなかった人のデータは一切保存してこなかったので，目的志向的データマイニング手法を反応する人の予測には使えなかった。

## 1.5 第3段階：データについて知る

モデル構築に専念する前にデータの探索に時間を費やすことの重要性は，十分強調されてはいない。良いデータマイナーは直観にかなり依存しているように思われる。たとえば，どんな派生変数が試みるに値するか思いつく能力のような直観にである。詳しく知らないデータで何をすべきかの直観を発達させる唯一の方法は，データにどっぷりとつかることである。そのようにすれば多くのデータの品質の問題に気づくようになり，他の方法では思いつけないような多くの問いかけを思いつけるようになる。

### 1.5.1 分布を検討する

データの各変数をヒストグラムにしてよく観察し，それが語っていることを考察するのは良い第一歩である。驚いたことは何でも記録する。州のコードがあれば，カリフォルニアの棒がいちばん高いか。そうでなければなぜか。落ちている州はないか。もしあれば，それらの州ではこの会社は事業を行っていないのか。性別の変数があれば，データの男女は同数か。そうでなければ，それは予期していなかったことか。各変数の範囲に注意を払うこと。合計した変数や総額は負の値になるか。最大値や最小値はその変数としては合理的か。平均値は中央値とかなり離れてはいないか。欠損値はどれくらいあるか。変数の計算は期間を通じて一貫していたか。

データベースの最初の探索には，データビジュアライゼーションのツールがたいへん役に立つ。散布図，棒グラフ，地図，その他のビジュアライゼーションツールはデータのなかに何があるかを見るのに非常にパワフルである。本書にはそのようなチャートがたくさん掲載されているが，それらはデータから学習するのに役立つだけでなく，発見したことを伝達するのにも役立つ。

> ヒント 新たなソースからデータを入手したらすぐに，何が起きているのか理解するためにデータをなぞってみるべきである。各項目の統計サマリーとか，カテゴリ変数なら目立つ値の数とか。もしそれが適切なら，売り上げの地域と製品のクロス集計をするとか。データをよく知ることに加えて，この作業によって，のちの分析の有用性の障害となるであろうデータの非一貫性や定義上の問題点に関しての警告フラッグを立てておくことができる。

### 1.5.2 説明付きで変数を比較する

入手可能なドキュメントから各変数の説明を見たうえで，各変数の値を見て比較すること。この準備で，データの説明がしばしば不正確で不完全であることがわかる。ある加工食品の購買データのアイテム数という名の項目に整数でない値が入っていた。調べてみると，その項目は1アイテムごとの売り上げ重量であることがわかった。カタログ通販における別のデータでは，数四半期の購買合計という項目があった。特定のカタログからの顧客の注文なのかどうか

わからず，この項目はターゲット変数として予測対象にするには怪しすぎる。この項目には，注文していない顧客全員にゼロ，注文した顧客全員にはそれより大きな値が入っていた。この項目名は誤りであると推測され，実際にはカタログでの注文の値が入っていた。どの場合にも，ドキュメントにある値が確かに入ってはいなかった。

### 1.5.3 仮定を検証する

散布図や棒グラフや地図のようなビジュアライゼーションツールや単なるクロス集計を使ってデータについての仮定を検証する。チャネルごとの反応率，市場ごとの解約率，性別の収入金額といったように，ターゲット変数を他の変数と関連づけて見る。もし可能なら報告書のサマリーの数字があればそれを直接データから再集計して照合してみる。たとえば，もし月間解約率2％と報告されていたら，ひと月に解約した顧客数を集計して全数の2％相当かどうか見てみる。

> ヒント 詳細データから報告済みの集計値を再計算してみることは教育上の意味のある行為である。不一致を説明しようとすると，数字の背後にあるビジネスルールやオペレーションプロセスについてより多く学ぶことになる。

### 1.5.4 たくさん質問する

データが事前知識や期待と合っていない場合でも，それを記録しておく。データを説明するプロセスの重要なアウトプットは，データを提供する人々への質問のリストであるから。データマイナーほどに注意深く見ている人はまれなので，これらの質問はしばしば追加の調査を要求することになる。予備的探索でのこの種の質問の例を以下に示す。

- ニュージャージーとマサチューセッツの自動車保険証券がないのはなぜか
- 2月に31日間アクティブな顧客がいて，1月に28日より長くアクティブな顧客がいないのはなぜか

- たくさん 1911 年生まれがいるのはなぜか，本当にその年齢か
- 反復購買した事例が存在しないのはなぜか
- 契約開始日が終了日より後なのは何を意味しているのか
- 販売価格が負の値なのはなぜか
- アクティブな顧客のキャンセル理由の項目が空白でないのはなぜか

これらはすべて著者が実際に実データについてする機会のあった質問である。クライアントの産業について知らなかったことを回答から教えられたことも時々あった。その時点ではマサチューセッツとニュージャージーは自動車保険の料率を柔軟に変更することを認可していなかったので，よりお得な料率という競争優位の保険をその 2 州では販売していなかった。誰も知らない誕生日が入力画面に表示されるという業務システムの特異体質を学んだこともある。1 を 6 回押した 11/11/11 という日付が結果として 1911 年 11 月 11 日という誕生日になってしまい，簡単には他のキーで修正できなかった。2 月を 1 月と取り違えたような重要な問題点を見つけたことも時々ある。最後の例はデータ抽出プロセスにバグがあった。

## 1.6　第 4 段階：モデル用データを作る

モデル用データにはモデリングのプロセスで使用するすべてのデータが含まれる。その一部はパターンの発見に使われる。いくつかの手法ではモデル用データの一部をモデルの安定性の検証に使う。モデル用データはまたモデルのパフォーマンスの評価にもよく使われる。モデル用データの作成では，多くのデータソースからのデータを顧客ごとに組み合わせて分析用に準備していく必要がある。

### 1.6.1　顧客ごとに組み合わせる

モデル用データは，検討すべきアイテムごとに 1 行でモデリングに使えるすべての項目をフィールドとしたテーブル，ないしテーブルの集まりである。データが顧客に関するものの場合，モデル用データの行は顧客シグネチャと呼

ばれる。データをたどっていくと個々の顧客が特定されることからこう呼ばれており，顧客をよりよく理解するのに利用できる。

関係データベースから顧客シグネチャを作成するときには多くのテーブルからのデータを複雑なクエリで結び付け，他のデータソースから得られた結果を付加する。このプロセスの一部で，すべてのデータを集計して正しいレベルにしていく。取引や郵便番号など1人の顧客についてのすべての情報は1行にする。

## 1.6.2 バランスのとれたサンプルを作成する

反応者と非反応者，良いものと悪いもの，別々の顧客セグメントなど，目的志向的データマイニングではしばしば2つないし数グループに区別していく必要がある。後掲の「◆干し草にもっと針を追加する」で説明しているように，データマイニングのアルゴリズムはこれらグループのメンバーがほぼ同数ずつのときにうまく働く。実際には，より関心のあるグループは通常は少数である。

モデル用データでバランスをとるには2つ方法がある。1つは「層化抽出法」（オーバーサンプリングとも呼ばれる）で，モデル用データは同人数分作成される。ターゲット変数の値ごとの抽出率は異なる。この方法だとデータサイズを縮小できる。もう1つの方法は，人数の多いグループの人には小さいウェイト値を，少ないグループの人には大きいウェイト値を付加する方法である。最少グループのウェイトを1にして，それ以外をもっと小さな値にすることを推奨する。決定木ではこのウェイトがパラメータとして有効であるから。

> ヒント　モデル用データのバランスをとるためのウェイトでは，いちばん大きい値を1にして，他をそれより小さい値にする。

### ◆干し草にもっと針を追加する

通常の統計分析では，外れ値（通常の範囲よりも大きく外れた観測値）を除去するのが一般的である。しかしながらデータマイニングでは，この外れ値こそ探し求めていたものかもしれない。おそらくそれは詐欺や，ビジネス手順でのミス，ニッチ市場での法外な利益などを表している。この場合は外れ値を除

外する必要はなく，それをもっと理解するようにしたい。

　知識発見のアルゴリズムでは事例から学習する。行動のあるパターンやグループの事例に十分な数がないときには，そのパターンやグループを予測するモデルを作ることができない。このようなときに，まれな事象を人工的に増やすことによってモデリングを効果的にすることができる。結果がまれなときにバランスのとれたサンプルにするには2つの方法がある。

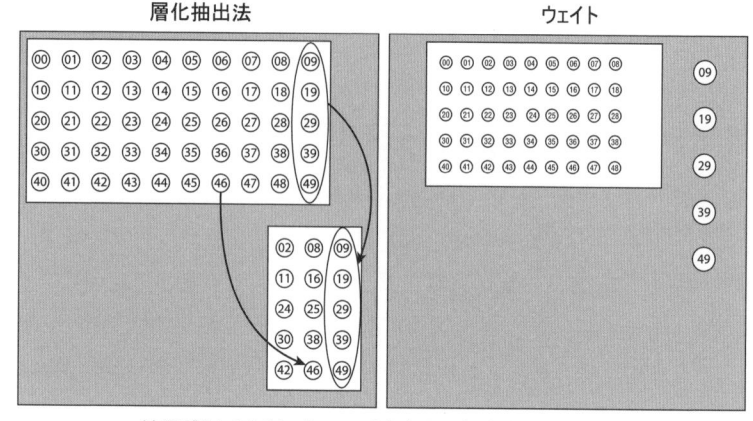

**結果がまれなときにバランスのとれたサンプルを作る2つの方法。**

　たとえば銀行なら，プライベートバンキングの見込み客になりそうな顧客を識別するモデルを構築したい。これは非常に富裕な人だけにアピールするもので，銀行の多人数の顧客のなかでもまれである。そういう人を特定できるモデル構築のために，全顧客の1％に満たないプライベートバンキング顧客をモデル用データでは50％にすることがある。

　あるいは，プライベートバンキング顧客のウェイトを1として，他の顧客のウェイトを0.01とする。そうすることでウェイトの合計は半々となる（著者はウェイトの最大値を通常1としている）。もちろんこの仮定はモデリングツールがウェイトを扱えることを前提にしているが，多くのデータマイニングパッケージではそれが提供されている。

[1] 記述と予測：プロファイリングと予測モデル　29

## 1.6.3　複数の時間枠

　一定期間のデータを使うことを意図したモデルでは，実験室だけでなく将来にも使えるのが安定したモデルである（休日向けメッセージのように一時点のモデルもある）。モデル用データに複数の時間枠があることはもっとありそうだ。モデルが履歴データ3カ月分に基づいて作られても，人によって別の3カ月の時間枠を使うことができる。過去の特定の時間に起こったことの記憶をモデルとして一般化したアイデアである。

　1つの期間のデータだけからモデルを作ると真実でないことを学習してしまうリスクが高まる。面白い事例として，著者はかつて一緒に買われる商品を探そうとスーパーの1週間だけのPOSデータから作成したモデルを見たことがある。牛乳と卵は一緒に買われていることがわかった。青果物と卵も一緒に買われている。炭酸飲料と卵も一緒に買われている。実際には，卵はたいへんポピュラーなので，ほとんどどの製品とも一緒に出現することがわかった。鋭い同僚が，データはイースターの前のものであることを指摘した。卵はイースター前にたくさん売れる。ほとんどの顧客の買い物カートに，イースターエッグ探しの色あざやかな素材にするために入っているのである。

　多くの時間枠をモデル用データに組み込むことは季節性の影響の大半を削減する。季節の影響は重要なので，顧客シグネチャまで再確認する必要がある。たとえば，休暇のときの買い物パターンはたいへん重要であり，データで年間の買い物合計を作るときでも，直近の休暇シーズンでの買い物の比率のような変数を作成する。モデル用データがいつ作られるかで，それは3カ月前だったり9カ月前だったりする。

## 1.6.4　予測のためのモデル用データの作成

　予測にモデル用データを使おうとするとき，配慮すべき別の時間的観点がある。モデル用データには複数の時間枠を持つべきである。さらに，ある1人の顧客のターゲット変数と予測した変数とは時間的に隔たっているべきである。時間は，過去・現在・未来と3分割されるが，予測では過去のデータからモデ

ルを使って未来について予測する。

図 1.6 に示すように，この 3 種すべてがモデル用データに存在する。もちろんすべてのデータは過去からもたらされているので，モデル用データの期間は実際には遠い過去，それほど遠くない過去，最近の過去である。遠い過去のデータから得られたパターンによって予測モデルは最近の過去の結果を説明する。モデルが使われるときには，最近の過去のデータから未来について予測するのである。

| 遠い過去 | 遠くない過去 | 最近の過去 | 現在 | 未来 |

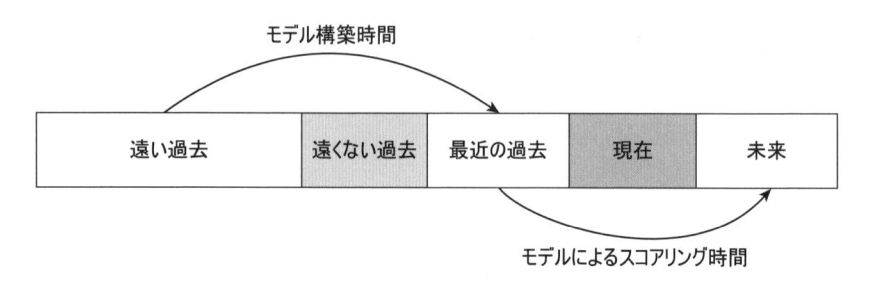

モデル構築時間（遠い過去 → 最近の過去）
モデルによるスコアリング時間（最近の過去 → 未来）

**図 1.6** 過去のデータで過去・現在・未来のデータを模倣する。

顧客シグネチャのデータにおいて，それほど遠くない過去のデータがなぜ使われないかについてはわかりにくいかもしれない。現在のモデルを作るときには，現在の入力データは存在しないというのが答えである。図 1.7 で説明しよう。

| 1月 | 2月 | 3月 | 4月 | 5月 | 6月 | 7月 | 8月 | 9月 | 10月 |
|---|---|---|---|---|---|---|---|---|---|
| 7 | 6 | 5 | 4 | 3 | 2 | 1 |  | ターゲット月 |  |

モデル作成に利用した期間

| | 7 | 6 | 5 | 4 | 3 | 2 | 1 | | ターゲット月 |

モデル利用時のスコアリング期間

**図 1.7** モデルが作られた時点と使われる時点との比較。

6月のデータから7月を予測するモデルをもし作ったとすると，9月を予測するときに8月のデータがないとできなくなる．しかし，8月のデータはいつ利用可能になるだろうか．まだデータ生成中なので8月中には不可能である．それができるのは9月第1週ですらない．収集し，データクリーニングし，テストし，承認されなければならない．8月のデータが使えるのは9月中旬か10月なので，それを使って9月を予測することはできないのである．モデル用データで1カ月分飛ばすことが解となる．

## 1.6.5　プロファイリングのためのモデル用データの作成

　プロファイリングのためのモデル用データは予測のためのモデル用データに似ているが，ターゲット変数の期間が入力変数の期間と重複している点だけが異なる．

　これは些細な相違に見えるかもしれないが，入力変数によってターゲット変数のパターンが「汚染」されうるので，モデリングには大きく影響する．たとえば，多くの銀行では，投資口座を持つ顧客は投資口座のほうが収益が大きいので貯蓄口座にほとんど残高を持たない傾向がある．これは貯蓄口座の残高の少ない顧客を投資口座のターゲットとすることを意味しているだろうか．おそらくそうではない．貯蓄口座の残高の少ない顧客は資産が少ないのである．

　この問題への1つの解は収益モデルについての入力変数を注意深く選択することである．この事例は著者が携わったプロジェクトから生まれたものだが，すべての口座残高を貯蓄口座とローンに結び付けるとよい．貯蓄口座のグループには投資や預金のすべてのタイプが入る．最終モデルは安定していたことが示しているように，このアプローチでは顧客ごとに別の時間枠に基づいて動いているのである．顧客が投資口座を開設する前のスナップショットを使ってそこからモデリングすることはもっと良いアプローチであるかもしれないが，そのようなモデル用データは作成困難である．

> **注意**　入力変数とターゲット変数の時間枠が同一のときは，モデルはプロファイリングモデルであり，入力変数にはデータマイニングを混乱させる見かけ上良好なパターンが含まれてしまう．入力変数を注意深く選択するか，予測モデ

ルとしてモデル用データセットを再作成するか，いずれかが必要である。

## 1.6.6　モデル用データセットの区分

　適切な時間枠での未分類のデータを獲得したのちに，目的志向的データマイニングではそれを3つに区分する。第1の区分は最初のモデルを作るための学習用データであり，第2の区分は最初のモデルをより一般化し学習用データの特異さを反映していたりしないように調整するのに使われる検証用データである。第3の区分は未知のデータに当てはめたときのモデルの有効性を測るために使われるテスト用データである。マイニングのプロセスでデータを使い始めるときにはこの3区分が必要である。学習用データの持つ情報量はモデルの一部であるから，そのデータをモデル修正や判定に使用することはできない。

　モデルを作成するのに使われた学習用データと検証用データとが，その後でなぜ汚れたデータとされるのかは理解されにくい。類推してみよう。あなたが5段階評価されるのを想像してみてほしい。授業ではスペルのテストをしている。テスト期間終了時に，自分が間違ったと思う単語をマークするクイズで自分の5段階評価を推定するように先生に言われた。あなたは自分に高い段階の評価を与えるだろうが，スペルは改善されていないだろう。学期の初めにtomatoという単語の末尾にeがついていると思い込んでいたら，進級テストのときにそれを修正することはなく，何も変わらないだろう。新たな情報が何もないからで，あなたには検証用データが必要なのである。

　テスト終了後，先生が，評価段階の自己評価をマークするときに自分の周りの数人の答案と見比べてよいと言ったとする。みんなのtomatoには末尾にeがなく，あなたは自己評価を低くしてしまうかもしれない。先生がそのことを明日言ったとしたら，もっとよくできるだろう。でも，どれくらいよくできるだろうか。明日，周りの同じ人の答案を自分の成績評価に使うとしても，依然として間違い続けることになるかもしれない。potatoesが末尾にeをつける必要がないのと同様に，tomatoには誰もeをつけていないので，それに同意して自分の考えを変え，自分の評価は前と同様に過大にしたままになるだろう。検証用データとテスト用データを区別すべき理由はここにある。

予測モデルでは，テスト用データは学習用データや検証用データとは別の時間枠で作成するのがよいアイデアである。モデルの安定性の証明は何ヵ月も予測し続けられることであるので。期間外データと呼ばれる別の時間枠のテスト用データはモデルの安定性を確認する良い方法であるが，いつも可能なわけではない。

## 1.7　第5段階：データで問題を定義する

すべてのデータは汚れていて，問題を抱えている。何が問題になるかならないかはデータマイニング手法次第で変わったりする。決定木のような手法では，欠損値や外れ値が問題を引き起こすことはそれほどない。回帰やニューラルネットワークでは，それらはあらゆる種類のトラブルの源になる。だから問題をデータから定義することに関するいくつかの視点はそれぞれの手法のところで述べ，この節では共通の問題点について述べたい。

### 1.7.1　カテゴリ変数には値が多すぎる

郵便番号コード，住所コード，受話器タイプ，職業分類のような変数はみな有益な情報があるが，大半のデータマイニングアルゴリズムでは扱えない。人々がどこで生活していてどのような仕事をしているかは重要な変数であるが，このような変数には値があまりにも多すぎる。郵便番号や職業分類コードの値の大半は当てはまる事例が少なすぎるので，貴重な情報なのに放棄されてしまうことになる（あるいは，不正確に使用される）。

多くの値をとる変数を扱うにはやり方がある。ターゲット変数との関係で似ているものを一緒にするなど，値をグループ化してしまうのが1つの方法である。もう1つの方法は，カテゴリを数値に置き換えてしまうものである。郵便番号を製品の普及率とか住宅の平均価格とか人口密度とか，何か予測に関係すると思われる数字に置き換えてしまうのである。もちろん1つの変数でなくてもよい。目的志向的データマイニングでモデル用データを作成する際には，予測しようとしている履歴データに関連したカテゴリ変数をこのような有益な変

数に置き換えていくことになる。郵便番号ごと，地域ごと，職業分類ごとに平均購買金額の履歴，反応率の履歴，離脱率の履歴を使えば，もともとの変数よりもより強力な説明変数となる。

### 1.7.2 偏った分布や外れ値のある数値変数

どんなデータマイニング手法でも値にウェイトを乗じたり値を足しあげたり算術的に扱うので，偏った分布や外れ値は問題を引き起こす。多くの場合，外れ値は除去することで対処できる。変数をデシルのような同サイズの範囲に分割してしまうのも，もう1つの良い方法である。レンジが小さくなるので，値を正規化してしまうのが最も良い方法であることも多い。

### 1.7.3 欠損値

欠損値も値として扱ってモデルに取り入れてしまうことができるいくつかのデータマイニング手法もあるが，それ以外の手法ではまったく欠損値は扱えない。変数の真の分布を知る解決方法は存在しない。欠損値はランダムに発生するわけではなさそうなので，欠損値のあるレコードをすべて捨ててしまうとバイアスが出る。欠損値を平均値とかいちばん共通な値とかに置き換えてしまうと，偽の情報を付け加えたこととなる。ありそうもない値で置き換えるともっと悪くなる。データマイニングのアルゴリズムは，たとえば99を年齢としてはありそうもないとは認識できないので，そのまま使用してしまう。

欠損値の補完の問題だけを扱う統計学の一領域がある。ビジネスプロセスでは欠損値があることはよくあるが，ビジネスでのデータマイニングでは欠損値をいつも補完しなければならないというわけではない。欠損値を推定するデータマイニングツールもあり，そこではデータマイニング手法がまず欠損値のところはどんな値が入るべきかということに使われる。もちろん，これを手作業で行って欠損値を推定した後でモデルの推定に使うこともできる。

理由があって値が欠損していることも多い。1年間の履歴を必要とするモデル用データでは，昨年中途からの入会顧客については問題が生じてしまう。入

会前は欠損値となる。あるいは，外部データソースからデモグラフィック情報を付加しようとするとき，そのデータベースにない顧客がいると，その顧客のすべてのデモグラフィクスは欠損値となってしまう。この場合，データを別に扱って複数のモデルを作るのがベストであることがしばしばある。1年以上いた顧客のモデルと，最近入会者のモデルを別に作るとか，デモグラフィクスを使用したモデルと使用しないモデルを作るとかするのである。モデリングのプロセスを単純にするために多くのデータを使うことで，欠損値の補完の必要性を減らすことができる。

> **ヒント** モデル作成時には，欠損値のあるレコードを捨ててしまうツールには注意しなければならない。欠損値のあるデータとないデータを別々にして別個のモデルを作ることも可能である。

### 1.7.4 時期によって意味の異なる値

　履歴データ固有の問題点もある。同じ項目の同じ値が，時期によって別の意味を持つことがある。与信段階のAクラスは最良の顧客であるが，与信のスコアリングでAとなるスコアは時期によって異なるのである。企業は支払い能力におかまいなしにたくさん顧客がほしいこともあれば，負債削減のために高い与信スコアの顧客だけに絞りたいこともある。このような変化が記録されている良いデータウェアハウスがこの問題への対処では必要となる。時系列的に同一の意味を持つ新たな変数を作成することになるだろう。

### 1.7.5 一貫しないコーディング

　多くのデータソースから同じことについての情報を収集するとき，同じデータが別の方法で表現されていることがよくある。これらの違いが認識されていない場合，誤った結論を導く偽の区別を追加してしまうことになる。ある通話分析プロジェクトでボイスメールをチェックするために，マーケットごとに別の方法で通話をコーディングした。あるマーケットではメールボックスに付属した電話回線からのボイスメールは同じ発信元と同じ通話先とされたが，別の

マーケットでは同じ状況でもボイスメールには通話先として存在しない番号を割り当てた。さらに、ボイスメールにかけた実際の電話番号のほうを記録した都市すらあった。明らかにボイスメールはマーケットによって異なる使い方がなされているので、同一の形式でコーディングする必要があるだろう。

同じデータ内でも、ある状況やあるサンプルでは異なる省略形となっていることがある。特定の都市は州の他の部分とは別にカウントされたりする。この種の問題が解決できないと、ロサンゼルスへの通話が排除されたデータを基にカリフォルニアへの通話パターンのモデルを作成することになるだろう。

## 1.8 第6段階：問題を浮かび上がらせるためにデータを変換する

データを集め、主な問題への対処が終了した後で、分析のためにデータの前処理が必要である。情報を浮かび上がらせるために、派生する項目を追加したり、外れ値を削除したり、数値変数を二値化したり、カテゴリ変数をまとめたり、対数変換のように変換したり、カウント数を比率に変換したり、そのようなさまざまな前処理がある。

## 1.9 第7段階：モデルを構築する

使う手法によってモデル構築の詳細が違うので、それについては個々のデータマイニング手法の章で扱う。一般的に言えば、モデル作成作業の大半がこの段階で発生する。目的志向的データマイニングにおいては、入力変数あるいは独立変数からターゲット変数あるいは従属変数を説明するのに学習用データが使われる。データベースのターゲット変数と他の項目との関係を表現するニューラルネットワーク、決定木、リンク分析などの手法でその説明がなされる。

現在のデータマイニングソフトウェアでは、モデルの構築は自動化されてしまった1プロセスである。著者がマイニングを始めた頃は、大学のサイトからFTPでプログラムのソースを入手し、それをコンパイルして、データをどのよ

うに入力するか見つけ出すことから始めていた。幸いにして現在では，モデル構築はデータマイニングプロジェクトのなかで比較的時間がかからなくなっているので，ビジネス問題の理解や，データの前処理や，モデルの評価にもっと時間をかけている。

## 1.10　第8段階：モデルを評価する

モデルの評価とは，モデルが機能しているかいないか判定することである。モデル評価には次のような質問への回答が必要となる。

- モデルはどれくらい正確か
- モデルは観測データをどれくらい良好に記述しているか
- モデルの予測にはどれくらい信頼が置けるか
- モデルはどれくらいわかりやすいか

もちろん，これらへの回答は構築されたモデルのタイプに依存している。評価というのはここでは，マイニングのサイクルでの有効性尺度ではなく，モデルの技術的利点についてのことを言っている。

まだ参照していないデータに基づいて目的志向的モデルはその正確性が評価される。別のデータマイニングでは，モデルの全体としてのパフォーマンス評価は別の方法で行われることになり，レコードごとにもたらされた結果の正確さについて別の方法で判断されることになる。

どんなモデル評価でも文脈に依存する。同じモデルが，ある尺度では良好に見え，別の尺度では悪く見えたりする。機械学習の研究領域では，そのアルゴリズムの多くはデータマイニングでも使われるのだが，研究者のモデル作成の目的は全体として理解できることにある。理解しやすいモデルはメンタルフィットが良いと言われる。メンタルフィットを最良にしようとするので，多数のルールを含む複雑なモデルよりも少数のルールからなるモデルのほうを研究者は好む傾向がある。ビジネス環境でも，そのような説明しやすさはモデルの性能と同じくらい重要かもしれないし，重要というわけではないかもしれない。

モデル評価は，全体としてのモデルというレベルでも，個々の予測値のレベルでも行われる。全体としては同じくらいの正確さの2つのモデルが，個々の予測値のばらつきではまったく異なることもある。たとえば，決定木では全体としてのエラー率があるが，枝ごと葉ごとのエラー率も同様にある。

### 1.10.1　二値反応モデルと分類の評価

このタイプのモデルでは正しく分類できたかどうかという誤分類率で精度を測定する。事前に分割しておいたテスト用データを分類してみて誤分類率を求める。もちろんテスト用データがより大きな母集団を代表しているときだけ，この手順は正しい。

モデルの誤分類率を求めるのに著者が推薦する方法は，モデル用データや検証用データと同じ母集団から作られたそれらとは別のテスト用データから求めることである。理想的には，モデル用データよりも新しい期間のデータからテスト用データを作ることが望ましいが，それはいつもできるとは限らない。

評価のために誤分類率を使う問題点は，ある種のエラーは他のエラーよりも悪いことがあることである。医療分野によく知られた事例がある。誤って重病に当てはまらないと判定されると，患者は処置されないので生命の危機にさらされてしまう。一方，誤って当てはまると判定されても，単に次の検査（より高価だったりより痛みを伴う）をもたらすだけである。図1.8で，当てはまるとした誤りと当てはまらないとした誤りの違いを示す。いくつかのデータマイニングソフトウェアでは誤分類の各タイプごとにコストを設定できて，モデルを誤分類率の最小化ではなくてコストを最小化（あるいは利益最大化）するよう構築できる。

| 予測 | 実測 | |
|---|---|---|
| | yes | no |
| yes | 1,000 | 200 |
| no | 600 | 900 |

| 予測 | 実測 | |
|---|---|---|
| | yes | no |
| yes | 正 ○ | 誤 ○ |
| no | 誤 × | 正 × |

**図1.8**　予測結果と実測値とのクロス表。

## 1.10.2 リフト値を使った二値反応モデルの評価

2通りの結果や2つのクラスを識別しようとするモデルである二値反応モデルには、その性能を評価する追加的な方法がある。モデルを評価する最も一般的な方法はリフト値と呼ばれる比率を使うことである。母集団からあるグループをモデルが選ぶときの、特定クラスの集中度の変化を表す尺度である。

$$リフト率 = \frac{選択されたグループ内でのそのクラスの比率}{母集団でのそのクラスの比率}$$

これは事例で見るとわかりやすいであろう。eメールでの勧誘に反応しそうな人を予測するモデルを構築するとする。通常は事前に分割された学習用データからモデルを構築し、必要なら検証用データも使う。これでモデルのリフト値をテスト用データから計算する準備が整った。

テスト用データの分類スコアは「yes, 反応する予測」か「no, 反応しない予測」のどちらかである。これはいつも正しいわけではないが、モデルが良ければ、反応すると予測されたグループのレコードには、実際に反応した人がテスト用データ全体よりも高い比率で含まれている。テスト用データに5％の反応者がいるとして、反応すると予測されたグループでは15％反応していた場合、リフト値は3になる（15÷5）。

リフト値が最も高いことが良いモデルに必要なのであろうか。1/4しか反応しないリストよりも1/2の人々が反応したほうが好ましいことは確かであるが、そうでない場合もある。リストに10名しかなかったら使いようがないのだから。

リフト値自体はデータにおけるターゲットのもともとの集中度をスコア化した関数である。ターゲットが少ないほど、どんなモデルでも潜在的に高いリフト値になりうる。リフト値はオーバーサンプリングの影響も受ける。次の「◆リフト値や他の指標へのオーバーサンプリングの影響」を参照のこと。

### ◆リフト値や他の指標へのオーバーサンプリングの影響

オーバーサンプリングデータはリフト値や、モデルに関連した他の尺度に影響する。事例で影響のしかたを見てみよう。yesかnoの値をとる二値のターゲット変数に基づいてモデル用データが作られる。オーバーサンプリングされ

たモデル用データでは，ターゲット変数の集中度は自由にできるが，yes と no が半々のバランスのとれたサンプルにするのが典型的である．

このデータからモデルが構築され，あるレコード群では yes が 80 % となるスコアとなった．これは元データの比率に基づいて得られた確率であろうか．そうではない．答えは元データの比率で yes がどれくらいあったか次第である．

もし元データで 10 % が yes，90 % が no であるとすると，モデル用データは yes のレコードのすべてと，no のレコードの 1/9 から作られている．つまり，モデル用データのそれぞれの yes は元データの 1 つの yes に対応しており，それぞれの no は元データの 9 つの no に対応している．先の 80 % というスコアはこのことと対応している．モデル用データのあるグループで yes が 0.8，no が 0.2 であったとすると，もともとの比率では $0.8 \times 1$ と $0.2 \times 9$，つまり 0.8 の yes と 1.8 の no に相当するのである．モデル用データから作成したグループで 80 % が yes ということは，母集団では 30.8 % $(0.8/(0.8 + 0.2 \times 9))$ であることと同じである．

この計算はリフト値にも影響する．リフト値は期待値よりもモデルがどれくらい良いかというものであるから．モデル用データから 80 % が yes というグループが見いだされたら，このグループのリフト値は 50 % で割った 1.6 となる．

母集団に戻ってみると少し異なる点が見える．モデル用データでの 80 % が yes というグループは，元の母集団では 30.8 % が yes ということになるので，値は小さくなる．他方，リフト値は 30.8 % を 10 % で割るので，1.6 ではなくて 3.08 になる．この事例に見るように，オーバーサンプリングの影響は，反応率の期待値に現れるように，リフト値にも影響する．

オーバーサンプリングの影響を受けない尺度は何かという興味深い問いがあるが，実際には 1 つだけ存在する．リフト値の代わりに yes の no に対する比率を使うのである．モデル用データでは 1 : 1 であり，80 % という yes のグループでは 4 : 1 であるので，比率の比である 4 倍という値を使用する．

元の母集団では 1 : 9 である．オーバーサンプリングされたデータでは，もはや 80 % の反応率ではなく，30.8 % という反応率（実際には 0.8 : 1.8）となる．比率の比はやはりモデル用データと同じく 4 倍になる．

モデル用データで yes の比率を高めたサブグループに分割しても，この「比率の比」はオーバーサンプリングの影響を受けない．いくつか別のページに現れる ROC チャートも同じ考え方であり，同様にオーバーサンプリングの影響はない．

## 1.10.3 リフト図を使った二値反応モデルのスコアの評価

二値反応モデルでは，分類とともにスコアを計算できる。単に yes とか no とかでなく，e メールでの勧誘に反応する確率を示すスコアである。どのモデルのスコアがカットオフ基準となったかということと同時に，リフト図にはモデルの全体としての情報が示されている。

図 1.9 は累積でのゲインを示している。$x$ 軸はモデルとは関係なく，テスト用データのパーセンテージである。$x$ 軸で 10 ％でカットすると，対応している上位 10 ％のデータがモデルスコアのカット基準になる。

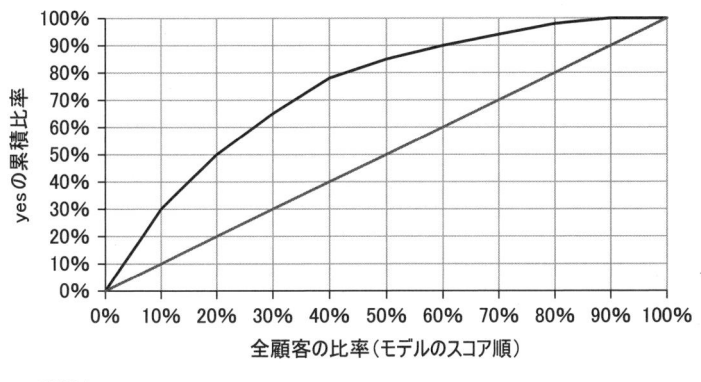

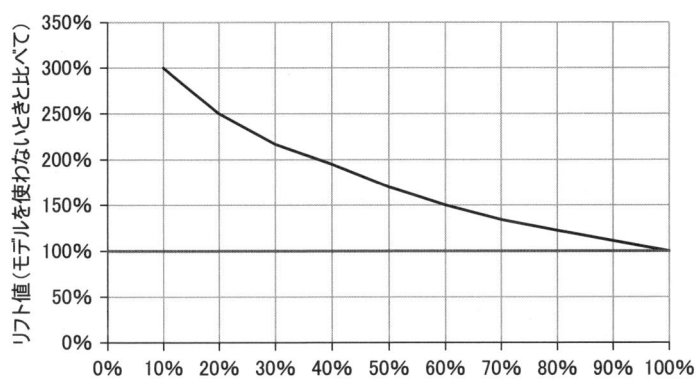

**図 1.9** 上の図は二値反応モデルでの累積のゲインを示している。下図はリフト値を示している（デシルごとの累積比率）。リフト図は高い値で始まり，1 で終わる。

$y$ 軸はサンプルでの全反応者（yes）の比率である。累積ゲインチャートは 0 から始まって増加していき，フラットになって終わるまで上に湾曲するのが望ましい。すべてのデータが選ばれる 100 ％のところでは，すべての累積ゲインチャートは 1 で終わる。

図 1.9 には対角線も引かれているが，それはモデルを使わないときの累積ゲインである。モデルを使わずにランダムにテスト用データの 10 ％を選ぶと，反応した人の 10 ％がそのなかにいるはずである。モデルを使えば，先頭から 10 ％を選べば，そこに反応者の 30 ％がいることになる。モデルを使うと，母集団の半分で反応者の 85 ％を説明できる。

良い累積ゲインチャートは鋭く立ち上がって，それから横になる。しかし曲線が 100 ％まですぐ上昇して，そこから完全にフラットのときは問題である。モデルが良すぎる。どれかの変数に騙されているのである。曲線が鋭く立ち上がり，フラットになってまた立ち上がっているような，ぎくしゃくしている曲線もまた良くない。それはモデルがデータにオーバーフィットしていることを示している。

図 1.9 のようなチャートはリフト図としてよく引用される。それはリフトを示しているが，リフトの定義は対角線と曲線との比率なのであり，ランダムに選択するよりもモデルを使うとどれくらい良いかを示している。図 1.9 の下図が本当のリフト図である。リフト図は高いところから始まって 1 という値で終わることに留意してほしい。

リフト値は，同じデータや比較データに 2 つのモデルを適用したときの性能の差を示すのにたいへん使いやすいツールである。リフト値で 2 つのモデルの性能を比較できるのは，テスト用データがターゲット変数について同じ抽出確率になっているときだけであることに注意が必要である。

### 1.10.4　収益性モデルを使った二値反応モデルのスコアの評価

異なる種類のモデルの性能を比較する方法をリフト値が与えてくれる。しかし最も重要な問いに対しては，それほど強力な方法であるとは言えない。そのモデルは，それを作るための時間や努力やコストに見合った価値があるのか。

リフト値3のセグメントへのダイレクトメールは収益の上がるキャンペーンだろうか。

　コストや収益も計算に入れたビジネスの文脈の知識なしには，この種の質問には答えられない。累積ゲインチャートから派生する費用-収益マトリクスの情報が，収益性ならどこでカットオフすべきかを計算するのに役立つ。図1.10は収益性モデルを示している。図1.9のリフト値のモデルに基づき，以下の仮定を追加したものである。

- 誰かにコンタクトする費用は1ドル
- もし反応があれば，それは44ドルの価値がある
- キャンペーンには2万ドル必要

　この仮定では，誰も選ばないとキャンペーン費用分だけの損失に終わること，反応しそうもない人も含めてたくさんの人を選択してしまうと損失を産むことに注意が必要である。最大の収益はその両者の間のどこかに存在するのである。

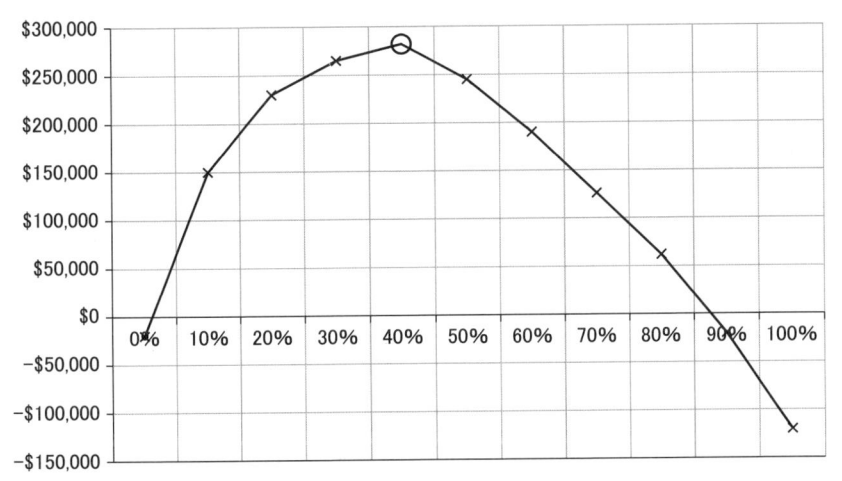

**図1.10**　金額換算で収益性の曲線に変換したモデル。財務上の利益に基づいたモデルで，利益最大化が可能になる。この図ではモデルによって選ばれた上位40％の顧客にコンタクトしたときに収益は最大となる。

## 1.10.5　ROCチャートを使った二値反応モデルの評価

　テスト用データでのリフト値の計算は，テスト用データ全体における反応者の割合と，「反応することを予測された」グループにおける反応者の比率とを比較する。「反応することが予測された」グループと「反応しないと予測された」グループとを比較するという，よく似たアイデアもある。このアイデアはリフト値より良くも悪くもない。同じ情報が含まれているので，この2つの方法はほとんど同じなのである。

　このアイデアで曲線を描くと，リフト図によく似たROCチャートと呼ばれるものとなる。後ほど「◆ROCチャートとその神秘的な用語」で説明するが，ROCチャートには特異な歴史があり，特異な用語がある。ROCチャート（図1.11）は，リフト図と比較するのが理解する1つの方法である。リフト図の$y$軸は反応した人の比率であり，$x$軸はデータ全体における比率である。ROCチャートでは$y$軸は同一で，$x$軸が反応しなかった人の比率になっている。すなわち，yesの比率がどれくらいの反応しないnoの人の比率のうえで得られているかが示される。

　$y$軸が実際のyesの率を示していることもROCチャートについて理解するもう1つの方法である。これは正確に表現された重要な結果の比率である。$x$軸は間違ったyes率であり，重要でない結果の比率なのに重要だと誤解してし

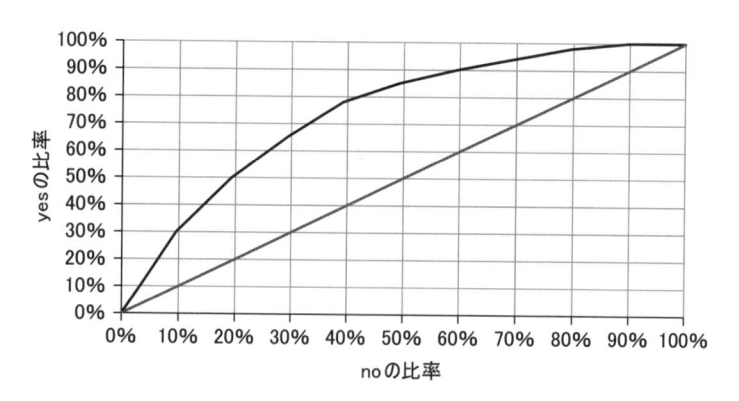

図1.11　ROCチャートは累積リフト図とよく似ているが，$x$軸が全体に占める比率ではなくて，noの人の比率になっている。

まった比率である。

　リフト図と ROC チャートはほとんど同じ情報を含んでいるのに，ROC チャートには利点が1つある。それは元のデータにおける yes の比率から独立していることである。テスト用データにおいてターゲットとなるものが10 % でも 50 % でも 90 % でも，そういう比率にかかわらず，ROC チャートだとモデルが同じであれば同じ図になるのである。

> **ヒント**　ROC チャートは累積ゲインチャートより良い点が1つある。累積ゲインチャートは，テスト用データにおける出現率次第で形状が変化してしまう。ROC チャートは形が変化しない。

#### ◆ ROC チャートとその神秘的な用語

　ROC はレシーバー・オペレーティング・キャラクタリスティクスの頭文字である。ROC 曲線の技術的な定義（モデルの感度を特異度1以下でプロットする）はこの概念の理解に役立たないだろう。

　この略語を理解するには，ちょっとだけ歴史を振り返る必要がある。第二次世界大戦でレーダー（戦時には重要な方法として使われていた）を使うときの問題点の解決方法からこの曲線は生まれている。レーダーの操作員が鍵であった。より正確には，良い機械と良い操作員が鍵であった。レーダースクリーンに現れた光点が鳥や友軍機のような害のないものか敵機なのかを識別できる必要があった。

　敵機をよりよく捜索できるようにシステムを改良するという問題に軍は直面していた。測定尺度の改善から始めて，レーダーシステムの評価に ROC 曲線を使用した。そのために $y$ 軸に「敵機と識別された敵機の比率」を，$x$ 軸に「敵機と識別された他のもの」が使われた。ROC 曲線に使われるこの特別な尺度は「判別」と呼ばれた。

　このことから名称を説明できる。「レシーバー」はレーダーシステムの名称であり，「オペレーティング」はレーダーが目標を探索する能力であり，「キャラクタリスティクス」は敵機か鳥かのような重要な特徴を区別できる能力のことである。

　「感度」と「特異度」は二値反応モデルでは時々使われている。感度とは，敵機のような重要な結果をモデルがどれくらい良好に見つけられるかということであり，特異度とはモデルが他の結果をどれくらい良好に見つけられるかということである（したがって「1 − 特異度」は「誤って yes とした」率である）。多くの人にとっては，「真陽性」と「偽陽性」として理解するのが容易であろう。

## 1.10.6　予測結果の評価

予測業務では，実測値と予測値との違いが精度である。ある変数予測の精度とモデル全体としての精度の両方とも重要である。あるモデルは入力変数が一定の範囲であればたいへん精度が高く，その範囲を超えれば精度が悪くなることがある。回帰分析に基づくモデルでは，データの大域でのパターンを見つけようとするのでとくにそうである。大域でのパターンが当てはまる入力変数と，そうでない入力変数がある。この問題を軽減するために，データマイニングのモデルではデータの局所構造を見いだそうとする。

予測モデルの精度を見る標準的な方法は，予測された値がどれくらい「平均」から外れているかの測定である。しかしそれは，それぞれの値で実測値から予測値を単純に引いて，平均値という意味のない数字を求めているに過ぎない。なぜそういえるか，表1.1の予測値を考察する。

表1.1　誤差は互いに打ち消し合う（誤差の合計値はゼロになる）

| 実測値 | 予測値 | 誤差 |
|---|---|---|
| 127 | 132 | -5 |
| 78 | 76 | 2 |
| 120 | 122 | -2 |
| 130 | 129 | 1 |
| 95 | 91 | 4 |

実測値と予測値の差の平均はゼロになる。プラスの誤差とマイナスの誤差が打ち消し合うのである。この問題を解決するために，通常は誤差でなく誤差の2乗和を使っている。差の2乗和の平均は分散と呼ばれる。この表なら分散は10になる。

$$(-5^2 + 2^2 + -2^2 + 1^2 + 4^2)/5 = (25 + 4 + 4 + 1 + 16)/5 = 50/5 = 10$$

分散が小さいほど予測の精度は良い。

尺度としての分散の欠点は，予測した変数と同じ単位になっていないことである。金額を予測したのなら，金額の2乗でなく金額がどれくらい外れているかを知ったほうが有益である。このために通常は分散の平方根を使う。標準偏差である。この表の場合，標準偏差は分散10の平方根である3.16となる。本書を理解するうえで標準偏差について知っておかなければならないことは，それは予測値が実測値からどれくらい離れているかという尺度であり，元の

データと同じ単位で測定されていて，データから直接計算されるということである。

## 1.10.7 得点ランキングを使った予測値の評価

リフト図とROCチャートは二値反応モデルの性能を視覚化するのにたいへん効果的な方法である。得点ランキングも数値変数に同様の視覚化を提供している。

得点ランキングのアイデアは予測した変数の値を二値やデシルに分割することである。デシルごとに，チャートは予測変数と実測値の平均値を表示する。

図1.12は得点ランキングチャートの例である。予測された平均値が高い値のところから始まり，デシルが下がると予測値も下がっていくことに注意してほしい。より高い予測値は第1デシルに現れるからである。

実測値も高いところから始まり，そこから下がっている。実測値が予測値に近いほど，モデルの精度が高い。場合によっては実測値よりも予測値のほうが重要だったりすることもある。その場合，実測値が上下しているところでの予測値の曲線の凸凹は，モデルが良くないことの印である。

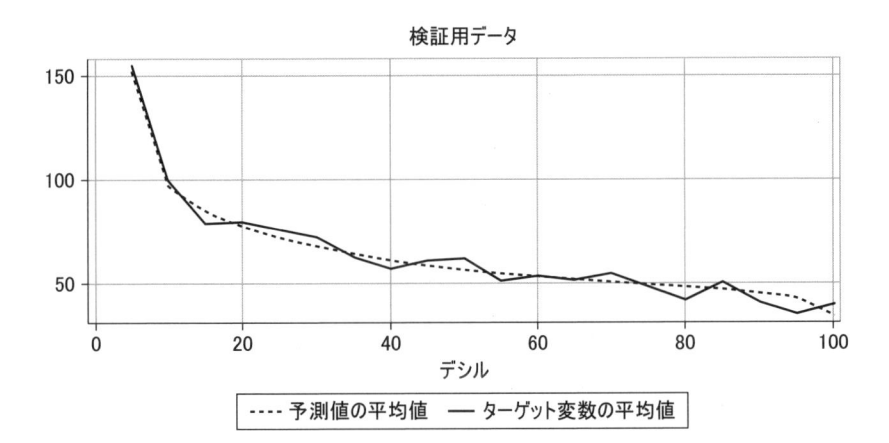

図1.12 得点ランキングチャートの例。SASのEnterprise Minerでは，デシルごとのターゲット変数の平均値と予測値の平均値とを比較できる。

## 1.11 第9段階：モデルを実装する

モデルの実装というのは，モデルをデータマイニングの環境からスコアリングの環境に移動させることを意味している．このプロセスは容易だったり困難だったりする．最も悪いケースでは（著者は複数の企業で経験したが），特別のモデリング環境において，そこでしか動かないソフトウェアによってモデルが作成される．モデルを実装するためには，プログラマがモデルの仕様書を書き，スコアリングを行うプラットホームでも動くように他の言語で書き直す必要がある．

幸いなことに，そのようなケースは減ってきている．ますます多くのツールが変換可能なフォーマット（SAS コード，SPSS コード，SQL，Java，C など）でスコアリングのプログラムコードを生成するようになった．さらに，PMML（予測モデルマークアップ言語）を主要なマイニングツールのベンダー数社が採用している．PMML はモデルとスコアリングのコードをある環境から別の環境に移動する仕組みを提供している（詳細な情報は www.dmg.org で得られる）．

### 1.11.1 モデルの実装での実践的課題

モデル実装プロセスの一部としてデータマイニングツールはスコアリングのコードを提供している．このコードは商業的な環境（SAS，SPSS など）やプログラミング言語（C，C#，Java など）で走らせることができる．しかしながらモデルのコードがあっても問題は半分しか解決していない．モデルにはしばしば元データにはない入力変数が使われているからである．

マイニングツールでデータ変換をすべて行い，ツールが変換のためのコードを生成していたときには問題はなかった．データマイニングツールの外で変換コードを走らせるときには問題が生じることがある．不幸なことには，マイニング担当者はモデル用データを作成する前にデータをクリーンで再利用可能な形に変換することについて，いつも熟達しているわけではない．

スコアリングのプロセスは極めて挑戦的なものである．とりわけリアルタイ

ムのスコアリングではそうである。たとえば，顧客がウェブサイトを訪問したり，買い物かごにある商品を入れるたびに，ウェブアプリケーションではモデルスコアを必要としている。顧客スコアリングプロセスが顧客のサイトナビゲーションを阻害しないように，そういったスコアリングはたいへん素早く行わなければならない。

## 1.11.2　実装のためのモデル最適化

すでに触れたように，モデルが良いか良くないかで費用と便益も勘案するのが収益性チャートである。このチャートは異なる人数のキャンペーンでの実際の収益性を示している。結局のところ，モデル作成が費用のかかるものであれば，ターゲットを絞るよりも，絞らない大量ダイレクトメールのほうがコスト効率がより高いかもしれない。

以下にモデルの収益性を評価するための設問を示す。

- キャンペーンをセットアップする固定費とそれを支援するモデルにはいくらかかるか
- オファーしようとする顧客1人当たりの費用はいくらか
- オファーに反応する顧客1人当たりの費用はいくらか
- オファーへの陽反応の価値はどれくらいか

これらへの回答を表計算ソフトウェアに入力すれば，モデルの効果を金額換算することができる。そのとき，どこでスコア順メーリングリストをカットするかを決めれば，累積反応チャートは累積収益チャートに転換できる。例をあげれば，キャンペーンのセットアップの固定費が高額であって，オファーするのにも顧客1人当たりに高い経費がかかるもの（携帯電話会社が更新料や本体割引でロイヤルティを買っているように）であると，プログラムの高い固定費を回収するのに十分な反応者がないので，少ない見込み客を追い求めると資金を喪失してしまうことになる。他方，多すぎる人々にオファーしようとするキャンペーンだと，高額の変動費がかかりはじめることになる。

もちろん収益モデルは入力変数の良さ次第である。キャンペーンの固定費と

変動費は比較的容易に得られるけれども，反応者の価値の予測のほうはなかなか推定するのが難しい。顧客がどれくらい価値があるかを推計するプロセスは本書の範囲を超えているが，良い予測をすればデータマイニングモデルの真の価値の測定につながる。

　結局のところ，最も重要な尺度は通常は投資収益率である。テスト用データでのリフト値を測ることは良いモデルを選択することにつながる。リフトに基づいて収益性を計算することが，モデルの結果をどのように適用するかを決めるのを助けるであろう。これらの値を測定することも同様に重要なのである。データベースマーケティングのソフトウェアでは，統制群をセットした上で，さまざまなモデルのスコアに従った顧客の反応を注意深く追跡していくことが必要とされている。

## 1.12　第10段階：結果を評価する

　モデリングの努力の結果の評価は，通常は財務的なレベルでなされる。キャンペーンは成功したのか。技術面・財務面の両方の結果の測定がたいへん重要である。そこから学んで，次の機会により良く行うことができる。

　かつて，カナダの大手銀行が顧客に投資口座を販売しようとした。同業他社と同じように，この商品の見込み顧客にリーチしようとダイレクトメールのキャンペーンが計画されていた。キャンペーン自体は多角的で，他のコンタクト手段も含むものであった。顧客には通常の広告がなされ，支店の行員には「投資口座で驚きの成果を上げませんか」というようなことを話す訓練がなされた。支店の壁面，ATMのレシートの裏面，電話での勧誘なども使って顧客にメッセージを届けた。

　ダイレクトメールのチャネルで起こったことを想像してほしい。ダイレクトメールの顧客グループは洗練されたモデルで作成され，投資口座を開設しそうな顧客からなっていた。彼らにダイレクトメールが送られ，当然ではあるがモデルで高いスコアの顧客のほうが低いスコアの顧客よりも投資口座を開設した。

　素晴らしい。だがダイレクトメールのマネジャーはクリエイティブのテスト

を混入させていた。このテストではダイレクトメールの顧客でモデルのスコアが高い顧客を一部分ホールドしておいた。結果は驚くべきものだった。ダイレクトメールの有無にかかわらず，高いスコアの顧客は投資口座を同じくらいの比率で開設した。メッセージによる追加反応はなかった。モデリングは有効であったが，特別なメッセージは必要なかった。洞察力に富むマーケティングマネジャーだけがこのような知見を本当に知りたいと思っている。

図 1.13 は典型的なキャンペーンでの 4 つの実験群を示している。

- 高スコアで特別メッセージ付きのテスト群
- 高スコアだが特別メッセージなしのモデル使用・ホールドアウト群
- ランダムないし低スコアでメッセージ付きの統制群
- ランダムなスコアでメッセージもないホールドアウト群

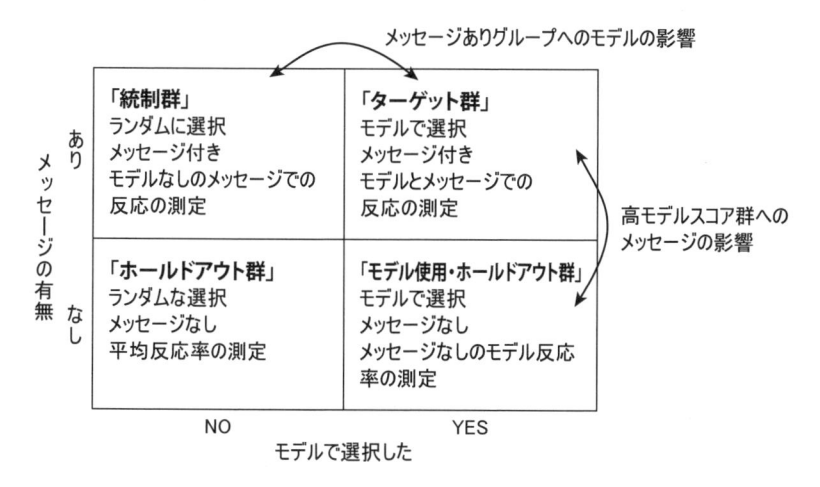

図1.13 キャンペーンを行うときには4つの実験群がある。その比較からさまざまな洞察が生まれる。

マーケティングキャンペーンでこのなかの最低でも 3 群があれば，キャンペーンとメッセージの両方の効果を測定できる。

この例は本章の最初のほうで述べた追加反応モデルの有意性も示している。

## 1.13　第11段階：再び開始する

　どんなデータマイニングプロジェクトでも，得られた答え以上にたくさんの問いが生まれる。これは良いことである。以前には見えなかった新しい関係性が見えるようになったことを意味しているからである。新たに発見された関係性はテストすべき新たな仮説であることを示唆しているので，データマイニングプロジェクトが全部最初から始まる。

## 1.14　得られた教訓

　目的志向的データマイニングは特定の結果を説明するパターンを発見するために履歴データを探索するものである。それには，予測モデルとプロファイリングモデルの2つのタイプがある。これらは方法論と手法は同じだが，モデル用データがどのような構造であるかによってのみ異なる。

　目的志向的データマイニングの問題点の解決には，互いに結びついている多くのモデルが必要となるであろう。だからクロスセルのモデルも，個々の製品の予測モデルや，最適な結果を選択する決定木ルールと結びついているかもしれない。反応モデルは収益性の視点で最適化されていることがあるので，反応のしやすさよりも反応の期待値を実際には計算している。より洗練されたアプローチで追加反応モデルを使うときでさえ，反応率自体よりもマーケティング努力で改善できる反応率の増分値がターゲットである。

　この章の最初の教訓は，データマイニングは不注意によって陥るわなに満ちているということである。経験に基づく次のような方法論によってそれを避けることができる。最初のハードルはビジネスの問題をデータマイニングの問題に翻訳することであった。次のチャレンジは適切なデータを配置して使える情報にまで変換することにあった。データが得られた後には，それは徹底的に探索されるべきである。探索プロセスではデータの問題点が明らかとなる。データを理解することはデータマイナーが直観力を作り上げるのを助ける。次の段階はモデル用データの作成であり，それは学習用データ，検証用データ，テスト用データに分割される。

データの変換は 2 つの目的のために必要とされる。1 つは欠損値や値の多すぎるカテゴリ変数のような問題を解決することであり，もう 1 つはトレンドや他の比率や変数間の関連を表現する新たな変数の作成によって情報を浮かび上がらせることである。

　データが準備できると，モデルを構築することは比較的容易である。どのタイプのモデルも評価のための指標を持っているが，モデルからは独立した評価方法が使用可能である。それらのなかで重要なものにリフト値と ROC チャートがある。それらはモデルがターゲット変数の望ましい値をどれくらい増やしたのか示しており，結合してみれば二値反応モデルの誤分類率と数値のターゲット変数についての得点分布チャートとを示している。以下の章は方法論であり，目的志向的データマイニング手法に突入する。

# CHAPTER 2

# 決定木

　決定木は広範な問題に使用することができ，それがどう動いているか理解できるモデルを提供するので，最も強力な目的志向的データマイニング手法の1つである。決定木はテーブル参照モデルに関連している。RFMキューブのような単純なテーブル参照モデルでは，各セルは各次元で前もって任意の数の同容量の区分に分けられている。次に，たとえば反応率とか注文数量の平均とかの何らかの関心によって，各セルが測定される。新たなデータはそれがどのセルに属しているかでスコア化される。

　このやり方は決定木では2つの方法でなされる。第1の方法では，決定木ではターゲット変数で同じ値を持つという意味でより純粋なより小さなセルにデータを分岐する。決定木のアルゴリズムでは，各セルは独立に扱われるのである。新たに分岐するためにはアルゴリズムですべての変数が使用される。そして目的志向的データマイニングの点で最も重要な変数が選択される。このことから，モデル作成時と同様に変数選択のために決定木を使用することができることになる。

　第2の方法では，各入力変数をどう分岐すべきか決めるためにターゲット変数を使う。結果として，各段階での分岐ルールによって決まる諸セグメントに

データを分けていく。決定木モデルは，すべてのセグメントの分岐ルールの集合体なのである。

ルールの集合体として表現されるモデルは非常に魅力的である。ルールはそのまま言語で表現されるので，我々は容易に理解することができる。決定木を形成するルールは，データベース検索言語であるSQLでも表現することができる。モデルとしては決定木は分類，推定，予測に使用できる。最終的に他の手法を使おうとするときでも，データの探索や変数選択で決定木は役に立つ。決定木で使われた変数は他のデータマイニング手法でも同様に役に立つ。

本章では単純な予測課題の決定木の事例からスタートする。この事例では，決定木がビジネスの課題に対する洞察を提供でき，理解するのが容易であるということに焦点を当てる。数値の予測や，分類や変数選択のためにどのように決定木を使用するかという点も示される。

この章ではその次に，決定木の作り方について，より技術的な点に触れる。とりわけ，決定木での分岐ルールを評価するいくつかの基準について紹介し比較する。CART，CHAID，C5.0という名の異なる決定木アルゴリズムがあるが，これらは同じ基礎の上に立っている。

この章ではまた，とくに決定木を線形の回帰モデルと比較することにより，局所モデルと大域モデルの違いについて述べる。もう1つの分岐技術であるサポートベクターマシンと決定木を技術的側面から比較する。本章のいたるところに決定木の興味深い適用例が見いだされるであろう。

## 2.1　決定木とは何か，どのように使われるのか

大量のレコードをより少数のレコードのグループに逐次に分岐していく方法を，階層的なルールの集合体として示しているのが「決定木」である。逐次分岐されていくほど，その結果である各セグメントを構成するレコードはターゲット変数値の点ではだんだんと互いに類似したものになる。

この節では，ビジネス課題での洞察を得るとか，目的志向でデータを探索するとか，予測するとか，レコードを分類するとか，値を予測するというような，さまざまな目的での決定木の使用事例が出てくる。

## 2.1.1 典型的な決定木

図 2.1 の決定木は後払い電話利用者のモデル用データから作成された。これは通話した後に支払いをするものである。予測モデルのためのモデル用データが準備され，全顧客の所与の期間の入力変数と，100 日後の顧客の状態を示すターゲット変数となっている。モデル用データには，自分の意思で後払いをやめて 100 日後も継続している顧客と，支払わないので不本意に停止された顧客とを同数含んでいる。ターゲット変数には A，V，I という 3 つのカテゴリがあり，顧客はそのどれかである。

最上段の箱はルートノードであり，決定木の全学習用データが入っている。このノードでは 3 つのクラスは同数ずつである。ルートノードから特定のルールで 2 つに枝が分かれている。木の最初の枝分かれのルールは，クレジットクラスである。クレジットクラスが C ならば左に，A，B，D ならば右に分かれる。ここではクレジットクラスの 1 つだけによってノードが分岐されている。枝が分かれなくなるまでノードは分岐され続け，最後は「葉」と呼ばれる。

ルートノードから末端の葉までの経路が，その葉に含まれるレコードを記述するルールである。図 2.1 では学習用データでの分布から離れた分布のノードは網掛けを濃くしてある。3 つの矢印が最も濃いノードを指している。そこでは明らかに特定のクラスが多数派である。

決定木は新たなレコードに対してもスコアを割り当てるので，単純に新しいレコードでもルートから適切な葉までの経路ができる。たとえば図 2.1 を使って現在のどんな契約者でも A，V，I の予測を割り当てることができる。個々の葉は木の経路に基づくルールである。スコアリングの必要があれば，このルールを使って契約者を適切な葉に割り当てる。各クラスのレコードの比率がスコアを提供する。

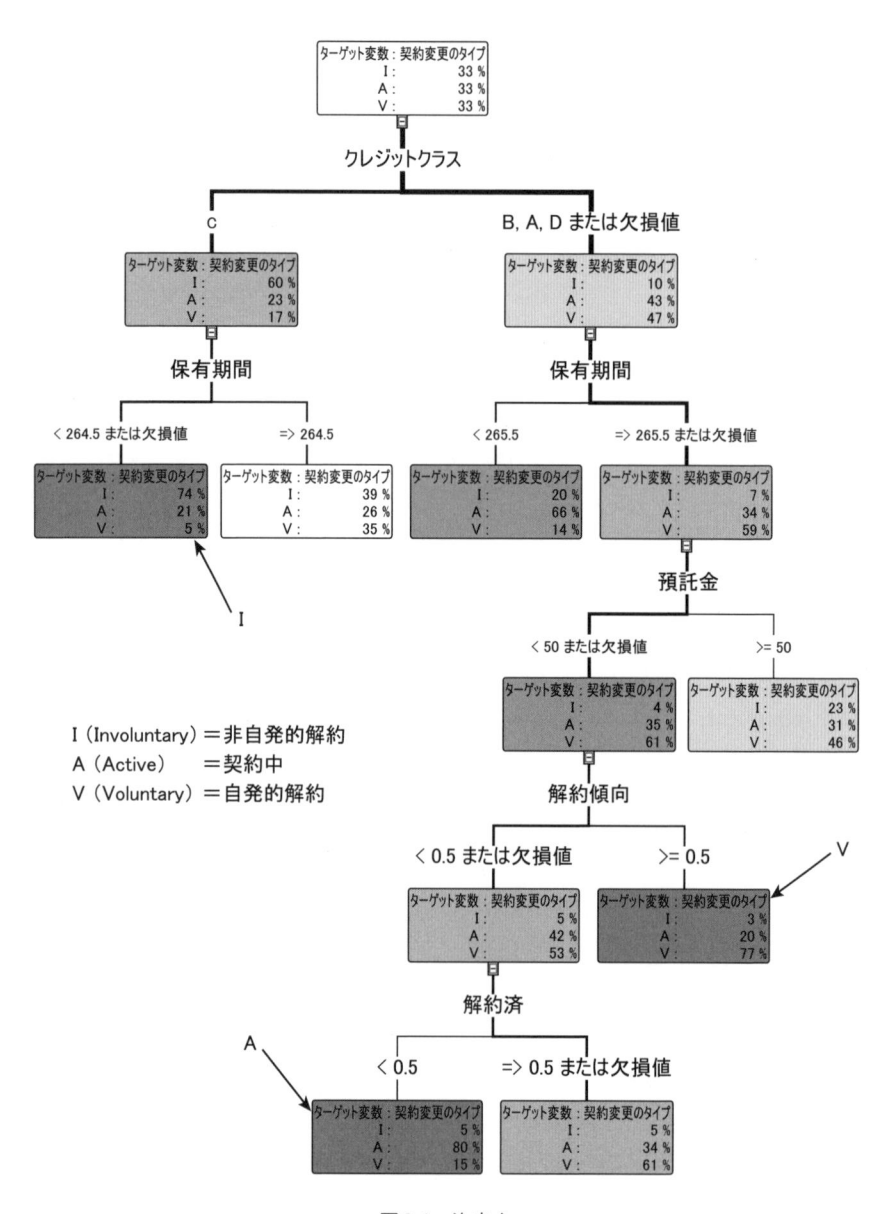

図2.1　決定木。

## 2.1.2 解約について学ぶために決定木を使う

成熟市場では，ある提供者から別の提供者に契約者が解約して乗り換えてしまうことがあり，ほとんどすべての自動車関連サービス提供者はこれに関心がある。電話のように，すでに普及してしまった市場では，新規顧客獲得の最も容易な手段は競争業者からの乗り換えを勧めることである。図2.1の決定木では，誰が解約しようとしているのか，2つの解約パターンのどちらがあるセグメントでは多いのかを示している。解約をすでに決めているときが自発的な解約，未払い顧客に打ち切りの電話をするのが自発的でない解約である。モデル用データを作るために，特定日時点での契約者を顧客ごとの多くの属性項目とともに取り出す。

決定木で最初の分岐はクレジットクラスが要因であった。クラスCが他のクラスとは異なった経路となった。クラスにはA，B，C，Dがあり，Aは高い信用度の，Dは最低の信用度のレイティングを意味する。クレジットクラスによってまず分岐されたということは，解約を識別するのにこれが最も重要な変数であるということである。

この分岐によりターゲット変数の分布が枝ごとに劇的に変化する。Cの顧客で非自発的な解約者が60％いるのに対して，他のクレジットクラスの顧客では非自発的解約は10％しかいない。それ以降の分岐でさらにターゲット変数は凝集する。決定木の他の部分では別の変数が使われていることに注意したい。ただし，どの部分でどの変数が使われても，1つの変数が何度も使われることがありうる。

木全体を見ると，大半の葉ではターゲット変数が特定のクラスになっている。ターゲットの3クラスの比率が各ノードに注記されている。

まず，Iの矢印の葉を見てみよう。この葉の契約者はクレジットクラスがCで，保有期間が264日以下である。彼らの74％が未払いで契約停止された。自発的解約者はたいへん少ない。大半の契約者は高額の解約金が課される1年契約をしているからである。解約金を支払うかわりに，不満のある契約者は支払いをして，クレジットクラスをCにしてから，そのまま去る。

Vの葉を見てみよう。契約者は預託金（最少100ドル）なしで，265日以上

経過している．入力変数が記録されたときには契約は継続していたのであろうが，ターゲット変数が記録される前に解約しつつある顧客である．預託金 50 ドル以上か否かという分岐は，クレジットクラスが D かどうかという分岐とまったく同じことである．クレジットカードのクラスが D だと誰でも 100 ドルから 600 ドルの預託金を支払うが，A，B，C だと預託金が不要なのだから．

最後に，A の葉を見てみよう．V と同じように預託金はなく 265 日以上経過している．しかし彼らはまだ契約中であり解約してはいない．おそらく，2 年契約にサインしたか，1 年たったら再契約することを勧誘されていたのであろう．どの場合でも 80 ％ は依然として継続中である．

この決定木から判断すると，クレジットカードスコアを気にする契約者を維持するには 1 年契約が良い手段であり，そうでない顧客の維持には高額預託金が良い手段となっている．どちらのグループでも罰則なしで自発的に解約できるようになるまで待ってくれている．最も悪いのはクレジットカードスコア C の顧客である．彼らは預託金の支払いを求められることはないが，他の預託金なしの顧客と違って契約をやめようと思っているのである．これらの顧客にも預託金の支払いを求めるとよいと思われる．

### 2.1.3 データを知り変数を選択するために決定木を使う

図 2.1 の決定木ではモデル用データの多くの変数から 5 つの変数だけが使用されている．これらの変数は決定木のアルゴリズムによって，自発的・非自発的解約をよく説明することから選ばれた．他のどの変数よりもターゲット変数を分岐するのに貢献したのがクレジットクラスである．数十から数百のよくわからない変数があるときには，有効な変数を知るために決定木を使うことができる．実際には他の手法を使うときでも，決定木で変数選択を行うことがよくある．一般的には，少数のかなり良い独立変数があるときの変数選択において，決定木はよい仕事をする．しかし個々の分岐は独立して行われるので，別のノードでも似た変数や同じ変数が選ばれてしまうことがある．この図でもクレジットスコアや預託金がそうなっている．

ターゲット変数を変えると，別の変数での別の決定木を作ることができる．

たとえば，図 2.1 の決定木と同じデータを使って，ターゲット変数を活動中の顧客と非活動顧客（V と I を結び付けて作成）の二値変数にすれば，決定木は別のものができる。新しい決定木では，最初の分岐はクレジットクラスではなくて，最初の決定木には出てこなかった携帯機種解約率になる。このことは，携帯電話の機種に不満のある顧客は解約しやすいという業界の常識と一致している。最近急速に人気がなくなってきた機種を持っている人々はより解約する傾向がある。

### ◆ボストングローブで世帯普及率変数を使う

目的志向的データマイニングのプロジェクトでデータを探しているときに，特定のターゲット変数の予測にとって重要になりそうな変数を選択するのに，決定木は有益な道具である。著者のクライアントの 1 つであるボストングローブ紙は，人口統計学的，地域的な諸変数から宅配率の望ましい水準を推定することに関心を寄せていた。未開拓の潜在顧客を知るために，どの地域が期待値より宅配率が低いか指摘することはできそうであった。最終的なモデルは，少数の変数による回帰モデルであった。しかし，どの変数がよいのだろうか。国勢調査には何百もの変数が存在している。回帰モデルを作る前に，各変数が使えるかどうか探索しようと決定木を使った。

新聞社は最終的には町や市ごとの宅配部数を予測することに関心があったけれども，町や市は規模がさまざまなので，その部数は回帰モデルの良い従属変数にはならない。小さい町より大きい町のほうが読者が多いことを発見するためにモデル化の努力を費やしても無駄である。より良いターゲット変数は，普及率（新聞を購読している世帯の比率）である。読者世帯数を町の全世帯数で単に割って作った数字なので，0 から 1 よりやや下の範囲の値になる。

次の段階は数百もある個々の都市の特徴から，高い普及率の「良い都市」と低い普及率の「悪い都市」とを分ける要因を見つけ出すことであった。良し悪しの二値のターゲット変数によって決定木を作るアプローチを採用した。宅配普及率で町を並べ替え，上位 1/3 を「良い」，下位 1/3 を「悪い」とした。良いか悪いかよくわからない真ん中の 1/3 は学習用データから取り除いた。

ヒント　2 つのグループの違いをモデル化するときには，どちらかよくわからないグループは取り除くとうまくいくことがある。

その結果，得られた決定木では，最初の分岐は住宅価格の中央値によるものであった。米国で最も住宅が高価な地域において，中央値が 22 万 6000 ドル未満の町はこの新聞の普及率予測値が低かった（2000 年の国勢調査）。町全体の

人口と購読者数とを比較した派生変数の1つによって次の分岐がなされた。購読者数が人口に比例しているところでは良く（宅配普及率が高く），平均と隔たっているところでは悪かった。他の変数で重要だったのは，平均就学年数，労務職の比率，自由業・管理職の比率であった。

決定木で選ばれた変数のいくつかは回帰分析にあまり向いていない。たとえば，「ボストンからの距離」という変数である。当初問題となったのは，郊外に出ていくほどボストンから距離が遠くなり，宅配普及率も上昇していたことである。しかしながら，ボストンから遠すぎるとそこで起こったことに関心がないので，距離はネガティブな関連性となる。決定木では分岐によい距離を簡単に求められるが，回帰モデルでは距離と普及率との関係を他のすべての距離と同様に扱ってしまう。住宅価格は，最初の数マイルでは上がり，その後下がり，その分布がターゲット変数の分布と似ているので，良い要因となる。決定木は，どの変数が使えるのかということだけでなく，どの変数を考慮すべきかというガイドを提供しているのである。

## 2.1.4　ランキングを作成するために決定木を使う

決定木は各レコードの入力変数を見て枝葉への適切な経路を求め，新たなレコードのスコアを求める。多くの適用例では，スコア自体よりも，それによって付けた順番のほうが重要である。つまり，顧客ごとの解約リスクを求めて，顧客Bは顧客Aより解約確率が高いとか低いというようなことがより重要なのである。顧客維持のためのキャンペーンなど，特定のマーケティングキャンペーンへの適用では，顧客を一定数選択する。1万人の顧客向けキャンペーンであれば，モデルの目的は最も解約しそうな1万人を見つけることである。実際の解約率を求めることは重要ではない。

## 2.1.5　ターゲット変数のクラスへの所属確率を推定するために決定木を使う

多くの目的のためにはランキングでは不十分であり，どのクラスに属するかの確率が必要となる。葉からクラス所属確率が求まる。たとえば，図2.1でIの葉におけるクラスの分布は，クレジットがCで継続期間が264.5未満とい

うルールを最初のノードのデータ（ターゲット変数の各クラスが同数になるように作成されている）に適用すると求まる。このノードのレコードについていえば，今後 100 日以内に 0.6 の確率で非自発的解約になると思われる。しかしながら元データにおけるターゲット変数の分布は，木の構築に用いられたモデル用データにおける分布とはまったく異なる。6 カ月後でも，契約者の 89.30 ％は継続しており，非自発的解約者は 4.39 ％，自発的解約者は 6.32 ％である。

第 1 章で決定木のスコアを確率の予測に変換する方法を 1 つ示した。真の所属確率を推定するもう 1 つの方法は，決定木のルールを，元の各クラスのバランスの取れていないデータに適用して，結果の分布を見ることである。このデータの場合，クレジットが C で継続期間が 264.5 未満の顧客の 84.14 ％はまだ継続していて，14.44 ％が非自発的に解約し，1.42 ％が自発的に解約している。したがって，この葉における非自発的解約確率の正確な推定値は 60 ％でなく 14 ％である。この葉における非自発的解約の割合は母集団の 3 倍以上である。しかし，この葉ですら，契約を継続しているのが最もありそうな結果なのである。

## 2.1.6　レコードを分類するために決定木を使う

分類ツールとして決定木を使うために必要なことは，まずターゲット変数のクラスへの所属確率を求めて，そのなかの最も多いクラスを使って各葉に名前を付けることである。論文のなかで決定木はよくそのように表現されている。分類ツールは一通りの結果しかもたらさないのが普通なので，マーケティングの世界では所属確率の推定のほうが分類よりも有益である。モデルの作成のポイントはレコード間に差をつけることなので，誰もを非反応者と分類することは役に立たないのである。

関心のある行動（反応，詐欺，解約など）がまれでありがちなマーケティングへの適用では，誰もが同一のクラスに所属するようなモデルは珍しくもない。マーケティングのキャンペーンにおいてセグメントがどのように定義されていようとも，どのセグメントでも最もありそうな結果は反応がないことである。幸いなことに，あるセグメントは他のセグメントよりも反応しそうであ

り、それがわかることが十分に有益である。あなたが寄付するだろうと思って寄付のお願いが送られてくるわけではなく、その確率は低くても郵便料金に相当する程度にはあなたが反応する可能性があるだろうと考えて、あなたにお願いしているのである。

### 2.1.7 数値を予測するために決定木を使う

あるクラスへの所属確率の予測ではなく、数値のターゲット変数を予測する決定木は、回帰ツリーとして知られている。この決定木は、個々の葉においてレコードのターゲット変数がその葉での平均値に近くなるように、統計学的に言えば各葉におけるターゲット変数の分散が最小となるように、作成される。新たなレコードがその葉へのルールに合っていた場合、葉の平均値がそのレコードのスコアとなる。

回帰ツリーは、木の葉と同じくらい多くの異なる値があるときだけ作成することができる。連続値を推定するなら連続関数を用いるのが自然なので、回帰ツリーのような離散モデルを連続値の推定に使うのは奇妙に思えるかもしれない。しかし、回帰ツリーは回帰モデルのための変数選択のような他の用途でも使える。回帰ツリーが元データを局所的なセグメントによく分岐していくことができるのはもちろんである。各セグメントごとに回帰分析を行うなど、セグメント別のモデルを作成することも効果的なモデルとなりうる。次節ではデータにおける局所的な現象を見いだすこのアイデアについて述べる。

## 2.2 決定木は局所モデルである

回帰モデルは大域的であるので、局所構造を持つデータにはうまく当てはまらない。入力変数の空間で局所的現象にフィットさせようとすると、モデルの値はいたるところで変化してしまう。他方、決定木は局所モデルなので、入力変数の空間をセグメントに切り分けて、それぞれに別個の予測値を作り出す。

図 2.2 に示す決定木は、たった 2 つの入力変数（最終購買日からの経過日数、これまでの注文金額）から注文量という数値変数を予測している。図 2.3 は、

[2] 決定木　65

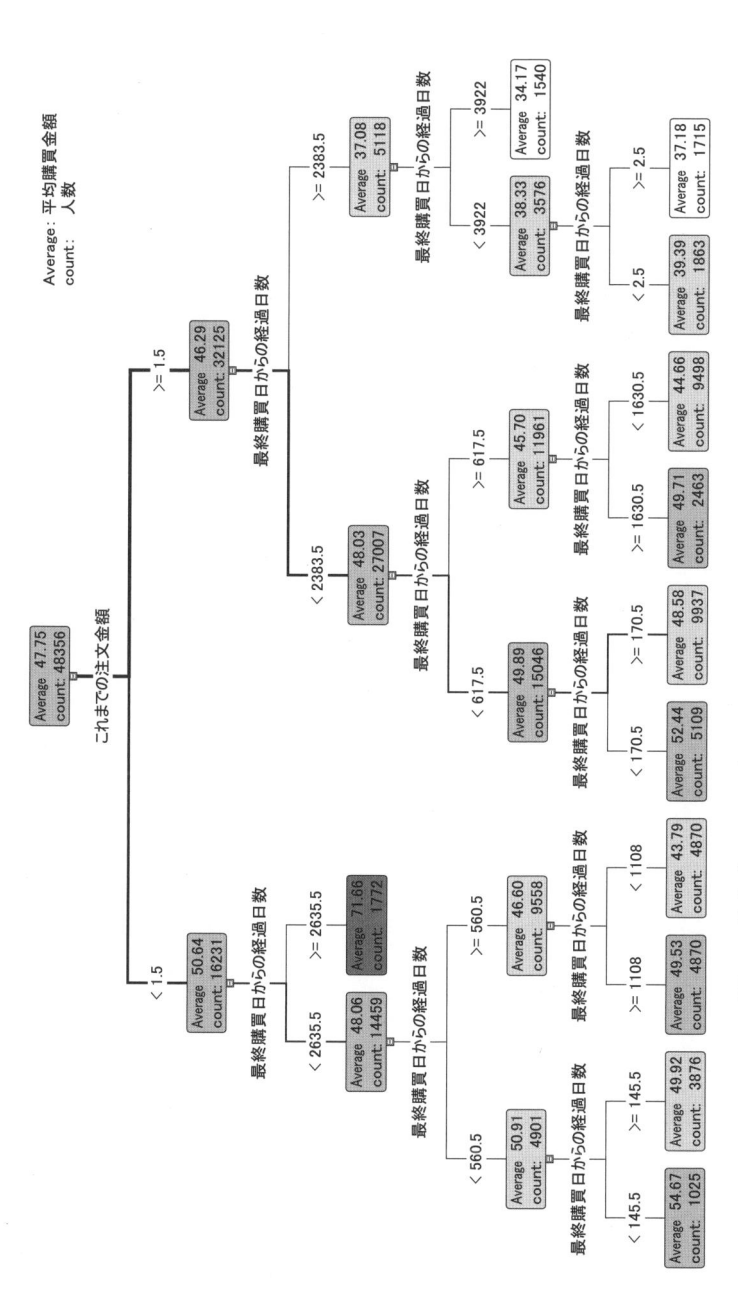

図 2.2　最終購買日と頻度の関数としての平均注文金額の回帰ツリー。

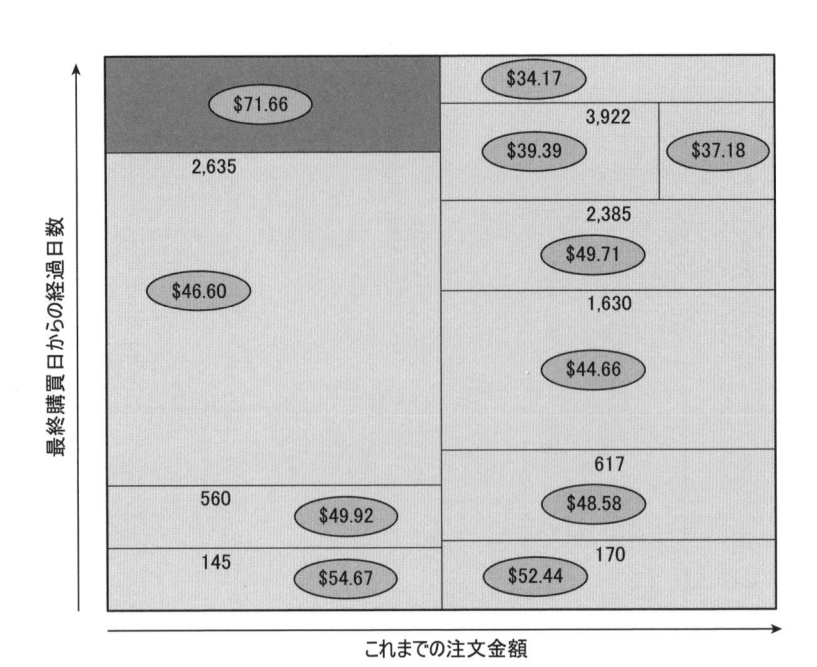

**図2.3** 決定木によってレコードはどれかの箱に入れられる。

　四角形の箱をどんどん細かくしていくことで同じモデルを表している。小さい箱は決定木の葉である。これらの箱を合わせると四角形全体になることに留意してほしい。どのレコードも葉のどれかに達するように，どのレコードもいずれかの箱に入る。箱の網掛けがその箱に入ったレコードの平均注文量を示していて，網掛けが濃いほど量が多い。

　分岐は箱のなかの水平線，垂直線でなされている。これまでの注文金額が垂直線，最終購買日からの経過日数が水平線である。真ん中の最も長い垂直線が回帰ツリーにおける最初の分岐である。

　図で表現しやすいのは，この事例が2次元しか使用していないからである。別の変数が導入されれば，もう1つ次元が導入されるだろう。そうするとデータはレンガ形（直方体）で表現され，平面で切ればさらに細かいレンガにできる。

　ボックス図は，木では指摘が難しかった興味深いパターンを簡単に見せてく

れる.大半の部分で,最近注文してきた顧客の注文金額は大きい.しかし,経過日数と注文金額の関係が逆転していることがポイントである.ほとんどのところで経過日数が少ないほど平均注文金額が大きい.しかし驚くべきことに最も高い平均注文金額は左上の箱であり,7年以上前に買ったきりの顧客であった(7年も買ってくれていない顧客を顧客データから取り除かないことは少々おかしいと思われる.おそらく取り除いているであろうが,50ドル以上の顧客は残しておいたのであろう.何年も前に失った顧客がみんな高額購買者である理由はそう考えられる).理由は何であれ,この相関関係の変化は経過日数をモデルに入れた回帰モデルでは良い結果とならないことを意味している.回帰モデルでは,どこでも入力変数とターゲット変数との関係は同じだと仮定している.

決定木モデルは局所的なので,異なる葉ではまったく別の経過日数と注文金額の関係になることを示すのによい.新規顧客がたくさん注文しても,ずっと以前の購買者しかいない左上の箱に影響することはない.逆に言えば,学習用データを変更して左上の箱の平均購買金額を100ドルとか1000ドルとかにしてしまっても,他の箱の平均購買金額には影響がないのである.回帰ツリーモデルのもう1つの強みは,その点にある.それぞれの箱での注文金額の推定値は実際の観測値の平均であるので,とんでもない値になることはありえないのである.この点が回帰モデルと逆である.回帰モデルでは,マイナスの注文金額とか,見たこともないような外れ値とかを予測してしまうことがある.

決定木の実際の構造を表現するのに伝統的な樹形図はたいへん効果的な方法であるが,目的によっては図2.3のようなボックス図も非常に表現力がある.ボックス図ではすべての葉が描かれていて,樹形図では下のほうに行ってしまう多くの葉も容易に比較できる.たとえば,図2.3では図の左上に最も高額購買者がいることが一目でわかる.決定木は似ているレコード群の周りに箱を描いていく手法だと考えることもできる.ある特定の箱のレコードは,すべてその箱を決めているルールを満たしているので,すべて同じ分類をされる.ロジスティック回帰や,より新しいサポートベクターマシンのような大域的分類手法とは,その点が異なる.それらはどれも,データ空間に1つの直線,曲線,超平面を描くことでデータをクラスに分岐しようとするものである.これは根

本的な違いであり，1つのレコードをターゲットのクラスに分類する方法がいくつもあるときには，大域的なモデルは弱い。

たとえばクレジットカード産業では，収益性の上がる顧客にはいくつかのパターンがある。レボルバーと呼ばれる，あまりカードを使わないが未払いなしにリボルビング残高がいつも高い顧客からは収益が上がる。他方，全額支払い者と呼ばれる，毎月1回払いしてしまうがカード利用頻度の多い顧客も収益が上がる。他の顧客は便宜的利用者と呼ばれ，たまにしかカードを利用しないが，たまに大きな買い物をしてその支払いに数カ月かける。2つのまったく異なるユーザが同じように収益に貢献しているのである。決定木では，この2つを別個のグループとして見いだし，名前を付け，それぞれの箱を記述することによって，各グループの収益性の理由を示唆することができる。

## 2.3 決定木を育てる

決定木のアルゴリズムには多くの変種があるが，木を作っていく基本的な方法は同一のものを使っており，適切な決定木手順を呼び出したり，ツールボックスの決定木アイコンをクリックしたりする。内部では何が起こっているのだろうか。この節ではより細かいところを見ていく。そうすれば決定木をより効果的に使う助けになるし，その結果をより簡単に理解できるようになる。

個々のノードのデータがターゲット変数については分岐する前よりもさらに純粋になるように，決定木のアルゴリズムはデータを次々とより小さいグループに繰り返し分岐させる。多くの場合この説明は，反応者・非反応者のように二値のカテゴリ変数を想定している。そうすれば一般性を失うことなく説明を単純化できる。

### 2.3.1 最初の分岐を見つける

分析開始時点では，モデル用データは事前に分類されていて，すべてのレコードでターゲット変数の値がわかっている。各レコードにターゲット変数の値をうまく割り当てる葉になるようなルールを作るために，入力変数の値を

使って決定木を作成するのが目標である。ターゲット変数は二値変数なので，割り当てる値はターゲット変数の各クラスへの所属確率である。モデル用データの各レコードは既知のターゲット変数値から始まっていて，これが木の作成を導くことを思い出してほしい。

決定木は，ルートノードでは，モデル用データの一部である学習用データにある全レコードから始まる。入力変数からルールを作ることによってこのレコードを枝に分岐するのが最初の仕事となる。どのような枝に分ければよいだろうか。ターゲット変数値を可能な限り分離するのが目的であるから，2つの葉がターゲット変数の値のどちらかで純粋になるようにするのが1つの答えである。

分岐するために，アルゴリズムはすべての入力変数に基づくすべての分岐方法を検討する。たとえば，最新購買日からの経過日数であれば，100日以下の顧客と100日以上の顧客が別の枝になったとする。この分岐のときには，学習用データにあるすべての値での分岐，1日でとか，1000日での分岐も検討されている。アルゴリズムは各分岐点について評価して，各変数ごとに最も良い分岐点を選択している。最も良い分岐ができる最良の変数は1つである。

潜在的な分岐を評価するのに使われる尺度は枝葉でのターゲット変数の純度である。純度が低いということはターゲット変数の分布が親のノードと同じであることを，純度が高ければその葉ではターゲット変数がある1つのクラスばかりになっていることを意味している。枝葉の純度を最も大きく上昇させるものが最良の分岐である。また，同じくらいのサイズのノードに分岐するのがよく，少なくともわずかのレコードしか含まれないノードを作るのはよくない。

これらは簡単に視覚化できる。図2.4が良い分岐と悪い分岐を図示している。ここでは元データは9つの三角形と9つの円で表されており，これらの2つのグループを分離することが目的となる。左上の分岐は純度が上昇していないので良くない分岐である。最初のデータは2つの形を同数ずつ含んでおり，分岐後の葉でも同様である。右上の分岐は，純度は少し上昇したものの純度の高い葉にはわずかのデータしかなく，大半のデータのある葉の純度は分岐前と大差がないので，やはり良くない分岐である。下の図の分岐は，ほぼ同サイズの葉に分かれていて，元データより純度が大きく上昇しているので良い分岐で

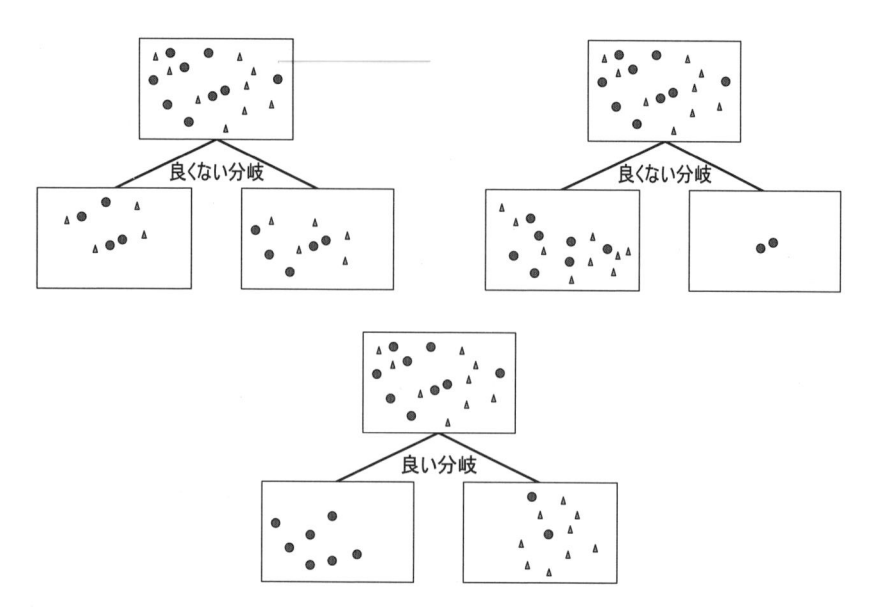

**図2.4** 良い分岐では，どちらの葉でも純度が上昇する。

ある。純度は概念を定義するよりも視覚化したほうがやさしいし，コンピュータで計算できる。次節では，カテゴリ変数と数値変数の両方のターゲット変数の純度を計算するいくつかの方法について議論する。

　作成された葉においてターゲット変数の純度がどれくらい高いかに基づいて分岐は評価される。このことは，適切な分岐基準の選択が入力変数のタイプではなくターゲット変数のタイプに依存していることを意味している。カテゴリ変数や二値変数のターゲット変数とは，数値変数のターゲット変数では純度の定義が異なる。

＜数値変数における分岐＞

　数値変数を二値に分ける分岐点を探すときに，学習用データにある個々の値が分岐点の候補として扱われる。数値変数の分岐で，$X < N$ となるレコードは片方の葉に送られ，そうでないレコードはもう一方の葉に送られる（$X$ は数値変数の値，$N$ は定数）。すべての $X$ について分岐点とすべきかどうか試みて，

その分岐による純度の増加を計算する。効率性も大事なので，決定木のソフトウェアのいくつかでは，すべての値を評価するのではなく，サンプリングによる代表値を使用している。

　決定木が求まったとき，数値の入力変数の唯一の使い道はその値を分割点と比較することである。他のタイプのモデルのようにウェイトがかかっていたり変数どうしを合計したりはされていないので，数値変数の歪度が大きくても外れ値があっても決定木はそれらに敏感ではないという重要な意義がある。

### ＜カテゴリ変数での分岐＞

　カテゴリ入力変数の分岐で最も単純なアルゴリズムは，カテゴリ変数の各クラスごとに枝葉を作ってしまうことである。契約月を分類するなら，カレンダーどおりに葉を 12 枚作る。いくつかのソフトウェアはこのアプローチを採用しているが，この方法ではしばしば良くない分岐が生じる。たくさんに分岐すると個々の葉の学習用データが少なくなって，それ以降の分岐ができなくなったり信頼性のないものになったりする。

　もっと良く，一般的に行われているアプローチは，同じ結果を別々でも予測できるように，クラスをいくつかのグループに統合することである。ターゲット変数が二値の場合，ターゲット変数を個々の入力変数値と同比率になるように分けるのが最も単純なアプローチである。そして，ターゲット変数の 1 つの値が上位のノードの比率より少ないと片方の葉に，そうでなければもう一方の葉に送られる。

　より洗練された方法は，入力変数の個々の値のときのターゲット変数の分布を見て，分布がたいへん小さくなるようにカテゴリ変数のクラスを統合することである。分布が改善されたかどうかの判定には通常，カイ 2 乗検定を用いる。

### ＜欠損値があるときの分岐＞

　決定木の良い点の 1 つに，入力項目に欠損値があっても null を許容できる値として取り扱えることがあげられる。欠損値を推定しようとしたり，欠損値のあるレコードを捨ててしまうより，このアプローチは望ましい。欠損値はラ

ンダムには生じないであろうから，欠損値のあるレコードを捨ててしまうと学習用データが偏ったものとなりやすい。欠損値を推定値に置き換えることは，ある値が欠損しているという事実がもたらす重要な情報がモデル上から失われるリスクをもたらす。

特定の値がnullとなることに価値があるケースを著者はたくさん見てきた。その1つでは，世帯のデモグラフィクス属性の追加項目の記入の個数の項目が，定期生命保険勧誘への反応の予測値になっていた。住宅購入，結婚，出産，商品購入，雑誌購読などによってアキシオム社の世帯データベースにデータを残す人のほうが，多くのライフスタイル項目が未記入なままの人よりも生命保険に関心を示す傾向があるのは明らかである。

**注意** 決定木では入力変数が欠損値であることに基づいて分岐できる。nullであること自体がしばしば予測力を持つので，すぐに欠損値のあるレコードを削除したり推計値で置き換えたりしないほうがよい。

欠損値についての別のアプローチに，各ノードに複数の分岐ルールを持たせるというのがあり，CARTアルゴリズムの一部としていくつかのソフトウェアに実装されている。これら代理分岐では，同じ結果を得るのに別の項目を使う。最良の分岐を生み出す入力変数項目にnull値があったら，2番目に良いルールを使用するのである。2番目の変数も同様に欠損していることがよくあるので，代理分岐は実務的というより理論的に興味深い。例をあげれば，最初の変数が国勢調査から得られた近隣の地域に関する変数だとすると，代理分岐に使う変数もおそらく近隣地域の変数であろう。最初の変数が欠損しているということは，その顧客の住所では国勢調査情報が利用できないということであり，似通った変数もまた欠損している。

## 2.3.2 決定木を最後まで成長させる

最初の分岐が2つ以上の葉を作成したのと同様に，次にそれぞれの葉からも分岐していく。同じ分岐方法がそれぞれの葉ごとのデータにも使われるので，再帰的アルゴリズムと呼ばれる。そこでは一度分岐に使われた変数も含めて再

びすべての入力変数が分岐基準の候補となる。最終的に木の成長は以下の3条件のいずれかで停止する。

- どの葉からももはや純度が顕著に高くなるような分岐が作れないとき。
- 葉に含まれるレコード数が設定した下限に達したとき。
- 設定した限度に木の深さが達したとき。この到達点で決定木は成長を終える。

　入力変数とターゲット変数との間に完全な決定論的関係があれば，再帰的分岐によって完全な純度の葉を持つ決定木が作成されることになるだろう。製造工程のマイニング事例ではこの種のことは容易だが，マーケティングやCRMではめったにない。顧客の行動データはほとんどがクリア（つまり入力変数と出力変数が決定論的な関係）ではない。利用できる入力変数ではまったく同一に記述されている2人の顧客でも，同じ行動をとる保証はない。カタログへの反応における決定木に，50歳以上の女性で，去年3回以上の買い物をして，これまでに145ドル以上使っていると記述されている葉があるとする。この葉の顧客では概して反応する人としない人とが混じっている。もしこの葉が「反応者」と名付けられているなら，この葉の非反応者の比率は誤分類率である。

　決定論的なルールが存在する環境の1つは，データのパターンがビジネスのルールを反映しているときによくある。著者は，ディーゼルエンジンを製造するキャタピラー社で保証の請求を分析しているときに，このことに思い当たった。私たちはどの請求を承認すべきかという決定木モデルを作成した。この会社には，ある種の請求は自動的に支払うというポリシーがあった。結果は驚くべきもので，決定木の何枚かの葉は使用していないはずのテスト用データに対しても100％正しかった。言い換えると，決定木はキャタピラー社の請求分類に使われていたルールを正確に発見していたのである。もちろん，すでに知られているビジネスルールを発見することはたいして有益なわけではないが，ルール優先型の問題に対して決定木が効果的だということは強調できる。この同じ問題でニューラルネットワークも良好な結果を示したものの，見つけたパターンの説明ができなかった。決定木は，そのモデルがなぜうまくいったのかを説明するようなビジネスルールを突き止められる。

## 2.4 最良の分岐を見つける

さまざまの分岐を評価するために使われる指標はたくさんある。分岐基準を変更すると，同じくらいの説明力でも，決定木がまったく変わってしまうことも少なくない。ほとんど同じ説明力を示すたくさんの分岐候補があるのが普通だからである。純度の尺度を変えれば選ばれる分岐も変わるが，すべての尺度は同じものをつかまえようとしているので，得られる決定木モデルは同じように振る舞う傾向がある。

図 2.5 は良い分岐を示している。最初のノードには 9 つの円と 9 つの三角形がある。分岐した左側のノードには 7 つの円と 1 つの三角形，右側には 2 つの円と 8 つの三角形がある。明らかに純度は増加しているが，どのようにこの増加を数値化できるであろうか。この分岐を他の分岐と比較するにはどのようにすればよいのだろうか。これらに答えるには純度の形式的な定義が必要である。以下にそのいくつかを示そう。

カテゴリのターゲット変数の分岐を評価する純度の尺度としては以下のようなものがある。

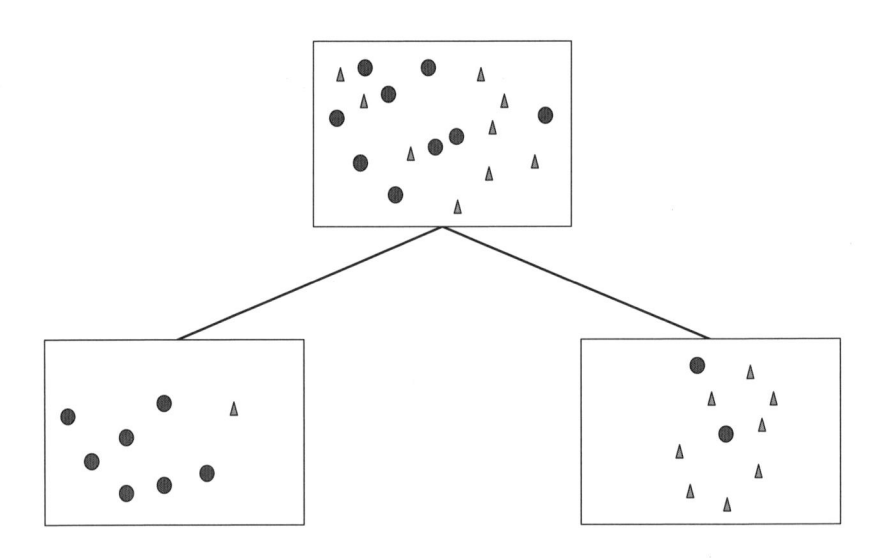

**図2.5** 二値のカテゴリ変数における良い分岐が純度を増加させる例。

- ジニ係数（母集団の多様性）
- エントロピー（情報利得）
- カイ2乗検定
- 追加反応

ターゲット変数が数値であるときも，それを二値変数にすれば上記のどれかが使える。しかしながら数値変数のままでも，2つの尺度がよく使われている。

- 分散の減少
- F検定

純度の尺度の適切な選択は，ターゲット変数がカテゴリか数値かに依存している。入力変数のタイプは無関係である。図2.5の分岐は，数値の入力変数（年齢 > 46）でも，カテゴリ変数（CT, MA, ME, NH, RI, VTの6州）でも作成できるだろう。

## 2.4.1 分岐基準としてのジニ係数

20世紀のイタリアの統計学者かつ経済学者である Corrado Gini の名をとったジニ係数はよく使われる分岐基準の1つである。母集団の多様性を研究している生物学者や生態学者もよくジニ係数を使う。この係数は同一母集団からランダムに選ばれた2つの標本が同じクラスになる確率を示している。

例としてコヨーテとミチバシリという2種類の動物だけからなる生態系を考えてみよう。この生態系の純度が問題である。これに答えるためには，2人の生態学者がその生態系に入り，動物の写真を1枚撮る。純度とは，そのときに同じ種類の動物が写っている確率である。どちらかの動物しかいなければ1であり，コヨーテとミチバシリが半々なら0.5になる。この確率がジニ係数である。

ジニ係数が0.5のときは，2つのクラスは同数ずつということになる。もしそのノードに1つのクラスしかなければ1になる。純度の高いノードほどジニ係数が高いので，この尺度を使った決定木アルゴリズムの目標は，分岐でジニ係数を最大にすることである。

ノードのジニ係数は簡単に計算できる。単にそのノードの各クラスの比率の二乗和である。図 2.5 の分岐なら，元のノードは円と三角形が同数ずつなので，$P(円)^2 + P(三角形)^2 = 0.5^2 + 0.5^2 = 0.5$ である。ランダムに同数ずつの 2 クラスから 1 クラスを選ぶので同じクラスが選ばれる確率は予想どおり 0.5 である。左の葉のジニ係数は $0.125^2 + 0.875^2 = 0.781$ であり，右のほうは $0.200^2 + 0.800^2 = 0.680$ である。

分岐の結果を評価するには，葉のジニ係数の過重平均を使う。この場合は $0.444 \times 0.875 + 0.556 \times 0.680 = 0.725$ である。

図 2.6 に見るように，ジニ係数は 0.5 と 1 の間の値をとる。純度が最高だと 1 になり，半分ずつバランスが取れていると 0.5 となる。係数を 2 倍して 1 から引いて，0 から 1 の値にして使われることが時々ある。純度を最適化するためのスコアの比較をするときには，それでも何も違いはない。

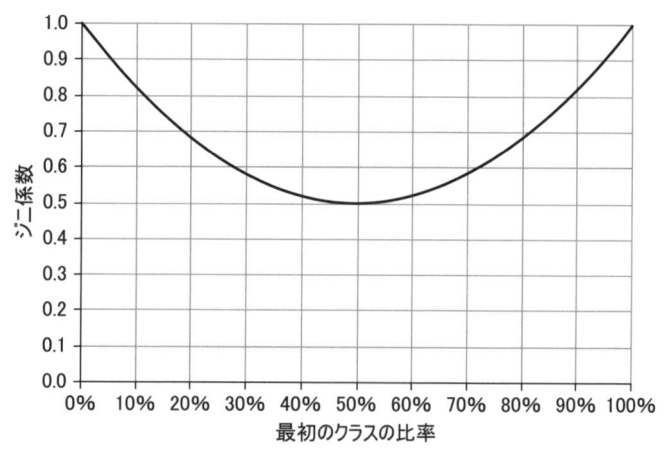

図 2.6　二値変数では，どちらか一方ばかりなら 1，半分ずつなら 0.5 の間の範囲でジニ係数は変化する。

## 2.4.2　分岐基準としてのエントロピー減少または情報利得

機械学習分野からの借り物である情報利得は純度を定義するのに良いアイデアである。ある葉が完全に純粋であったら，その葉のクラスは 1 つしかないの

で容易に記述できる。逆に葉が全然純粋でなかったら，その記述はかなり複雑である。情報理論では，システムがどれくらい無秩序かを示すエントロピーという概念でこれを測定する。本書の目的のために直観的に述べると，特定の結果を記述するために必要なビット数はありうる結果の数に依存するということである。エントロピーを，システムの状態を決めるのに要する yes/no の質問数の尺度と考えることもできよう。16 の状態があれば，それを数え上げてそのどれかを特定するには $\log_2(16)$，つまり 4 ビット必要である。システムの状態を決めるのに必要な質問数は，追加の情報があれば少なくなる。だから情報利得はエントロピー減少と同じことを意味する。決定木のアルゴリズムの説明では，どちらの用語も使われている。

決定木のあるノードのエントロピーは，公式からすぐに計算できる。ノードのターゲット変数すべての値ごとに，それぞれの値のレコード数の比率の対数を乗じて合計したものがノードのエントロピーである（通常は正の数にするためにこの合計に $-1$ を掛ける。確率の対数値は負であるので）。対数を使ってはいるが，この公式はジニ係数の公式とよく似ている。ジニ係数ではターゲット変数の各クラスの比率を 2 乗して合計したのに対して，エントロピーでは各クラスの比率の対数を掛け合わせている。

図 2.7 に見るように，2 つのクラスが同数ならエントロピーは 1 である。ノードに 1 つのクラスしかなければ 0 である。純度の高いノードほどエントロピーは小さくなる。分岐での目標はエントロピーを小さくすることである。

分岐のエントロピーはジニ係数と同様の方法で計算される。分岐したすべての葉のエントロピーを単純に加重平均するだけである。エントロピー減少が分岐の基準であるとき，決定木のアルゴリズムはエントロピーを最も減少させる分岐を選択する。

図 2.5 で示した二値変数の例なら，1 つのノードのエントロピーは次の式となる。

$$-1 \times (P(円) \log_2 P(円) + P(三角形) \log_2 P(三角形))$$

この例では，左側の葉なら $P(円)$ は 8 個中 7 個で，$P(三角形)$ は 1 個である。これを公式に代入すると

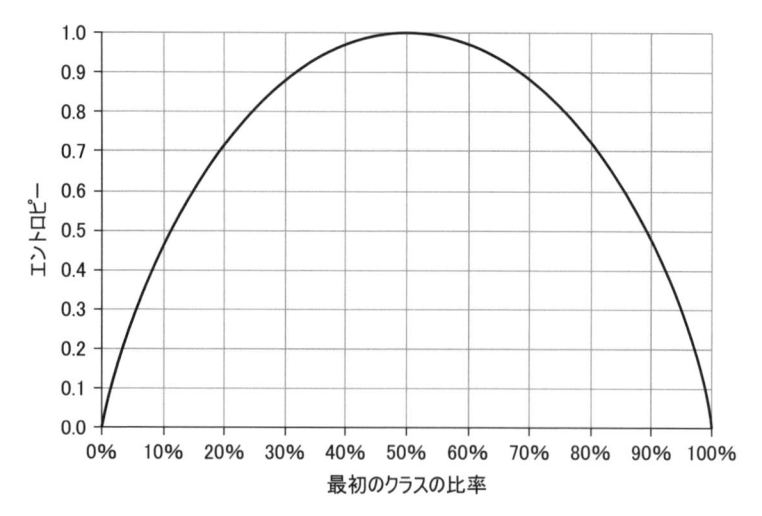

図2.7 エントロピーは、すべてが同クラスなら0、半々なら1であり、その間の値となる。

$$-1 \times (0.875 \log_2(0.875) + 0.125 \log_2(0.125)) = 0.544$$

となる。最初の項は円、2番目の項は三角形についてである。右側の葉では10個中2個が円、8個が三角形なので次の値となる。

$$-1 \times (0.200 \log_2(0.200) + 0.800 \log_2(0.800)) = 0.722$$

分岐後のシステム全体のエントロピーの計算は、各ノードのレコード数の比率で荷重してから合計して求める。この例では左が18レコードのうち8、右が10であったので、この分岐での情報利得ないしエントロピー減少は0.643である。この数字が他の分岐候補との比較に使われる。

### 2.4.3　情報利得比

2分岐より多い分岐方法だと、純度を尺度としていると問題点が発生することがある。1980年代にオーストラリアの研究者J. R. キンランが開発したID3はいくつかの商用ソフトウェアに採用されていたが、まさにこの問題に直面

した。ID3 はカテゴリごとに葉を作るので多くの葉ができてしまうことから，ID3 にとっては，これはとりわけ重大な問題であった。葉の数の異なる分岐を許す限り同様の問題が生じる。ランダムな分割のときでさえ，大量データは，多くのデータセットに分割することでのみ各ノードのクラスの数を減らして分岐した葉の純度を増すことができる。

キンラン教授は ID3 ではエントロピーを用いた。分岐の「内部情報」と呼ばれる枝の数だけにエントロピー減少は従う。ランダムに $n$ 個に分岐すると，それぞれの枝の確率は $1/n$ である。したがって $n$ 個に分岐することによるエントロピーは $n \times 1/n \log(1/n)$ つまり $\log(1/n)$ となる（ジニ係数でも同じことが当てはまる）。多数の分岐に内在する情報のために，それを補正しないでエントロピー減少を分岐基準としている決定木では，多くの枝葉に分岐する傾向がある。そのような分岐は各ノードのレコード数が少なく不安定なモデルとなってしまうので，多くの多岐分岐のある決定木は望ましくない。

この問題に対処するために，C5.0 や他の ID3 の後継の手法では，それまでの情報利得ではなく，枝の数に依存する情報と，全体での情報利得との比率を分岐の評価基準として採用している。これによって初期のソフトウェアでの枝分かれの多い決定木ができやすかった問題は減らせた。

### 2.4.4　分岐基準としてのカイ 2 乗検定

英国の統計学者 K. ピアソンによって 1900 年に開発された統計的有意性の検定方法がカイ 2 乗検定である。カイ 2 乗値は，その分岐がどれくらい起こりそうか，あるいは起こりそうでないかの尺度である。カイ 2 乗値が高いほど偶然には起こりそうもない。偶然でないということは，その分岐が重要だということを意味している。

カイ 2 乗値の計算は簡単な公式による。枝葉のノードごとのターゲット変数の頻度の実測値と期待値の差の 2 乗を合計したものである。分岐のカイ 2 乗値は，すべての枝葉のカイ 2 乗値の合計であり，ジニ係数やエントロピーのように加重平均はしない。他の統計的有意性の検定と同様に，標本間に観測された差異が偶然起こりうる確率の尺度なのである。決定木の分岐での純度の尺度

として用いた場合，高いカイ2乗値は，偶然ではなく分散がより有意であることを意味している。

たとえば，試用購読期間終了後に購読を続けるかどうかという二値変数がターゲット変数で，カテゴリ変数である「会員獲得経路」(ダイレクトメール，電話セールス，eメールの3クラスある)で分岐することを想定してみよう。もし獲得経路が会員契約更新と無関係であれば，各経路ごとの契約更新者数の期待値は経路ごとの獲得顧客数に比例しているはずである。

候補となる分岐は次の表で評価できる。

表2.1 分岐評価のための分割表

| | 反応なし | 反応あり |
|---|---|---|
| 左の葉 | 左の葉のなしの度数 | 左の葉のありの度数 |
| 右の葉 | 右の葉のなしの度数 | 右の葉のありの度数 |

このような分割表では，どのレコードも1回しかカウントされない。この分割表が偶然によるものかどうかという確率をカイ2乗値が示している。偶然による分岐なら興味がなく，より有益な他の分岐があるのではないかという考え方である。枝葉のターゲット変数の比率を見ることでそれが計算できる。上のノードと同じような比率であれば，その分岐はおそらく偶然なので意味がない。他方，分布が異なれば偶然である確率はたいへん低くなって，分岐は有益でありそうに思われる。

カイ2乗値の計算には算数しかいらない。表の各セルの0と1の期待度数を計算し，観測値から期待値を引いて2乗したものを期待度数で割ったものがカイ2乗値である。全体でのカイ2乗値は各セルのカイ2乗の寄与の合計である。カイ2乗分布表からそのカイ2乗値の確率が求まるが，決定木には必要ではない。決定木の分岐で純度を測定するためにはカイ2乗値で十分である。カイ2乗値が高ければ，分岐が成功していて，かなり異なる分布を示す枝葉に分けることができていることを意味している。

エントロピーやジニ係数と違って，カイ2乗値には0と1の間というような

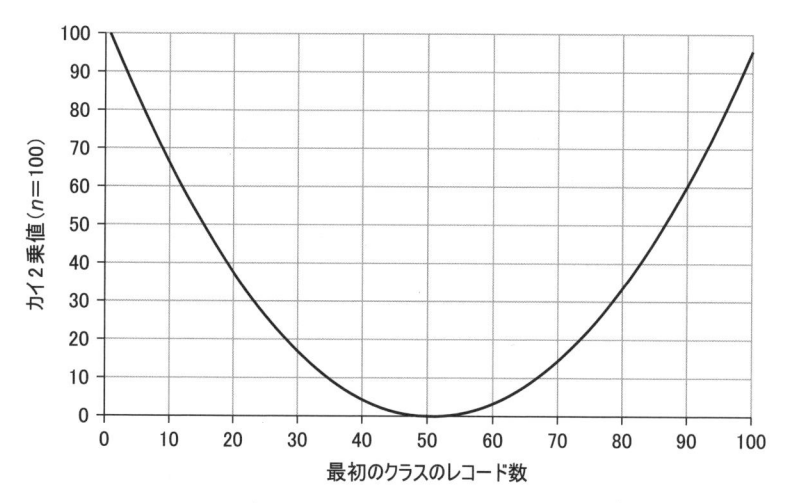

**図2.8** 標本分布が母集団と同じならカイ2乗値はゼロになる。

範囲の限定はない。データが多ければ値は大きくなる。図2.8のグラフは，元のノードの2つのクラスが同数であり，標本数100で，最初のクラスの要素数が0から100であるときのカイ2乗値を示している。

カイ2乗検定から名前をとったCHAIDというよく知られている決定木アルゴリズムがある。J. A. Hartiganが1975年に発表し，Kassによって1980年に改良された。CHAIDはChi-square Automatic Interaction Detector（カイ2乗自動交互作用検出器）の頭文字である。CHAIDではカイ2乗検定をいくつかの方法で使っている。まず，ターゲット変数に対して有意な効果のない入力変数のクラスを統合し，次に最も良い分岐を選び，最後に分岐を続けたほうがよいかどうか決定する。

## 2.4.5 分岐基準としての追加反応

これまで見てきた分岐基準はターゲット変数だけに依存しすぎている。この項では，第1章で紹介した顧客の追加反応を使う別の基準についてみてみたい。追加反応を検討する際には，反応者と非反応者がいるのと同じようにテスト群と統制群がある。いずれにせよ反応する人々ではなくてオファーによって

反応しそうな人々である「説得可能者」を取り出そうとするのが追加反応モデルである。

　追加反応のモデリングは反応のモデリングとは違う。反応は個人別に測定できるが，追加反応は測定できない。人はオファーに反応するかしないかのどちらかであるが，追加反応ではそうではない。マーケティングキャンペーンに接した人がそうでないようにどれくらいふるまうか測定する方法はない。

　第1章では，このために2つの反応モデルを作成した。キャンペーンに接した実験群での反応確率と，接していない統制群の反応確率の2つのモデルである。追加反応はこの2つの差である。Portrait Software 社は追加反応のモデリングで別のうまいアプローチをしている。同社の Uplift Optimizer というソフトウェアでは，オファーに反応したかしなかったかというターゲット変数と，実験群と統制群のどちらに属していたかという項目との両方を持つ学習用データを使用して，実験群と統制群の反応の差を分岐基準とした決定木を作成している。最良の分岐はこの2つのグループの反応の差を最大化するものである。結果として得られる決定木の葉は，かなり「説得可能」な者とそうでない者のセグメントが得られる。彼らはキャンペーンがなされなくてもよく反応したかもしれない。「◆ U.S. バンクは追加反応を改善した」でこのアプローチについて述べる。

## 2.4.6　数値変数の分岐基準としての分散の減少

　これまで触れた4つの分岐基準はすべてカテゴリ変数に使うものであった。ターゲット変数が数値である場合には，良い分岐ならばターゲット変数の分散を減少させるはずなので，それで測定する方法がある。分散とは平均値の近くに標本の値がとどまっている程度の尺度だということを思い出してほしい。分散が小さいときは，大半の標本の値は平均値の近くにある。分散が大きいときは，多くの標本の値が平均値からはるかに離れたところにある。

　分散の減少を純度の尺度とできるのは数値変数に限られるが，図2.5の円と三角形のような場合でも，円を1，三角形を0とすることによって分散を使うことができる。最初のノードの平均値は明らかに0.5であり，18個のすべてのレ

コードは平均から 0.5 離れているので，分散は $(18 \times 0.5^2)/18 = 0.25$ である。分岐後，左の葉では 7 つの円と 1 つの三角形だったので，平均値は 0.875 となる。7 つの円はそれから 0.125 だけ離れていて，1 つの三角形は 0.875 だけ離れていることになる。右の葉では 2 つの円と 8 つの三角形で，平均値は 0.2 である。8 つの三角形は 0.2 だけ，2 つの円は 0.8 だけ平均から離れている。したがって 2 枚の葉を合わせた分散は $(0.875^2 + 7 \times 0.125^2 + 8 \times 0.2^2 + 2 \times 0.8^2)/18 = 0.138$ である。分岐による分散の減少は，$0.25 - 0.138 = 0.112$ となる。

### ◆ U.S. バンクは追加反応を改善した

ミネアポリスに本社を置く全米 10 大銀行の 1 つである U.S. バンクは 2850 の支店と 1580 万の顧客を持つ。この銀行はマーケティング支出への真のリターンを捉えるのに追加反応モデルがよいことを確信しており，製品マネジャーの賞与はこのモデルに基づいている。

1990 年代には，同業他社が現在していることをすでに行っていた。彼らは，反応モデルを作ってリフトが大きいなら，同じように追加反応もリフトが大きいことを期待したが，しばしばそうではなかった。キャンペーン後，反応しそうだった人はそれまで以上には反応しそうもなかった。それ以来，U.S. バンクは追加反応をモデリングするいくつかの試みをしてきた。

#### 差異のモデル

第 1 章で述べたものが U.S. バンクが最初に行ったアプローチである。キャンペーンへの反応を学習したモデルと，キャンペーンなしの統制群で学習したモデルの 2 つを使って顧客はスコアリングされる。顧客は 2 つのスコアの差に基づいて順位づけされる。2 つのスコアそれぞれの標準偏差よりも，その差の標準偏差のほうが大きくなってしまうことが，このモデルの問題点である。また個々のスコアも，小さいサンプルから計算されていると標準偏差が大きくなってしまいがちである。キャンペーンの目的が良いモデルを作ることだけであれば，数を等しくした大規模な統制群と処理群を使うのが解決策である。モデル作成者にとっては不幸なことに，キャンペーンの主な目的は説得可能顧客にリーチすることであった。U.S. バンクのようなわかっている企業でさえも，上位のデシルでもすべてに統制群を置くことや，低いデシルの顧客もキャンペーンの対象とするよう，モデル作成者はマーケティングマネジャーと交渉しなければならない。結果として，上位デシルではキャンペーンに接していないデータが不足し，低いデシルではキャンペーンを受けたデータが不足してしまった。

## マトリクスモデル

U.S. バンクはセルに基づくアプローチを試みた。セルベースのモデルでは，セルを定義している個々の変数ごとにどこかのデシルのセグメントに顧客は属する。セルベースの追加反応モデルでは，各セルからランダムにメンバーが抽出されて実験用のキャンペーンが行われる。メンバーが各セルに属しているかいないかでの反応の差異がセルごとに記録され，反応率に大きく差があるセルがキャンペーンの対象となる。U.S. バンクはこのアプローチをマトリクスモデルと呼んでいる。新たなモデルの挑戦を受け比較するための最優秀のベースラインモデルとされた。

セルベースのモデルを作るときの挑戦者モデルのほうも，セルを定義するのに使われるべき変数によって定義される。U.S. バンクは，決定木を本質的には手作業とすることでその問題に対処した。処理群と統制群の反応差が最も大きい変数を見いだす候補となる変数の二値化を試みた。この尺度による 2 つか 3 つの良好な変数でセルが作成された。

## Portrait Uplift Optimizer

U.S. バンクは追加リフトに基づく分割によって決定木を生成するソフトウェアを導入した。既存顧客に住宅担保ローンをクロスセルするキャンペーンで，彼らのお手製のマトリクスモデルとこのソフトウェアとを直接対決させた。結果は，蒸気ドリルに対抗した John Henry の悲劇に少し似ていた。マトリクスモデルと手作業のセルはたいへんな努力ではあったが，結局のところ現代の技術に破れたのである。Portrait Software 社の Uplift Optimizer は，追加反応に基づ

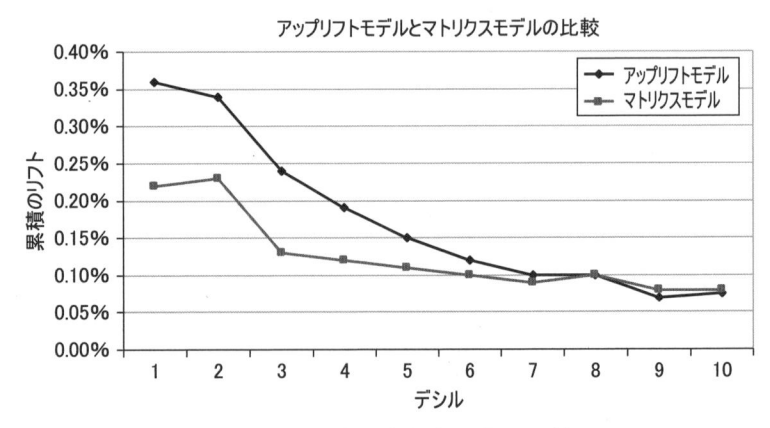

チャンピオンモデルと挑戦者モデルの比較。

いて最も良い変数を選択するために決定木を使用する。他の決定木と同様に，デシルのような任意の境界線ではなく，数値変数の最良の分割点を見つける。多くの説得可能顧客を逃さないために引き起こされるサンプル不足問題には，バギングとブースティングで対処している。同じデータから学習したいくつかのモデルから多数決で決めるのがバギングである。このアイデアを進めて，最初に誤分類された事例から学習した第2のモデル，そこでの誤分類データから学習した第3のモデルを使うのがブースティングである。

図は挑戦者モデルがチャンピオン（最優秀）モデルを打ち負かしていることを示している。とくに最初の3つのデシルで顕著であり，それらはeメールリストに登録された。

## 2.4.7 F検定

ターゲット変数が数値のときに使われるもう1つの分岐基準がF検定である。英国の統計学者・天文学者・遺伝学者のR. A. Fisherの名からとったものである。伝えられるところによると，フィッシャーとピアソンは関係がなかったにもかかわらず，あるいはそれゆえか，関心領域には大きな重複が見られる。ピアソンがカテゴリ変数で行ったカイ2乗検定を連続変数に対して行うのがフィッシャーの検定である。これは異なる平均と分散を持つ複数の標本が同一母集団から実際に得られたものである確率の尺度を提供している。

母集団の分散とそこから抽出された標本の分散には，よく知られている関係がある（標本が無作為に抽出され，ある程度の規模であれば，標本分散は母集団分散の良い推定値になる。標本数が30未満のような小標本では，分散は母集団より大きくなってしまう）。F検定は母集団の分散の2つの推定値の関係を見る。1つは全サンプルを1つにして計算した分散，もう1つは標本平均の分散として計算された標本間の分散である。同一の母集団から無作為に抽出されていれば，この2つの推定値は非常に近いものになる。

F値は2つの推定値の比である。2つの標本間の分散推定値を，全体を1つにした分散推定値で割って求める。値が大きいほど，標本すべてが同一母集団から無作為に抽出されたものである確率がより小さくなる。決定木では，F値

が大きいことは，上のノードからの分岐によって分布が有意に異なる枝葉が作れたことを意味している。

## 2.5 枝刈り

より純度の高い子ノードに分岐できる限り，決定木の基本的アルゴリズムは分岐させることで木の成長を続けようとする。そのような決定木は学習用データにおいて最適化されているので，どの葉を落としても決定木の学習用データにおける誤差率は上昇してしまう。このことから，新しいデータにも枝刈りしていない決定木をすべて適用するのがよいであろうか。決してそうではない。

決定木アルゴリズムはまず，大量のレコードがある根ノードで最良の分岐をする。ノードが小さくなるにつれて，そのノードの学習用データの特異性が分岐プロセスに影響するようになる。ノードが小さくなるほどオーバーフィットの危険性が増す。オーバーフィットを回避する1つの方法は，葉の最小サイズを大きくすることである。もう1つの方法は，学習用データにおいて意味のある限り決定木を成長させてしまってから，枝刈りと呼ばれるプロセスを通じて葉を剪定することによって，不安定にならないように分岐を減らすことである。3つの枝刈りの方法について次に述べてみよう。可能性のある枝刈りの戦略はこれだけではないが，最初の2つは普通に使われていて，3番目の方法もそうなるだろう。

### 2.5.1　CARTの枝刈りアルゴリズム

CART (Classification and Regression Trees) は1984年に L. Breiman, J. Friedman, R. Olshen, C. Stone によって公表された，よく使われている決定木アルゴリズムである。CARTアルゴリズムは，それ以上は純度が上がらなくなるまで2分割の決定木を成長させる。図2.9に示されているように，複雑な木のなかには単純な木がたくさん含まれていて，それらはモデルの複雑さと正確さの間のさまざまなトレードオフ関係を表している。CARTアルゴリズムはそのような部分木をモデルの代替案として示す。これらの代替案が検証用データ

に適用され，最終モデルには最も誤分類率（数値変数の場合は平均二乗誤差）の低かった木が選ばれる。

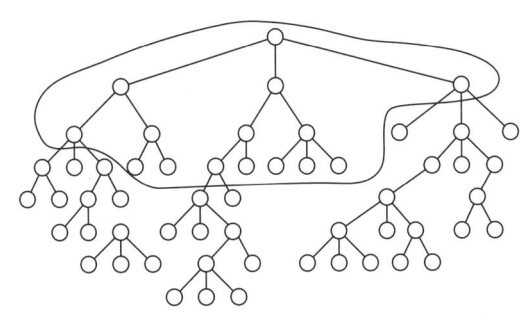

**図2.9** 複雑な木の内部には単純で安定した木がある。

### <代替案となる部分木を作成する>

CART アルゴリズムは枝刈りを繰り返して代替案となる部分木を作成する。葉1枚当たりの追加される予測力が小さい最初の枝を落としてしまうのが目的である。この最も役に立たない枝葉を決めるために，CART は「調整済み誤差率」と呼ばれる概念を導入している。これは木の葉の数に基づいた複雑さのペナルティを課すことによって学習用データでの平均二乗誤差ないし各ノードの誤分類率を増加させる尺度である。調整済み誤差率は弱い枝葉（ペナルティに打ち勝つほどには誤差が低くない枝葉）を見つけて枝刈り候補とするのに使われる。

調整済み誤差率の公式は下記のとおりである。

$$AE(T) = E(T) + \alpha \times 葉の数\,(T)$$

ここで $\alpha$ は，新たな部分木を作るたびに増加する調整係数である。$\alpha$ がゼロのときは調整済み誤差率 $AE(T)$ は誤差率 $E(T)$ と同じである。このアルゴリズムでは $\alpha$ を調整し同時に枝刈りして決定木を作っていく。より葉の少ない枝には $\alpha_1$，$\alpha_2$ で調整して次の木を作っていく。このプロセスは部分木が根ノードに達するまで枝刈りされると終了する。得られた各部分木は（時々「アルファ」と呼ばれる）最終的なモデルの候補である。すべての候補は根ノードを含んでいて，最も大きい候補はその木全体であることに注意してほしい。

### ◆学習用データと検証用データでの誤分類率を比較する

モデルのルールは学習用データを用いて作成されるので，検証用データの誤差率は学習用データの誤差率より大きい。しかし，誤分類率が大きく異なるときは，そのモデルは不安定である。この違いには，以下に示すグラフのようにいくつかの形がある。グラフは，決定木の候補となるモデルによって正しく分類されたレコードのパーセントを表している。左がノードの少ない決定木候補，右が多い決定木候補である。

期待していたように，最初の図は木が成長していくほど学習用データにおいて当てはまりがよくなり，これ以上は改善できないところで学習を終えている。しかしながら検証用データでは木の性能にピークがあり，それ以降は成長につれて性能は悪化しはじめる。最適な決定木は検証用データで性能の良い木なので，ピークがはっきりしていることから選ぶのは容易である。

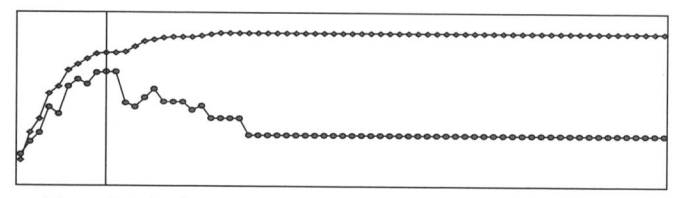

この図では検証用データにおいて正しく分類されたパーセントのグラフで明らかな屈折点が示されている。

屈折点がはっきりしないことも時々ある。つまり，検証用データにおいて候補となっているモデルで木を成長させていっても，このグラフでは最大値に達していない。この場合，枝刈りアルゴリズムは決定木全体（最も大きな部分木）を選ぶ。

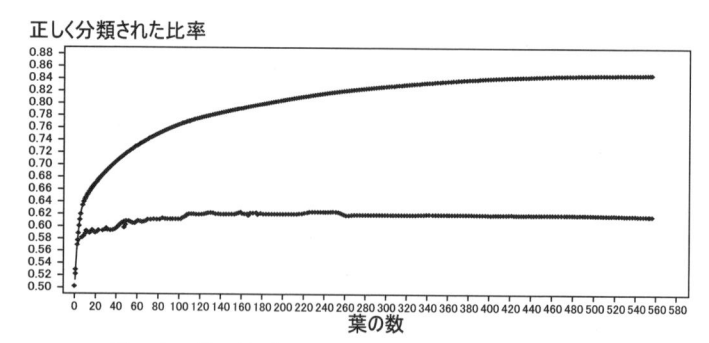

この図では，検証用データで正しく分類されるパーセント値は学習用データでの値から早期に乖離し，ずっと下回っている。

最後の例は，木が成長するにつれて検証用データの結果が不安定になるという，おそらく最も興味深いものである。不安定になる原因は葉が小さすぎることである。この決定木においては学習用データからは3レコードしかない葉の例があり，3つのレコードのターゲット値はすべて1という完璧な葉である。しかし検証用データではそこに分類されるのは1レコードだけで，しかもターゲット値は0で，その葉の誤分類率は100％であった。木が複雑に成長するにつれて，このような小さすぎる葉が増え，次図のように不安定となる。

**上位10％での事象の比率**

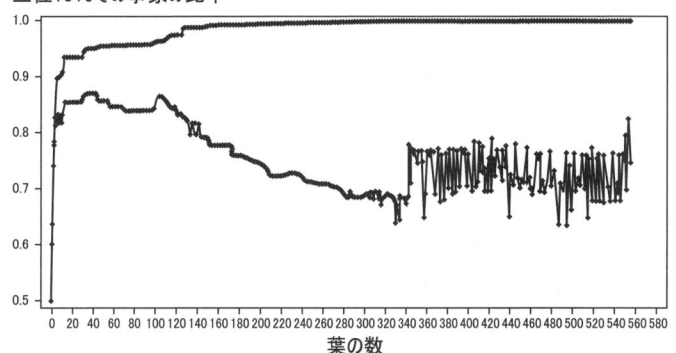

この図では，検証用データで正しく分類されるパーセント値は木が複雑になるにつれて下がっていて，結果的に混沌状態となっている。

後の2つの事例は不安定なモデルの例である。この種の不安定さを避ける単純な方法は，葉が小さくなりすぎないように気を付けることである。

―――

### ＜最良の部分木を選択する＞

次の段階では，候補の部分木のなかから新しいデータに最も当てはまるものを選択する。もちろん，それが検証用データを用いる目的である。候補である部分木のそれぞれは検証用データのレコードを分類したり値を予測したりするのに使われる。この仕事で全体として最も誤差の少ない決定木が勝者となる。勝者の部分木は過学習の影響を取り除くために十分に枝刈りされているが，貴重な情報は失われてはいない。図2.10は分類の正確さへの枝刈りの影響を表している。

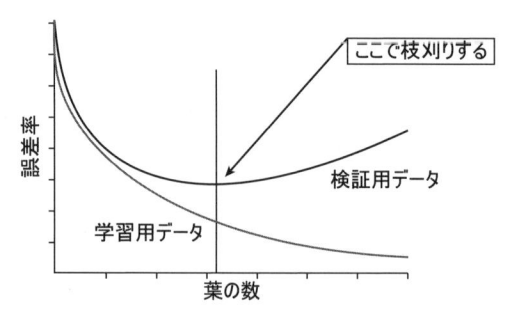

**図2.10** 枝刈りは検証用データでの誤分類率が最小となるような木を選ぶ。

　検証用データに適用したときの全体としての誤差率に基づいて，勝者となる部分木は選択される。しかし，他のデータに適用してもその部分木が最良のモデルであり続けることを期待する一方で，選ばれた原因である誤差率が効果を少し誇張しているかもしれない。選ばれた部分木と同程度に良い部分木はたくさんあるかもしれない。検証用データで誤差率が最も低かったモデルの1つは，特定のレコードと相性が良くてラッキーだっただけかもしれない。このために，第1章で触れたように選択された部分木を3番目に仕分けておいたデータであるテスト用データに適用してみる。未分類のデータに適用したときにモデルが期待された性能を示すかどうか予測するために，テスト用データで得られた誤差が使われる。

> **注意**　モデルを，検証用データや学習用データでの誤差率やリフト値で評価してはいけない。どちらもモデル作成のために使ってきたデータであるので，モデルの正確さを過大評価することになる。そのかわりに，同じ母集団から抽出されているがモデル作成にはまったく使われていないテスト用データで，モデルの正確さを測定する。

　この枝刈りアルゴリズムは誤分類率だけに基づいているので，各分類の確率を計算に入れておかないと，すべて同じ分類の葉を持つ部分木を共通のノードからの同様の分類の部分木で置き換えてしまったりする。実際には，少ない比率のレコードの選択（たとえば上位1％とか10％とか）が目的であるので，ターゲットのクラスが非常に高い比率である葉を取り除いてしまうかもしれないこの枝刈りアルゴリズムは決定木の性能を悪化させるかもしれない。

**注意** 枝刈りではときどき，取り除かれるべき葉の削除に失敗したり，維持されるべき葉を削除してしまったりする。CARTの枝刈りアルゴリズムでは，ある葉が他の葉より純度が高くても同じ分類を作る下の葉を削除してしまう。最高位のデシルでのリフトが良いことが全体としての誤差率よりも重要であるというようないくつかの適用事例においては，純粋な枝葉に関連したルールを保存するために，そのような分岐を維持しておくことが望ましい。この他，学習用データと検証用データでターゲット変数の分布がかなり違うときにはいくつかの枝葉を棄てる枝刈りアルゴリズムもある。その場合，判断しながら手作業で枝刈りすることもある。

## 2.5.2 悲観的な枝刈り：C5.0の枝刈りアルゴリズム

　J. R. キンランが何年もかけて進歩させ改良してきた決定木アルゴリズムの最新版がC5.0である。最初のバージョンである1986年のID3は機械学習領域ではたいへん反響があって，その後継アルゴリズムは多くの商用ソフトウェアで使われている。

　C5.0の決定木はCARTのそれと同様である（ただし，CARTと違ってC5.0はカテゴリ変数の多岐分岐ができる）。CARTのように，C5.0のアルゴリズムはまずオーバーフィットした決定木を作り，そのあと安定したモデルとなるまで枝刈りする。C5.0では候補となる部分木からの選択に検証用データを使わないので，枝刈りの戦略はまったく異なったものとなっている。木の成長に使われたデータを，どのように枝刈りすべきか決めるのにも使う。これは大学で研究されていたアルゴリズムであることを反映しているのかもしれない。大学では，かつては学習用データとしてかなりの量の実データを使うには研究者の時間が不足していた。その結果，大学の研究者は，貧弱なデータから最後の一滴までうまく取り出そうと努力し，多大な時間を使っていた。これはビジネス界のデータマイナーが直面していない問題である。

　C5.0は，学習用データから各ノードの誤差を測定し，未知のデータに適用したら実際にはもっと悪いだろうと想定して枝刈りする。このアルゴリズムは，どちらも2つの可能な結果のうち1つを持つ一連の実験のデータであるかのように扱う（よくある事例では最初か末尾かである）。たまたまだが，少なく

とも J. ベルヌーイの有名な二項定理の式が死後に発表された 1713 年以降，数学者はこの特別な状況を研究してきている。だから，$N$ 回の試行でエラーの数のようなある事象が $E$ 回発生したことが観測されることが何を意味しているか，よく知られた公式が存在している。

とくに，ノードのサイズと有意水準が決まっていれば，公式から誤差の数の期待値の範囲である信頼区間が求まる。C5.0 は学習用データでの誤差の数の観測値をこの範囲の下限とみなし，次にその範囲の上限となる誤差の数を計算する。ノードでの誤差の上限の推定値が枝葉の誤差の上限の推定値より小さいとき，その枝葉は刈り取られる。

### 2.5.3 安定性に基づく枝刈り

CART や C5.0（それに，著者が使用してきたすべての商用決定木ツール）によって使われている枝刈りアルゴリズムは問題を抱えている。明らかに不安定なノードを枝刈りできないのである。図 2.11 の網掛け部分がよい事例である。各ノードの左側の数字は学習用データで計算した数字であり，右側は検証用データで計算した数字である。この決定木は携帯電話の途中解約者を分類しよ

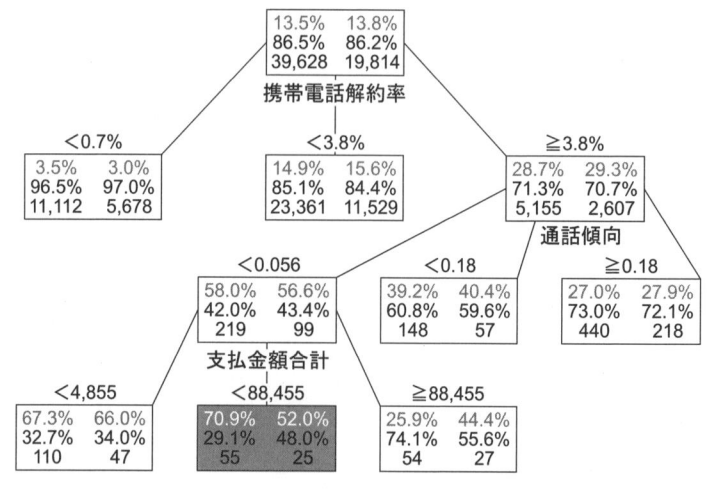

図 2.11 不安定な分割では，学習用データと検証用データで分布に大きな差がある。

うとするものである。学習用データだけだと網掛け部分はたいへん良い枝葉に見える。解約者率は58.0％から70.9％まで高まっている。だが同じルールを検証用データに適用すると，解約者率は56.6％から52.0％に減少してしまっている。

　安定したモデルは新しいデータに対して一貫した予測ができる。それができないルールはモデルから取り除かれるべきである。データマイニングツールの多くは手作業で決定木を枝刈りできるようになっている。このことは有益ではあるが，著者はもっと前向きにツールのオプションとして安定性に基づく枝刈りを自動で行えるよう提唱したい。そのようなソフトウェアがあれば「学習用データの分散と検証用データの分散が違うようだ」というような主観的基準でその分岐を拒否するようなことをしなくて済むと思われる。カイ2乗検定のような統計的有意性の検定も使えるだろう。利用者が決めた閾値以下の信頼水準の分岐を枝刈りすることにすれば，たとえば検証用データにおいて95％の信頼性のある枝葉だけ残した分岐となる。

> **注意**　小さいノードは大きい問題を引き起こす。不安定な決定木モデルに共通しているのは，レコードの少なすぎるノードがあることである。大半の決定木ツールではノードの最小サイズを指定できるようになっている。一般的なルールとして，100レコード以下の学習用データのノードは不安定になりやすい。

## 2.6　決定木からルールを生成する

　スコア生成を主目的として決定木が使われるとき，実際には決定木はルールの集合体であることを忘れがちになる。問題領域を理解することがデータマイニング努力の1つの目的であれば，決定木の複雑に絡み合った莫大なルールをより少なくわかりやすいものに減らすことは有益であろう。

　まとまったルール群を求めることが望まれている出力である場合もある。『マスタリング・データマイニング＜事例編＞』（海文堂出版，2002）では，決定木を生産工程の改善（印刷工程でのある種の欠陥を防ぐ）に応用した事例を示した。このケースでは，データマイニングプロジェクトの最終結果は印刷機の隣の壁に貼れるようないくつかの単純なルールであった。

スコア生成のために決定木を使うときには，それぞれの葉は異なるスコアを持っているので，多くの葉のある決定木がよい。目的がルールの生成であるときには，ルールは少ないほうがよりよい。幸運なことに，複雑な木を少数のルール群にしてしまうことはしばしば可能である。

第1段階では，葉がすべて同じ名前の部分木は何か分類方法を変えない限り元のノードに置き換えられる。C5.0 はもっと進んだルール生成を行う。ルールの数を減らすためには多少の分類の正確性は犠牲にしようとする。そうやってルールの項目数を減らすことで，悲観的な枝刈りのところで述べた悲観的な誤差率予測の仮定を使って，新しくより簡潔なルールの誤差率を元の誤差率と比較する。しばしば数枚の葉が同じルールに一般化されるので，このプロセスの結果，ルールの数は決定木の葉の数より少なくなる。

決定木においては，どのレコードも必ずどこかの葉だけに属することになるので，すべてのレコードは最終的に分類されていることになる。しかしルールの一般化プロセスを経ると，排他的でないルールができたり，どのルールでも扱われていないレコードができたりするかもしれない。最初の問題は，どれか1つのルールだけにすれば解決できる。2番目の問題では，どんなルールでも扱われないレコードを割り当てる「デフォルトの分類」を導入する必要がある。典型的には最も高頻度に出現するクラスがデフォルトの分類として選択される。

一般化されたひとまとまりのルール群が作り出されると，C5.0 はルールをそれぞれのクラスのためのルールにグループ化して，全体としての正確さにそれほど貢献していないルールは取り除かれる。その結果，うまくいけば理解の容易な少数のルールが得られる。

## 2.7　決定木のいろいろ

樫，トネリコ，カエデ，樺，松，トウヒなど，現実の木にはいろいろな種類があるが，決定木も同様である。CART, CHAID, C5.0 のようなすでに名前をあげたアルゴリズムに加えて，分岐の評価基準や枝刈り戦略や他のアルゴリズム選択を結び付ける数えきれないほどの方法がある。この節では，それらからいくつか紹介する。

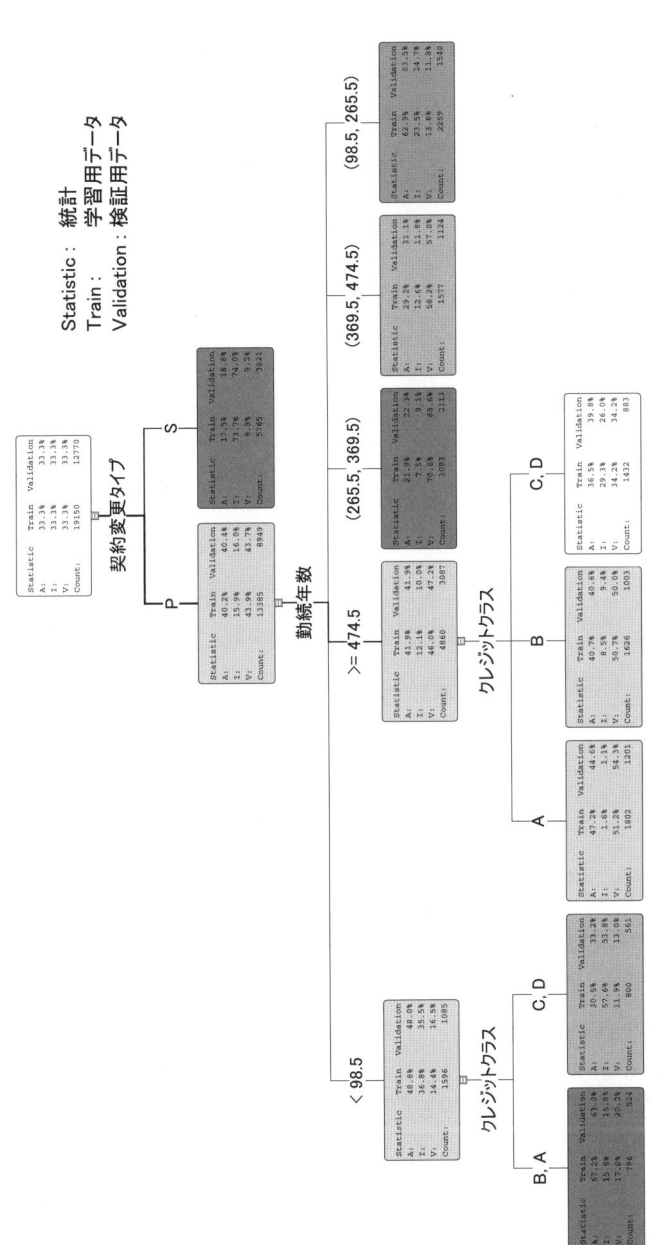

**図 2.12** この多岐の決定木は図 2.1 の二分岐決定木ほどは性能が良くない。

### 2.7.1 多岐の分岐

この章で触れた決定木のノードはすべて2つの分岐だった。そのような決定木では、各ノードはyes/noで答える質問を表していて、その答えによってどちらの経路か決まり、レコードは決定木の次の段階に進む。どのような多岐分岐も一連の二分岐として表現できるので、実際には分岐数を増やす必要はない。にもかかわらず多くのデータマイニングツールは二分岐より多い分岐の決定木を作ることができるようになっている。たとえば、あるアルゴリズムはカテゴリ変数からそのクラスごとに枝葉を作るので、ノードが違えば枝葉の数も違うという決定木になる。図2.12に示す決定木は、勤続年数で5つに分岐し、クレジットクラスでは2つか3つに分岐している。この決定木は図2.1で使われたのと同じデータの同じ表から作られた。テスト用データに当てはめたところ、5分岐したものよりも二分岐の決定木のほうが良好な結果となった。おそらく、勤続年数で5分岐してしまうと、それ以降はほとんどの勤続年数の範囲で新たな分岐が見つからないからであろう。

> **注意** ターゲット変数にあるクラス数と1つのノードで許される枝葉の数とは何の関係もない。二分岐の決定木（すなわち2分割されたもの）はカテゴリがいくつあるレコードの分類にも使うことができるし、多岐分岐の決定木を二値のターゲット変数の分類に使うこともできる。

### 2.7.2 一度に複数項目を使って分岐する

大半の決定木アルゴリズムは各分岐で1つの変数しか使っていない。このアプローチは、必要以上にノードの多い決定木になる可能性があるなど、いくつかの理由で問題がある。あるノードに行きついた学習用レコードだけが次の部分木を導くのに使われるので、その結果、別のノードができてしまうことが気にかかる。ノードごとの学習事例が少ないほど、得られる決定木モデルは不安定になる。

あなたは性別と年齢の両方が重要な指標である状況に関心があると想定してほしい。もし根ノードが年齢で分かれていたら、その下のノードは半分だけ女性を含んでいる。もし性別で分かれていたら、その下の各ノードは半分だけ年

長者である。

　分岐を作るのに多属性の組み合わせが使えるいくつかのアルゴリズムが開発されてきた。決定木の複雑さを減らすために，ある手法では特徴の論理積を作成する。最も良い分岐をする特徴が得られた後で，このアルゴリズムは最初の特徴を結び付けて，分岐を最も改善する特徴を探す。分岐結果の統計的有意性が改善される限り，このように特徴の追加を続ける。

### 2.7.3　矩形でない箱を作る

　分類問題は時として幾何学の用語で表現される。すべての変数が連続変数であるとき，そう考えるのは自然であろう。幾何表現では，各レコードは多次元空間における1つの点である。レコードの位置を表す各項目がこの空間の軸である。決定木とは，この空間をクラスと名づけられるくらいの領域まで削っていく手法である。新たなレコードはこの領域の1つに落ちていき，その領域に従って分類される。

　伝統的な決定木では各ノードで1つの項目の値をチェックするので，矩形領域しか作ることができない。2次元空間では，ある定数より小さい $Y$ の形であれば $Y$ 軸に垂直で $X$ 軸に平行な直線によって区分された領域を作る。定数が異なると直線は上がったり下がったりするが，水平な線であることに変わりはない。より高次元の空間でも同様に，ある1つの項目からその軸に垂直な超平面が定義され，その超平面は他のすべての軸に平行である。2次元空間では垂直線と水平線を引けば矩形の領域が得られる。3次元なら直方体となり，多次元なら超矩形となる。

　問題は，矩形ではきちんとフィットしない場合があることである。図2.13にこの問題を示す。2つの領域は対角線で区切られていて，適切に区分するには，十分な数の矩形を生成する深い決定木が必要となる。

　この場合は，考えるべき属性を線形結合すれば簡単に本当の解が求まる。項目の値を重み付きで合計して，それで分岐することによって超平面を傾けることを試みているソフトウェアもある。重みの最適化にはさまざまな丘登り法のアプローチがある。2つのクラスを分ける超平面を探索するこのプロセスはも

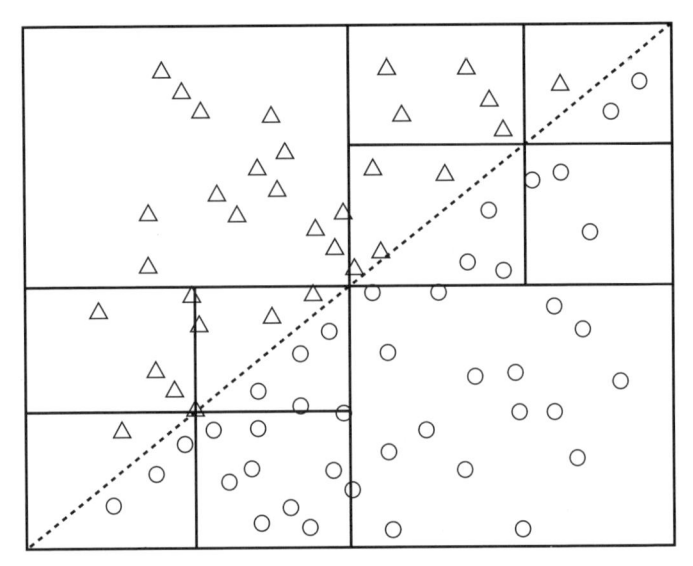

**図2.13** 左上と右下の象限は容易に分類できる。残りの2象限は領域の境界をたくさんの小さい箱に刻んでいかねばならない。

う1つのデータマイニング手法でも使われている。学会に多大な反響を引き起こしたサポートベクターマシンがそれである。1995年頃からサポートベクターマシンは存在しているものの，ビジネスの世界で実践されるには時間がかかった。以下で簡単に説明しよう。

◆サポートベクターマシン

サポートベクターマシンは，1つのクラスが上に，もう1つのクラスが下になるような最良の超平面を見いだすことによって2つのクラス（反応者と非反応者など）を分離する幾何学的方法である。ほとんどありそうもないが，たまたま1本の線で2つのクラスが完全に分かれていれば簡単である。クラスを分ける超平面は識別境界と呼ばれる。図は3次元にある点を分けている2次元の識別境界を表している。

識別境界の次元は分けようとする空間より1次元だけ少ない。決定木のノードでの分岐はその最も単純な例である。決定木は一度に1項目だけで分離しているので，識別境界は1つの「点」である。その点より大きいすべての値が片方に属し，その点より小さいともう一方に属する。

[2] 決定木　99

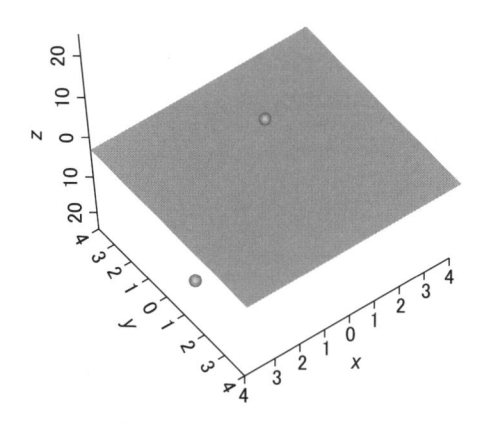

3次元空間にある点を分ける2次元の平面。

　次の図は2次元平面上の2つのクラス（三目並べの○×）を示している。それらを分ける線は最適な識別境界である。識別境界から2つのクラスの境界までの距離が最大化されているので最適とされる。境界線はサポート超平面と呼ばれ，これらの境界上の点がこの手法の名称となっているサポートベクターである。1つのサポート超平面からもう1つのサポート超平面までの距離はマージンと呼ばれる。サポートベクターマシンのアルゴリズムはこのマージンを最大化する識別境界を求めている。

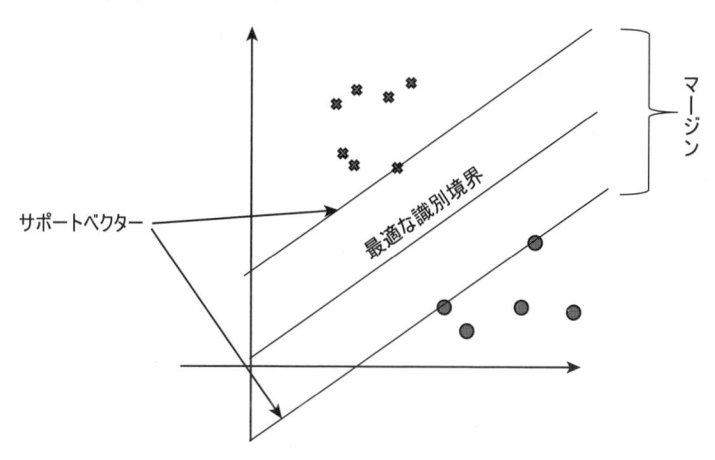

2次元平面上にある点を分割する1次元の直線。

　上の図のデータの点は，このアイデアがわかりやすいように注意深く選ばれ

ている。現実のデータはそれほど親切ではない。次の図は 2 次元においてより一般的な難しい状態を示している。ここでは，視覚的にはクラスの間にはっきりした境界が存在しているが，2 次元平面上でこれらの点を分けることのできる直線は明らかに存在しない。

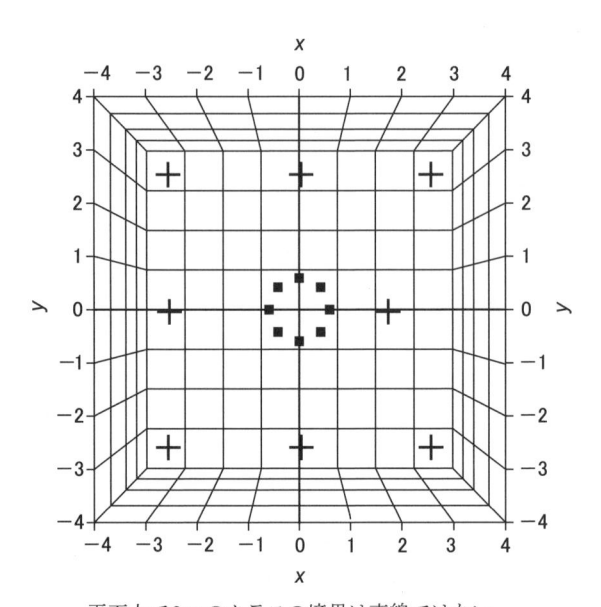

平面上で 2 つのクラスの境界は直線ではない。

サポートベクターマシンの中心的洞察力は，2 次元の観測データを 3 次元に実際に存在する 2 次元平面へ投影した点として考えることにある。あなたが，2 次元の入力変数を 3 次元に変換できて，すべての＋印を■印より上に浮上させることができると想像してほしい。新しい $z$ 軸でクラスを分けるような識別境界を見つけることは容易である。そのような関数はカーネル関数と呼ばれる。次の図ではカーネル関数が適用されて，すべての点 $(x, y)$ が点 $(x^2, y^2, xy)$ にマッピングされている。難しいのはカーネル関数の選択と，正しいパラメータを見つけることである。これはニューラルネットワークにおいて正しいウェイトを見いだすことにも似た最適化作業である。

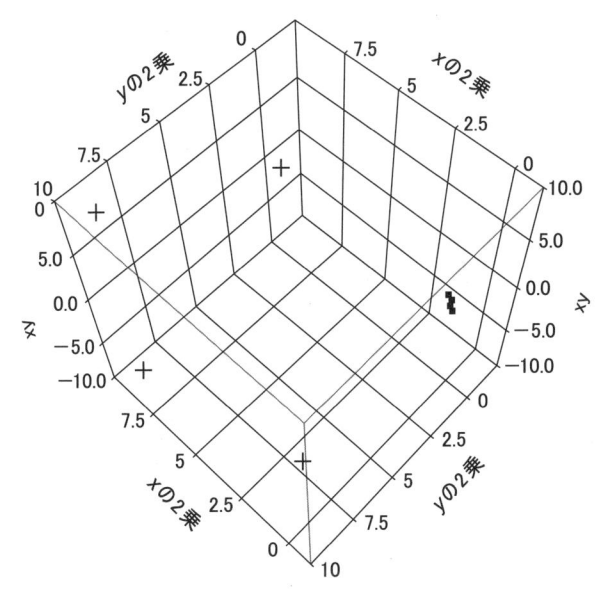

カーネル関数を適用すると，2つのクラスは容易に分離される。

## 2.8 決定木の品質を評価する

　決定木の全体としての効果性は，決定木作成に使われていないレコードから成るテスト用データに適用することで決定される。分類木によって正しく分類されたパーセンテージや，回帰ツリーでの平均二乗誤差のような尺度を観察することによって決まる。これは全体としての決定木の誤差の尺度としても使われるが，決定木の個々の枝葉の品質に注意を払うことも重要である。

　各ノードで以下のものが測定できる。

- ノードのレコード数
- 各クラスのレコードの比率ないしターゲット変数の平均値
- 葉ノードなら，レコードがどのようにスコア化されたか
- 正しく分類されたレコードのパーセンテージないし平均二乗誤差
- 学習用データとテスト用データでの分布の差

決定木を通った経路はルールを表しており，あるルールは他のルールよりも良い。

いろいろ議論してきたが，誤差はルールの適合性や部分木を評価する唯一の尺度であった。しかし，多くの適用業務プログラムでは誤分類のコストがクラスによって異なる。医療診断ではネガティブな誤りはポジティブな誤りよりも影響が重大である。臆病なパパが結果を嫌がっても，追加検査でそうではないとわかるほうが癌を見逃すよりもはるかに良い。コスト関数は，誤分類の確率に，そのような誤分類のコストを示すウェイトを掛ける。いくつかのツールは決定木を作るのに純度の尺度ではなくて，このようなコスト関数を使っている。

## 2.9 決定木が適切なのはいつか

モデルの正確性と透明性はトレードオフ関係にあることが多い。いくつかの事例では分類の予測や正確さだけが問題になる。ある勧誘に最も反応しそうな見込み客のリストを正確に作ることができるモデルを入手したダイレクトメール会社は，そのモデルがどのように動くか，なぜ動くかを気にすることはないと思われる。一方，決める理由を説明できる能力が重要である場合もある。たとえば，保険の引き受けでは，特定の変数に基づく差別は法的に禁止されている。保険会社は保険の承認や拒否において違法な差別的取り扱いをしていないことを法廷や監査機関に示さなければならない立場にある。同じように，ある閾値より所得が低いとかリボルビング払いの口座数が多すぎるというようなコンピュータが生成したルールでクレジット申請が拒否されたと聞くのは，説明できない理由で拒否されたと聞くよりも，申込者と担当者双方にとって受け入れやすい。

決定木はたいへん想像力に富む方法で使われてきた。この章の最後の事例は，コーヒー焙煎工場の操業シミュレーションのためにどのように決定木を使ったかというものである。この事例は 1995 年の M. Goodman の博士論文での議論に基づいている。品質保証のために許容できる範囲内に焙煎プロセスがあることを確かなものとするため，全変数の将来の値を予測しようとしてシ

ミュレーションが行われた。最も興味深かったことの1つは，シミュレータには入力変数ごとに次期の値を予測する別モデルが必要だったので，モデルが違うと変数が入力変数にもターゲット変数にも使われた。

## 2.10 ケーススタディ：コーヒー焙煎工場におけるプロセス管理

　世界で最も大きい食品・飲料会社の1つであるネスレ社は，さまざまなコーヒー製品を製造するために連続型コーヒー焙煎機をたくさん使用している。さまざまな排気場所における空気の温度，各種ファンの速度，ガスの燃焼率，豆を冷却する水の総量，フラップや弁のさまざまな位置など，焙煎機の変数は多すぎるので，どれをターゲット変数にするかについて製品ごとの「レシピ」がある。焙煎の色が薄すぎることから，費用がかかりダメージの大きい焙煎での火災まで，たくさんの失敗がある。焙煎コーヒーのひと釜がうまくいかないと，豆を無駄にし，費用がかかる。設備の損害はより高価になる。

　操作員が焙煎機を適切に操作するのを助けるために，約60のセンサからデータが集められた。このデータと操作情報は30秒ごとにログに記録され，グラフで操作員に見えるようにされた。このプロジェクトは英国のヨークにあるネスレ社の研究所で行われた。ネスレ社はセンサのログに基づくコーヒー焙煎シミュレーションを行ったのである。

### 2.10.1　シミュレータの目標

　ネスレ社はコーヒー焙煎機のシミュレータが焙煎プロセスを改善できるいくつかの方法がわかった。

- シミュレータを使って新しいレシピを試すことによって，生産を中断しないでたくさんのレシピを評価できる。さらに，焙煎機の出火などのダメージにつながるレシピをあらかじめ排除できる。
- 新たな操作員の訓練にシミュレータが使え，よくある問題点とその解決

方法を示すことができる．シミュレータを使うことで，操作員は問題解決のためにさまざまな方法を試すことができる．
- シミュレータは実際の焙煎機操作を追跡でき，数分後の状態がわかる．問題が生じそうなら，操作員がまだ回避できるうちに警報を鳴らすことができる．

幸いなことに，ネスレ社は30秒ごとのデータをすでに収集していて，シミュレータを作るのにそれが使えた．

## 2.10.2　焙煎機シミュレーションの構築

過去のログデータから3万4000ケースのモデル用データが作成された．各ケースには30秒ごとに測定された焙煎機の一連の測定値がある．同じデータが，あるケースではターゲット変数になり，次のケースでは入力変数（30秒後

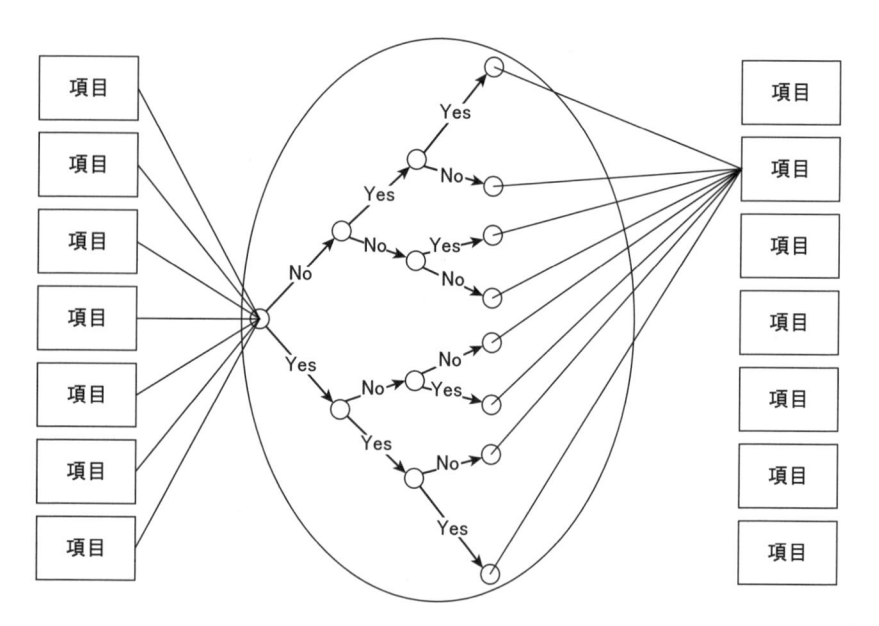

**図2.14**　決定木は次の時点のスナップショットを作成するために前の一時点のスナップショットを使う．

にはターゲット変数となる）になることに注意したい。

30秒後のすべての変数がターゲットになり，ターゲット変数がたくさんあるので，学習用データは我々がこれまで扱ってきたものよりも複雑になる。解決法は尺度ごとに別のモデルを構築することである。図2.14に示すように，各モデルはそのケースの前の部分から入力変数を，後の部分からターゲット変数を採用する。

モデル全体の学習がなされ，焙煎機の入力測定値を使った一連のモデルを構築して，30秒後に何が起こるかを予測する。

### 2.10.3 焙煎機シミュレーションの評価

学習用データに含まれていない約4万の追加ケースのテスト用データを用いてシミュレーションが評価された。テスト用データのそれぞれのケースについて，シミュレータは60回のスナップショット（つまり30分後まで）の予測を生成した。各回の全変数の予測値が実測値と比較された。予想どおり，誤差は時間とともに拡大する。たとえば，予測では製品の温度の誤差率は1分間当たり2/3度であるが，シミュレータはたとえ30分後でもランダムに推測するよりもかなり良い結果となっている。

傾向の予測において，大半の熟練操作員よりも焙煎機シミュレータはより正確であるとわかった。最も熟練した操作員もシミュレータの支援でより良い仕事ができるようになった。操作員はシミュレータ使用を楽しんでいて，正しい行動をするための新しい洞察を与えてくれると報告した。

## 2.11　得られた教訓

決定木手法はデータの探索・分類，重要な変数の選択に広く使うことができる。決定木は同じ葉にあるすべてのレコードが同じ推定値を持つというような塊の推定をするので，最初の選択が決定木であることは稀であっても，連続変数の推定にも使うことができる。データマイニングの目的がレコードの分類や離散値の予測であるときには，決定木を使うのは良い選択である。各レコード

を少数の広いカテゴリに割り当てるのが目的であるときは，決定木を使うのがよい。

　理解可能で説明可能なルールを生成するのがゴールであるときも，決定木は自然な選択肢である．理解できる自然言語やSQLに翻訳可能なルールを生成できる能力は，決定木手法の大きな強みの1つである．複雑な決定木でさえ特定の葉への経路を追跡することは容易であるので，特定の分類や予測の説明は比較的簡単である．

　決定木は再帰的アルゴリズムを用いて成長する枝葉の純度を最も高くする分岐を見つけるために，すべての入力変数のすべての値が評価される．個々の枝葉でも再び同じことが起きる．このプロセスは分岐が見つからなくなるか，何か別の制限に達するまで続く．次に不安定な枝葉の枝刈りがなされる．カテゴリ変数ならカイ2乗検定，数値変数ならF検定など，分岐基準としていくつかの検定手法が使われる．

　決定木は連続変数でもカテゴリ変数でも扱えるので，他の多くのデータマイニング手法ほどにはデータの準備がたいへんではない．カテゴリ変数はニューラルネットワークや統計手法では問題を生じさせるが，決定木では分割されていくつかのクラスにグループ化される．連続変数は値を範囲で区切ることで分割される．決定木は数値変数の数値自体を使うわけではないので，外れ値や偏った分布にも敏感ではない．欠損値は多くのデータマイニング手法では扱うことができないが，決定木では問題なく扱えて，分岐ルールに出てくることさえある．

　この頑健さは学習用データの情報のいくらかを捨て去るというコストを払って実現しているので，ニューラルネットワークや回帰モデルをよく調整できれば，決定木よりも同じ項目ではしばしば良い結果が得られる．そのため，他の手法の良い入力変数を選ぶために決定木がよく用いられている．時系列データはデータの準備がたいへんである．時系列データでは時系列パターンやトレンドを可視化できるようにしなければならない．

　決定木を適用するとデータについてたくさんのことが得られるので，著者は最終モデルが他の手法によるときでも，データマイニングプロジェクトの初期の段階では決定木をよく使っている．

# CHAPTER 3

# 人工ニューラルネットワーク

　ニューラルネットワーク（Neural Network，通常は「人工（artificial）」と付ける）は，予測や評価，分類の問題に適用が可能な，強力で柔軟で汎用性の高い分析手法である。クレジットカードの不正利用履歴の検出，金融分野における時系列モデル，手書きの数字や文字の識別，不動産価値の見積もりなどに適用されている。

　最初の人工ニューラルネットワーク（artificial neural network，ANN）はデジタルコンピュータを使った生物学的（biological）ニューラルネットワークのシミュレート実験の意図的な試みであった。神経系の働きに関心のある生物学者に加えて，初期の人工知能学者はニューラルネットワークをコンピュータに学習能力を与える手段だとみなした。人間の脳は経験から一般化することができる一方で，コンピュータは明示的な命令を何度も繰り返すことに優れている。ニューラルネットワークはデジタルコンピュータ上で人間の脳の神経結合をモデル化することにより，この人間とコンピュータの溝を橋渡しする。はっきり定義された領域で使われるとき，データから一般化し学習するコンピュータの能力は，ある意味，経験から学習する人間の能力と似ている。

　このような歴史のため，ニューラルネットワーク研究者は，当初から統計モ

デリングにおいて使われる用語とまったく異なる，生物学と機械学習の用語を使った。統計学者にニューラルネットワークが役に立つモデリング手法だと認められるのに，若干の時間がかかった。過去20年で，モデリングツールとしてのニューラルネットワークの開発は，生物学的ニューラルネットワークを理解しシミュレートしようとする努力からズレが生じた。

　本章では，人工ニューラルネットワークと研究者の発明を動機づけた生物学的モデルの歴史を簡単に批評することから始める。それから，1つの人工ニューロンのなかで行われていることを記述するために，生物学の背景は置いておく。次に，ニューラルネットワークがどのように作られて訓練されているかの詳細には触れずに，パーセプトロン（perceptron）と呼ばれている非常に単純なニューラルネットワークがどのようにある非常に単純な問題を解決することができるかを示す。ニューラルネットワークがこれらの些細な問題を解決することを証明したあとに，ニューラルネットワークがどのように実際のビジネスの問題に適用されるかについて示すために，不動産鑑定にニューラルネットワークを適用した初期のケースの歴史を紹介する。不動産鑑定の事例は，ニューラルネットワークが誤差逆伝播法（back propagation）と他の最適化技術を利用しながら，どのように訓練されるかという技術的な詳細を説明するのに役立つ。本章では，2つの最も重要なニューラルネットワークのタイプを取り扱っている。1つ目のタイプ，多層パーセプトロン（multilayer perceptron, MLP）は，生物学的ニューロンにいくらか類似しているユニット（unit）で作られている。2つ目のタイプ，RBFネットワーク（radial basis function network）は，類似したトポロジー（topology）があるが，個々のユニットはまったく異なる。

　本章は，データ準備の必要性とニューラルネットワークモデルを説明することができるかどうかといういらだたしい問題を含めて，ニューラルネットワークを利用する際に起こるいくつかの実践的な問題に注目して終わる。ニューラルネットワークは，人間の脳の働きが神秘的なのと同様に，その内部の働きはブラックボックス（black box）と考えたほうがよい。古代ギリシャ人が崇拝していたデルファイのオラクル（未来を予測した神）から得た神託のように，ニューラルネットワークから得られた解答は，説明を受けなくても往々にして

正しい．多くの場合，結果は，解釈を理解することより，ビジネス的価値があるほうがより重要である．

## 3.1 ちょっとした歴史

ニューロン（神経細胞）の働きについての最初の研究は，コンピュータが登場する以前の1930年代から1940年代に始まっている．1943年，エール大学の神経生理学者であったWarren McCullochと論理学者のWalter Pittsは，神経細胞の働きを説明するために単純なモデルを仮定し，「A Logical Calculus of the Ideas Immanent in Nervous Activity」という論文を発表した．彼らの狙いは脳の構造を理解することにあったが，このモデルは人工知能の分野に対して示唆を与え，神経生物学の領域以外での問題解決に新しいアプローチを提供した．

デジタルコンピュータが利用されるようになった1950年代に，コンピュータ科学者たちはMcCullochとPittsの研究に基づき，パーセプトロンと呼ばれるモデルを実装した．これら初期のネットワークで扱われた問題は，たとえば動く荷車の上でほうきを真っ直ぐに立たせるためには，その荷車の前後の動きをどのようにコントロールしてバランスをとればいいのか，というものであった．ほうきが左に倒れ始めると，荷車は左に動くことによってほうきを直立させておけることを学習する．しかしながら，実験室内でのパーセプトロンの成功には限界があり，問題解決の汎用的な方法としては絶望的な結果であった．

初期のニューラルネットワークの有用性に限界があった理由の1つは，その時代の最も性能の良いコンピュータでさえ，典型的な電子レンジよりも性能が劣っていたことである．他の理由としては，マサチューセッツ工科大学の2人の教授，Seymour PapertとMarvin Minskyが明らかにした，これらの単純なモデルにおける理論的な欠陥があった．1969年に発表された「Perceptrons」という彼らの報告では，分類が線形に分離できるときのみ，単層（single-layer）のパーセプトロンは機能することを示した．より多くの議論のためには，「◆単層のパーセプトロンができること，できないことは何か」を参照のこと．

彼ら自身はそう言わなかったが，PapertとMinskyが単純なパーセプトロン

で示した欠陥は，同様にニューラルネットワークモデルのより一般的な種類にも当てはまると広く捉えられた。この誤った確信は，1970年代の間にニューラルネットワークの研究に対する資金提供を急激に低下させた。しかしながら，研究は完全には停止せず，1974年，Paul Werbosがハーバードの博士論文において，誤差逆伝播法（back propagation of error）と呼ばれる学習方法を明らかにした。この学習方法は，多層パーセプトロンが単層パーセプトロンの欠陥の多くを克服するだろうという実感と結びついて，1980年代にカリフォルニア工科大学のJohn Hopfieldが導いたニューラルネットワーク研究を復活させた。このことで，有名な大学のキャンパスを超えて，ニューラルネットワークが広く採用されるに至った。また，1980年代初期にTeuvo Kohonenは自己組織化マップ（self-organizing map, SOM）を開発した。そこでは，自動的にクラスタを発見するためにニューラルネットワークが使われた。〈探索的知識発見編〉第3章で自己組織化マップについて記述する。

人工知能の研究者が生物学的活動のモデルとしてニューラルネットワークを開発していた同じ時期に，統計学者は統計的手法の可能性を広げるためにコンピュータを利用していた。1990年代の半ばまでに，いくつかの文化の壁を乗り越えることを必要としたが，2つの研究の成果は結合した。

◆単層のパーセプトロンができること，できないことは何か

単層パーセプトロンに関して最も致命的な結果の1つは，コンピュータ科学者が寵愛しているXOR（排他的論理和）関数を実行できないことである。XOR関数は2つのブール演算子入力（TRUEとFALSE）を持ち，入力の1つが正確にTRUEであったとき，TRUEを返す。コンピュータ科学の慣例に従って，TRUEは1，FALSEは0として表される。入力値は重み（weight）によって増やされ，合計されるので，パーセプトロンへの入力を数値化（numeric）することは重要である。

次の図は，3つの論理式AND, OR, XORに対する関数表である。最初の2つは，最も簡単に想像できるニューラルネットワーク，単層パーセプトロンによって表すことができる。各々のネットワークは実際まさに単体のニューロンであり，2つの入力値はそれらを合計することによって結合されている。各々の入力値は1か0である。生物学的モデルでは合計値は閾値（threshold value）と比較され，入力値の論理的比較がTRUEを意味するニューロンが発火（fire）

するか，あるいは入力値の論理的比較が FALSE を意味するニューロンが発火しない（not fire）のいずれかを判断する。このデジタルモデルでは，つねに出力値（output）が存在する。TRUE に対する 1，FALSE に対する 0 のどちらかである。2 つの公式は等しい。

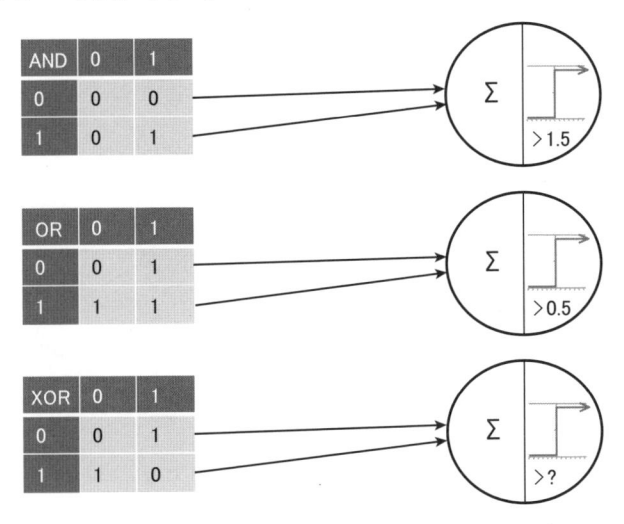

| AND | 0 | 1 |
|---|---|---|
| 0 | 0 | 0 |
| 1 | 0 | 1 |

$\Sigma$ > 1.5

| OR | 0 | 1 |
|---|---|---|
| 0 | 0 | 1 |
| 1 | 1 | 1 |

$\Sigma$ > 0.5

| XOR | 0 | 1 |
|---|---|---|
| 0 | 0 | 1 |
| 1 | 1 | 0 |

$\Sigma$ > ?

XOR 関数は単層パーセプトロンでは実行することができない。

　AND（論理積）においては，両方の入力値が 1 であるときだけ，1 と 0 で表される 2 つのブール演算子入力値の合計は 1.5 より大きいので，1.5 の閾値が働く。OR（論理和）においては，両方の入力値が 0 でない限り，2 つのブール演算子入力値の合計はつねに 0.5 より大きいので，0.5 の閾値が働く。
　0 または 2 であるときでなく，合計が 1 であるときにニューロンは発火すべきなので，XOR を正確に実行するような 2 つのブール演算子入力値の合計に対する閾値は存在しない。
　解決策は，2 つの層に 3 つのノード（node）を使うことである。最初の層は 2 つのニューロンで成り立っており，1 つのニューロンが OR 値を計算し，もう 1 つのニューロンが AND 値を計算する。2 つ目の層は XOR を計算するために，これら 2 つの出力値を結合する。やり方は，その結合されたノードに対して AND ノードからの入力値にマイナス（negative）の重みを付けることである。そのように，AND が TRUE であるとき出力ニューロンは決して点火せず，AND が FALSE のとき，OR が TRUE かどうかに依存して発火するかしないかが決まるような閾値を選ぶことは簡単である。
　次の図は XOR 関数を実行する 2 層のパーセプトロンを示している。ここで

は重みが示されている。最初の層ではすべての値は1にセットされ，2つ目の層ではANDノードからの入力値は−1にセットされる。ANDがTRUEのとき，XORへの2つの入力値の重みづけされた合計は，0より大きくなることはありえない。ANDがFALSEのとき，重みづけされた合計は，ORがTRUEのとき1，ORがFALSEのとき0と，正確にXORに対して正しい結果になる。結論として，1層のパーセプトロンはかなり単純な高等な機能を表現することはできないが，2つ目の層を加えることで問題は解決する。

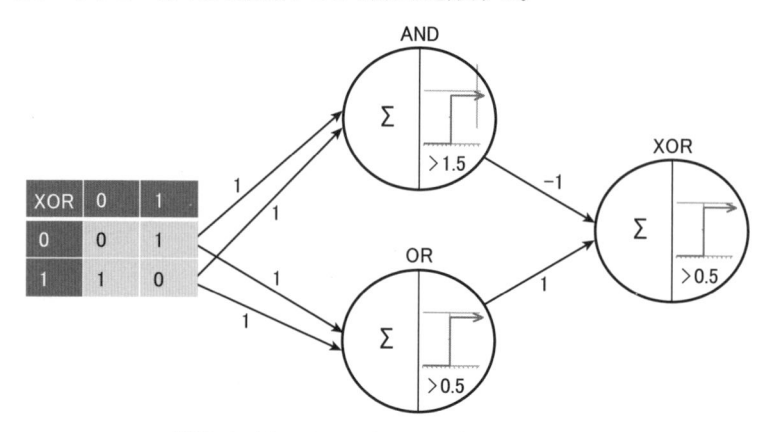

XOR関数は2層のパーセプトロンで簡単に実行される。

## 3.2 生物学的モデル

自然的か人工的かにかかわらず，ニューラルネットワークの背後にある基本的な考えは，十分な量が協力して行動しているならば，非常に複雑な振る舞いも比較的単純なユニットで生成することができるというものである。人工ニューラルネットワークと研究者が触発された自然で起こっているそれとの間の類似を理解するために，生物学的ニューラルネットワークについてほんの少しだけ学ぶことは意味がある。

## 3.2.1　生物学的ニューロン

　ニューロンは他の類似した細胞と通信するために特殊化されたたった1つの細胞である。図3.1 はニューロンの単純化した概要図である。ニューロンは他のニューロンと化学信号と電気信号の両方を使って通信を果たす。化学的通信は神経伝達物質（neurotransmitter）を用いて刺激したり，妨げたりして，ニューロンを受け取る活動をとげる。化学信号は隣接している細胞の小さなシナプスの間に横たわっているニューロンからニューロンへと渡る。電気的通信はもっと直接的で，電気的シナプスは1つのニューロンの軸索（axon）をもう1つの樹状突起（dendrite）に直接接続する。

　人間の脳の典型的なニューロンは，樹状突起で電気的シナプスと化学的シナ

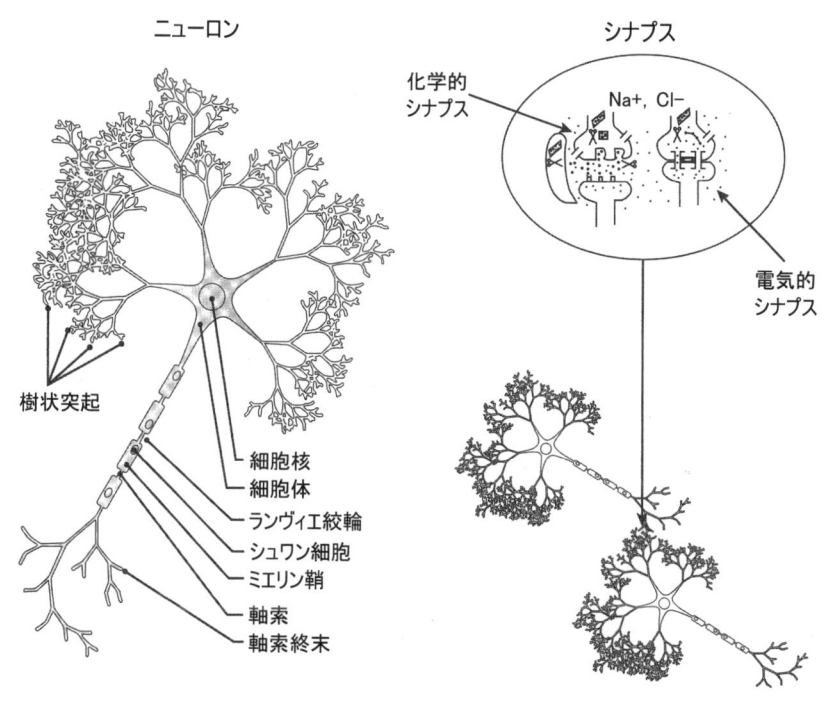

**図3.1**　ニューロンは出力信号を出すために，他の多くのニューロンからの入力信号を結合する。

プスを通じて，1000 から 1 万の間の上流（upstream）のニューロンから入力値を受ける。細胞の興奮レベルを増加させたり，低下させたりするこれらの信号は，それらが結合される細胞体へと中継される。刺激の程度が細胞の起動閾値（activation threshold）よりも大きければ，ニューロンは「発火（fire）」する。つまり，下流（downstream）の細胞に軸索を通じて電気信号を送るのである。

### 3.2.2 生物学的入力層

生物学的ニューラルネットワークの入力層は，上流のニューロンからよりはむしろ，周囲から直接入力値を受け取るよう特殊化されたニューロンから成り立っている。例として，さまざまな波長の光に敏感な網膜のレセプタ細胞，特定の分子の存在に敏感な舌と鼻のレセプタ細胞，さまざまな頻度の振動に敏感な内耳の音声レセプタなどを含む。検出するよう進化させた特定の刺激があると，これらのレセプタ細胞は発火する。これが，生物学的ニューラルネットワークに情報を入力し，処理させる方法である。

### 3.2.3 生物学的出力層

大部分のニューロンの軸索は他のニューロンへ信号を送る。しかし，いくつかのニューロンは他のタイプの細胞，たとえば筋細胞などに結合している。筋肉は収縮することによって神経系システムからの信号に反応する。この出力層はニューラルネットワークに，ラジオのボリュームを上げるか，それに関して息を吸ったり吐いたりするような，何かの詳細な観察を得ようとすることを体に埋め込ませる。

### 3.2.4 ニューラルネットワークと人工知能

生物学的ニューラルネットワークは，ロボットやコンピュータが模倣するのに明らかに役に立つ芸当をする。その芸当の1つは，特定のパターンを認識するために用意される多くの専用システムからの情報を結合することである。カエルの視覚システム内には，ハエのような動きに反応したり，ハエのサイズに

反応したりするニューロンがある。これらの信号は，ハエのようなサイズとハエのような動きの両方があったときに発火するニューロンへの入力値の1つで，カエルがハエを捕まえるためにそのねばねばの舌を差し出す起因になる。

生物学的ニューラルネットワークによるもう1つの注目すべき芸当は，経験から学ぶことである。猫はキャットフードの缶が開けられるときの音を生まれながらには知らないが，3億のニューロンのネットワークでそのことをすぐに学習する。人間は，1000億ニューロンのネットワークで，話す，読む，書く，音楽を作曲する，自転車に乗ることを学習できる。もし，我々が同じようにすることが可能なコンピュータを欲するならば，類似した解決法を用いないわけにはいかない。

さて，実際にはたくさんの理由がある。1つは，現在まで開発されてきた人工ニューラルネットワークは，人間や猫の脳に見られるそれらより，はるかに小さくてはるかに単純である。蟻でさえ1万ニューロンを持っており，コンピュータがまだうまくできない多くのことができる。蟻と同じくらい多くのニューロンを持つ人工ニューラルネットワークを造ることはできるが，落とされたパンくずを見つけて，他のニューラルネットにその場所を伝達するような学習はまだできない。

この章の後の部分では，ニューラルネットワークの生物学的見方を伴った初期の野望が，ずいぶんと野心的でない目標，つまり標準回帰モデルより柔軟で，それ以上の何らかの関係を捉えることができるデータマイニングモデルを作ることに置き換わる。

## 3.3 人工ニューラルネットワーク

ニューラルネットワークモデルを理解するスタート地点は，基本的ユニットを持つ人工ニューロンから始める。ここは，回帰モデルとの生物学的類似性と緊密な関係性が最も明白な個所である。

## 3.3.1 人工ニューロン

図 3.2 で示すとおり，人工ニューロンは入力値を取り込み，出力値を作り出す。全体的な振る舞いは，ノードの「活性化関数（activation function）」と呼ばれる。活性化関数は通常，2 つの部分に分けられる。「結合関数（combination function）」は入力値を 1 つの値に結合し，「伝達関数（transfer function）」を通過して出力値を作り出す。図 3.2 で示すとおり，それぞれの入力値はそれぞれの重みを持っている。

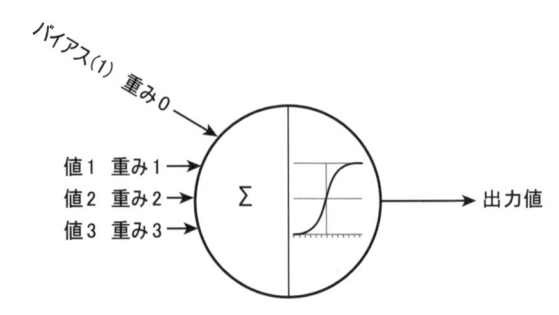

**図3.2** ユニットの出力値は一般的に入力値の非線形結合である。

<結合関数>

結合関数は通常，入力値それぞれに割り当てられた重みの集合を用いる。この章の後のほうで議論するが，ネットワークの学習過程とは，重みへ最適値を割り当てる過程である。

通常の結合関数は加重和（weighted sum）であり，それぞれの入力値にその重みを掛け，これらの値を足し合わせる。加重和は，たいていのデータマイニングツールにおいて初期設定されている。しかしながら，重みづけされた入力の最大値のような，他の可能性もある。RBF（後に議論する）は異なった結合関数である。

### <伝達関数>

　伝達関数の選択は，いかに人工ニューロンを入力値に対して1か0（all-or-nothing）を示す生物学的ニューロンの動きに近づけられるかを決定する。生物学的過程を模倣するために，入力値の加重和がある閾値を超えるとき値1をとり，そうでないときは値0をとるステップ関数（step function）が割り当てられる。連続値を推定するには，連続的伝達関数がより良い。図3.3は，いくつかの伝達関数，すなわちステップ関数，線形関数，ロジスティック関数，双曲線正接関数（hyperbolic tangent function）を示している。

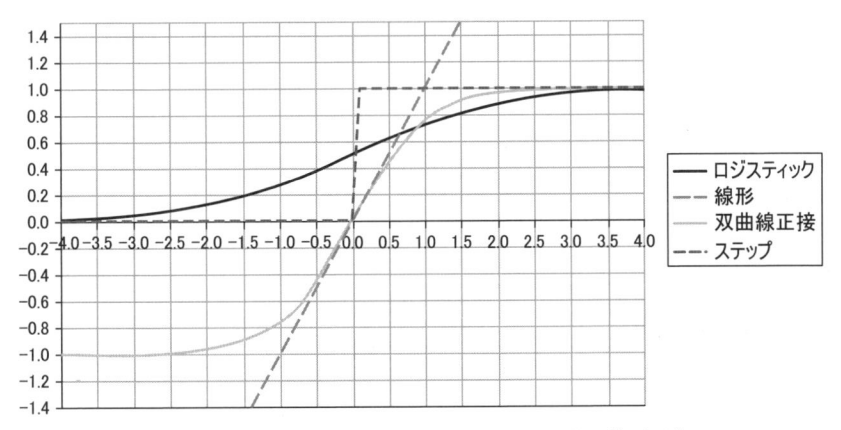

**図3.3** 4つの一般的な伝達関数は，ステップ関数，線形関数，ロジスティック関数，双曲線正接関数である。

　線形伝達関数では，ユニットはまさしく線形回帰方程式がそうするとおり，入力値にある係数（重み）を掛けてそれらを足し合わせる。バイアス（bias）と呼ばれるさらなる入力値は定数項があてがわれる。線形伝達関数と加重和の組み合わせだけのユニットで成り立っているニューラルネットワークは，線形回帰モデルの線形結合に相当する。
　ロジスティック関数と双曲線正接関数はともに（S字型の）シグモイド関数（sigmoid function）である。これらの大きな違いは，ロジスティック関数が0から1の間，双曲線正接関数が−1から1の間という出力値の範囲である。加

重和が大きくなるにつれて，これらの伝達関数はしだいに（ロジスティック関数の場合 0 と 1 に，双曲線正接関数の場合 –1 と 1 に）飽和状態になる。この振る舞いは，線形モデルから非線形モデルへの緩やかな動きと一致する。

シグモイド関数では，結合された値がある中位にあるとき，小さい変化は比較的大きな影響を出力値に与えることができる。反対に，結合された値が中位より大きく外れていると，入力値の大きな変化は出力値にほとんど影響を与えない。時には小さく変化し，時にはそうしないところが，非線形の振る舞い（nonlinear behavior）の例である。これらの関数は線形ではないが，ある領域ではほとんど線形である。統計学者は線形システムを評価するし，たいていの線形システムは評価に値する。ニューラルネットワークの能力と複雑性は，非線形の振る舞い，言いかえれば神経系ユニットの構成物によって用いられる特定の活性化関数から生じる。「◆シグモイド関数と入力値の範囲」で論じるように，活性化関数と入力値の範囲との関係もある。

### ◆シグモイド関数と入力値の範囲

シグモイド活性化関数は範囲のある S 字型関数である。たとえば，ロジスティック関数は 0 から 1 の値を，双曲線正接関数は –1 から 1 の値を，加算関数の出力値に対して算出する。これらの関数の式は次のとおりである。

$$\text{logistic}(x) = \frac{1}{1 + e^{-x}}$$

$$\tanh(x) = \frac{e^{2x} - 1}{e^{2x} + 1}$$

ニューラルネットワークで用いる場合，$x$ は結合関数の結果であり，一般的にはユニットへの入力値の加重和である。

これらの関数は $x$ のすべての値に対して定義されるのに，なぜネットワークへの入力値の範囲は小さい範囲であると主張しているのであろうか。理由は，これらの関数の 0 近くでの振る舞いに関係している。この範囲では，これらの関数はほとんど線形に振る舞う。すなわち，$x$ における小さな変化は出力値において小さな変化をもたらす。$x$ を半分変化させると，出力への影響はほぼ半分である。関連性は正確でないが，かなり似かよっている。

学習のために，この準線形（quasi-linear）領域から始めるのは良いアイデアである。ニューラルネットワークが学習するとき，ノード（node）がデータのなかに線形関係を発見したとする。これらのノードは結果の値がこの線形の範

囲に収まるように，その重みを調整する．他のノードは非線形な関係を発見したとする．それらの調整済み重みはより大きな範囲をとるだろう．

　すべての入力値を同じ範囲の値に変換することにより，（何万という大きな数値になる）住宅の値段のような入力データが，寝室の数のような他の入力データに対して支配的になることを避けている．結局，結合関数は入力値の加重和であり，いくつかの値が巨大なとき，それらは加重和を支配してしまうだろう．$x$ が大きいとき，入力値に対する重みをわずかに調整しても，出力層にはほとんど影響を与えないで，学習を難しくさせる．すなわち，シグモイド関数は，寝室が1つか2つかという違いを扱うには有利だが，5万ドルの住宅と100万ドルの住宅を区別することは苦手なのである．シグモイド関数は調整するために，この項目に関連する重みに対してネットワークを学習する多くの生成物を扱うことができる．比較的小さく入力値を保持することにより，重みの調整に大きな効果を持たせることが可能になる．この学習への支援は，入力値が小さい範囲にとどまると主張する最も強い理由である．それゆえに，ニューラルネットワークへの入力値は通常，標準化すべきである．

## 3.3.2　多層パーセプトロン

　図 3.4 は典型的なニューラルネットワークのモデルの構造を示している．ニューラルネットワークにデータが入力される入力層（input layer）を持ち，隠れ層（hidden layer）として知られている第2の層は，入力層からの複数の入力値を受け取る人工ニューロンで構成されている．人工ニューロンはそれらの入力値をまとめ，再び結合される出力層に結果を渡す．このような構造を持つネットワークは多層パーセプトロン（MLP）と呼ばれる．

　入力層はネットワークへの入力値が同程度の入力範囲を必要とすることを要求するが，それは通常すべての入力値を標準化することで達成される．範囲が同程度でないならば，1つの入力値（おそらく最も大きな値）が最初に優位を占める．そして，ニューラルネットワークは重みが小さくなければならないという「学習（learning）」をするために，多くのトレーニングサイクルを費やさねばならない．

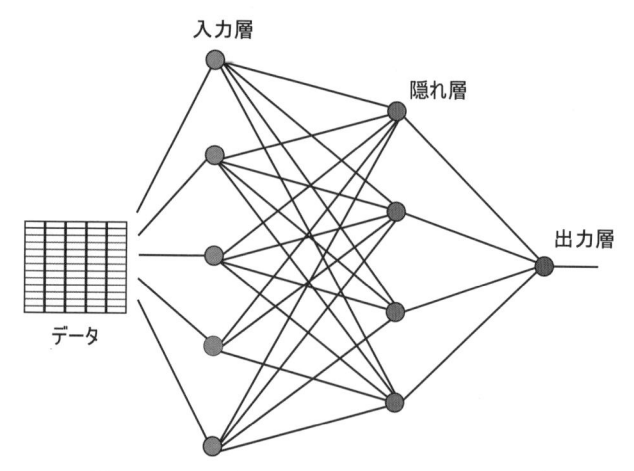

**図3.4** 1つの隠れ層を持つ多層パーセプトロン。

**ヒント** 入力データが上手く振る舞う場合を除いて，ニューラルネットワークへの学習用データを 0 に近い値で標準化するとよい。

隠れ層は非線形活性化関数（正と負の両方の値にわたるので双曲線正接関数がしばしば好まれる）を含む。

出力層への伝達関数はニューラルネットワークの目的に依存する。連続的な目的値に対しては線形結合が使われる。2 値の目的値に対してはロジスティック関数が使われ，ネットワークは確率推定を生じさせるロジスティック回帰のように振る舞う。その他のケースでは，より魅力的な伝達関数が選ばれるだろう。

### 3.3.3 ネットワークの例

図 3.5 で示されたニューラルネットワークは不動産データの推測をしたモデルを表している。このネットワークのトポロジーつまり構造は予測と分類のために使われる典型的なネットワークである。ユニットは 3 つの層に組織される。左の層は入力値と結合していて，入力層と呼ばれる。この例では，入力層は値を標準化している。

[3] 人工ニューラルネットワーク　*121*

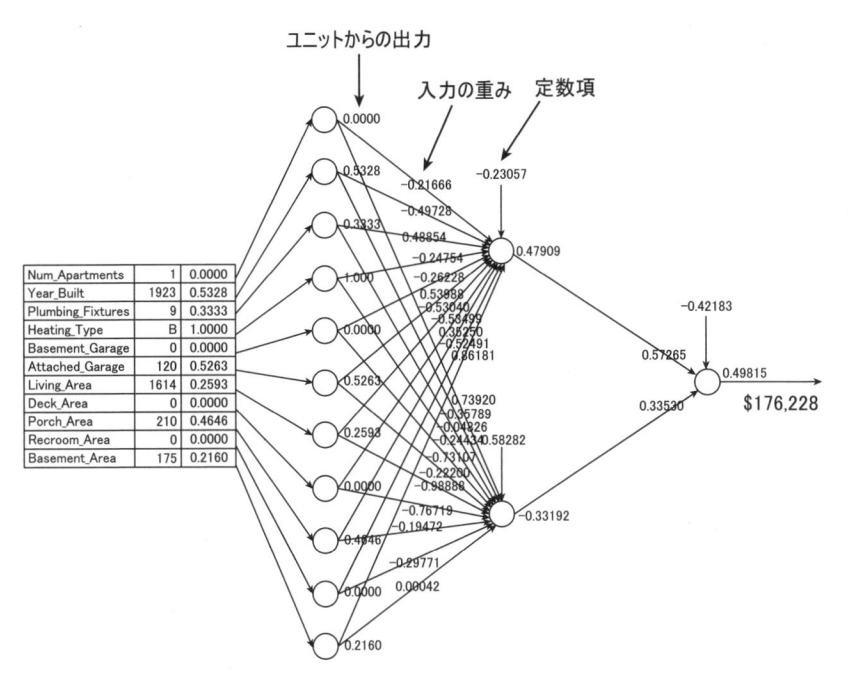

**図3.5**　不動産での学習用データがニューラルネットワークへ入力値を供給し，ネットワークは意味のないように見える重みで満たされている様子がここに表されている。

　隠れ層はネットワークの入力にも出力にも結合していない。隠れ層の各ユニットは通常，入力層のすべてのユニットに完全に結合している。このネットワークは標準的なユニットであり，隠れ層のユニットは各入力値とそれに対応する重みを掛けて，これらを加算し，伝達関数を適用することによって，出力値を計算する。ニューラルネットワークは複数の隠れ層を持つことができるが，一般的には1つの隠れ層で十分である。層が拡がる（すなわち，ユニットが多くなる）ほど，パターンを認識するためのネットワークの容量は大きくなる。しかしながら，ニューラルネットワークは学習用データの「1つのパターン」を記憶するので，この大容量は弱点となる。「我々は学習用データに基づいて一般化することを望んでいるのであって，記憶することを望んでいるのではない」。このことを達成するために，隠れ層を拡げすぎてはいけない。

**注意** オーバーフィッティング（overfitting）の危険性は隠れ層ノードの数によって高まる。非線形伝達関数を伴う少数の隠れノードでも、非常に柔軟なモデルを作るのに十分である。

図3.5の各ユニットは上方向から降りてくる付加的な入力を持っていることに気がつく。これは定数の入力で、しばしばバイアス（bias）と呼ばれ、つねに1に設定されている。他の入力値と同じように重みを持っており、結合関数に含められる。このバイアスは回帰方程式の切片のようなもので、ネットワークがパターンをより捉えやすくする。学習段階で、ネットワークの他の重みと同様に、定数項の重みも調整されていく。

右側にある最後のユニットはニューラルネットワークの出力に結合しているので出力層である。出力層のユニットは隠れ層のユニットと完全に結合している。ほとんどの場合、ニューラルネットワークは1つの値を算出するし、出力層には1つだけのユニットしかない。この例では、ネットワークは17万1000ドルという実際の価格と極めて近い17万6228ドルを算出した。出力層は単純な線形伝達関数を用い、出力値は隠れ層の出力値の重み付けされた線形結合である。

## 3.3.4 ネットワークトポロジー

出力層は2つ以上のユニットを持つことも可能である。たとえばデパートは、顧客が婦人服や家具、娯楽といったさまざまな部門から商品を購入する見込みを予測したいと考える。店舗はこの情報をプロモーション企画やダイレクトメールに使いたいのである。

この予測をするために、図3.6で示すようなニューラルネットワークを作成するだろう。このネットワークは3つの出力値があり、1つ1つが各部門に対応している。出力値は顧客が残した入力値に対して、顧客が次にどの関連部門から購入する傾向があるのかを表している。

ネットワークへ顧客のデータを入力すると、ネットワークは3つの値を算出する。これらの出力値がすべて与えられたとして、デパートはいったいどのようなプロモーションを顧客に行えばいいと判断することができるのだろうか。

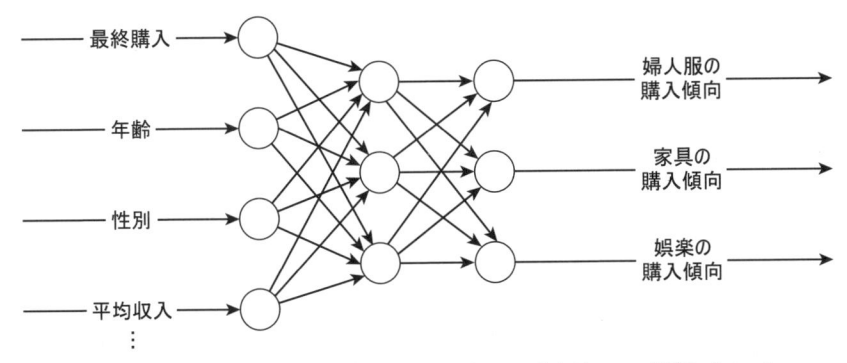

**図3.6** このネットワークは複数の出力があり，顧客が3つの部門において購入する確率を算出している。

複数のモデルの出力値を伴うとき，次のような方法が考えられる。

- 出力値が最大となっている部門を選択する。
- 上位3つまでの値を出力する部門を選択する。
- 出力値がある閾値を超える部門をすべて選択する。
- 最大値のある％以上の部門をすべて選択する。

これらすべてが機能する可能性があり，さまざまな状況に応じて長所と短所がある。つねに正しい方法は存在しない。実際，特定の状況における最良の方法を決定するためには，テスト用データでこれらの可能性をいくつか試すべきだろう。

このデパートの例では，顧客は全3部門で購入する傾向が高いことが合理的にわかった。アルファベットの文字の認識のような分類の問題では，正しい答えは1つだけである。これらのケースでは，1つの出力が受諾される閾値を超えた確率のとき，分類が割り当てられ，他のすべての出力は拒否される閾値以下の確率である。2つ以上の「合格者」があれば，分類はされない。

図3.7は，基本的なニューラルネットワーク構造におけるいくつかの変型を表している。いちばん上のネットワークは複数の出力が特徴である。真ん中のネットワークは，隠れ層だけでなく，入力値から目的層（target layer）へ直接結合している。これらの結合は直結（direct connection）と呼ばれる。いちばん

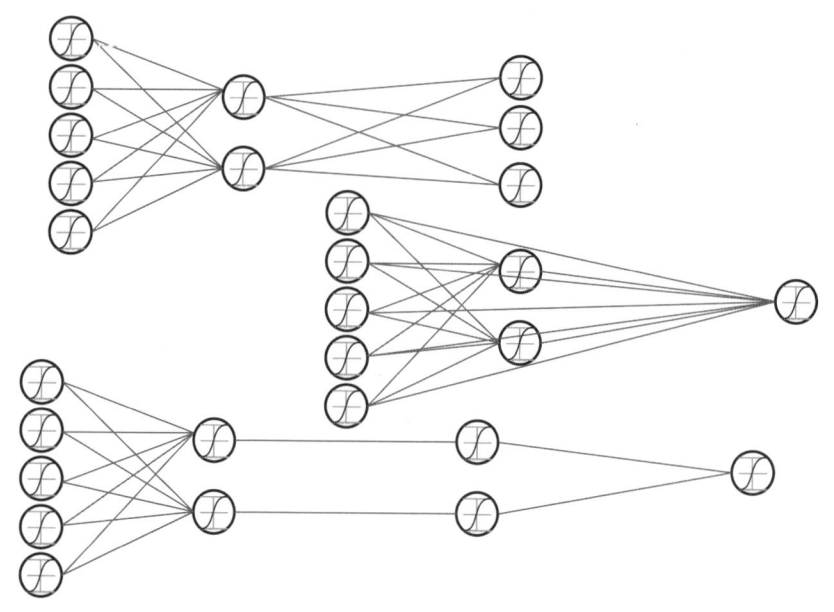

**図3.7** 基本的なニューラルネットワーク構造には多くの変型がある。

下のネットワークは複数の隠れ層を含む。これらすべてのネットワークはフィードフォワードニューラルネットワーク（feed-forward neural network）の一例である。名称は，データが入力値から始まり，ループすることなしに出力に送られるという事実から来ている。

## 3.4 応用例：不動産査定

　人間が経験によって熟練していくのと同じように，ニューラルネットワークはデータから学習を行う。次に述べる例は，多くの読者になじみのある不動産査定の問題解決にニューラルネットワークを適用したものである。

　鑑定人や不動産業者は，きちんと定義された専門家の良い例である。物件は専門家によって吟味された固定的な項目によって記載され，査定価格が付けられる。1992年，IBMの研究者は，ニューラルネットワークはこの問題に有効ではないかと考えた。この事例はJoseph Bigusの著書『Data Mining with

Neural Networks』に記されており，筆者の知っている限り，ニューラルネットワークの初めての商用的応用である。

　ニューラルネットワークは特定の入力（この場合は物件評価シートからの情報）を受けて，特定の出力（物件の査定価格）へ変換している。入力リストがきちんと定義されていることには2つの要因がある。multiple listing service（MLS）というデータベースが不動産業者間で住宅市場の情報を共有するために使われており，中古市場で売られている抵当物件の記載も標準化されている。要求される出力も同様に（ドル表示の金額で）きちんと定義されている。加えて，過去の売買履歴も保存されており，ネットワークが学習するのに十分なデータがある。

　なぜ我々は自動的な査定を望むのだろうか。明らかに査定を自動的に行えれば，買い手と物件とを合致させることが楽になり，経験が少ない業者の成約率も向上するだろう。他の利用は，将来の買い手が欲しい家を記載すると，ただちに夢の家の費用がいくらかわかるようなウェブページを用意することである。

　おそらく，中古物件の不動産担保ローン（mortgage market）においても予期しない活用がある。しっかりした良い査定は，個人ローンやローンのポートフォリオにおけるリスクを評価するときも重要である。なぜなら，債務不履行に影響を及ぼすある大きな要因が，リスクにさらされた資産価値の比率を決めるからである。もしローンの価値が市場価値の100％以上であれば，債務不履行のリスクはかなり高まる。一度ローンが設定されると，どのように市場価値を見積もることができるのだろうか。この目的のために，Federal Home Loan Mortgage Corporation社のFreddie Macは米全土の住宅を自動的に査定するLoan Prospectorと呼ばれる製品を開発した。Loan Prospectorは元々，Fair Isaac社に吸収合併されたサンディエゴのHNC社が開発したニューラルネットワーク技術に基づいている。

　事例に戻ろう。このニューラルネットワークは，不動産鑑定人が資産の特性項目に基づいて物件の市場価値を見積もることを模倣する。彼女は街のある一画の物件は他の地域の物件よりも価値が高いことを知っている。彼女の頭のなかには，寝室，大きな車庫，家のスタイル，敷地面積が他の要因として見積も

られている．彼女は決まった公式を用いているわけではなく，似かよった住宅の販売価格から得た経験と知識から査定を行っている．彼女の物件価格に関する知識は静的ではない．彼女は最新の見積もりに合うように，地域中の住宅に対する最近の販売価格を頭に入れており，また価格のトレンドを認識している．彼女の査定は最新のデータに合うように修正されているのである．

> **ヒント** ニューラルネットワークは予測や評価の問題に適している．適しているとされる問題には次のような特徴がある．
> - 入力データを十分に理解していること：データのどの項目が重要であるかを知っていること．ただし，それらをどのように結合するかは必ずしもわからなくてよい．
> - 出力データを十分に理解していること：何を（予測や評価の）モデルにしたいのか，はっきりしておくこと．
> - 経験を利用できること：入力データと出力データが既知の事例はたくさんある．これらの事例はネットワークの学習に利用できる．
> - ブラックボックスのモデルを受け容れること：モデルを解釈する，あるいは特定の得点がどうであったかについて説明することは，必ずしも必要ではない．

最初に，ニューラルネットワークで住宅価格を見積もるためには，売買価格に影響を及ぼす特性項目を決める．考えられる一般的な項目を表 3.1 に挙げる．実際，これらの項目はある 1 つの地域内の住宅に用いられているものである．多くの周辺地域の住宅を査定する場合には，郵便番号，周辺地域の人口統計，周辺地域の生活レベルの指標（たとえば学校の評価や近隣の交通機関など）の入力データが加わる．ここでは，話を簡単にするため，これらの項目は含めない．

ネットワークの学習は，未知の事例に対する的確な価格を見積もることができるモデルを作りあげる．ネットワークがどのように売買価格を見積もるべきかを学習するために，過去の売買データが必要である．学習するサンプルデータには，さらに 2 つの追加項目，住宅の売買価格と販売日付が必要である．売買価格はターゲット変数として必要とされる．日付はサンプルデータを学習用，検証用，そしてテスト用データに分けるために使われる．表 3.2 に学習用データの例を示す．さらに日付は販売された時点からの月数の計算に使われ，

それゆえネットワークは期間を超えた変化を学習することができるのである。

表3.1　物件を説明する共通の特性項目

| 項目 | 説明 | 値の範囲 |
|---|---|---|
| Num_Apartments | 住居数 | 整数：1～3 |
| Year_Built | 築年数 | 整数：1850～1986 |
| Plumbing_Fixtures | 配管設備の数 | 整数：5～17 |
| Heating_Type | 暖房システムの種類 | コード：AかB |
| Basement_Garage | 地下駐車場（台数） | 整数：0～2 |
| Attached_Garage | 付帯車庫の広さ（平方フィート） | 整数：0～228 |
| Living_Area | 総居住エリアの広さ（平方フィート） | 整数：714～4185 |
| Deck_Area | デッキおよび玄関の広さ（平方フィート） | 整数：0～738 |
| Porch_Area | 内玄関の広さ（平方フィート） | 整数：0～452 |
| Recroom_Area | 応接間の広さ（平方フィート） | 整数：0～672 |
| Basement_Area | 地下室の広さ（平方フィート） | 整数：0～810 |

表3.2　-1から1の範囲に加工された学習用データのサンプルレコード

| 項目 | 値の範囲 | 元の値 | 加工値 |
|---|---|---|---|
| Months_Ago | 0～23 | 4 | -0.6522 |
| Num_Apartments | 1～3 | 1 | -1.0000 |
| Year_Built | 1850～1986 | 1923 | +0.0730 |
| Plumbing_Fixtures | 5～17 | 9 | -0.3077 |
| Heating_Type | AまたはB | B | +1.0000 |
| Basement_Garage | 0～2 | 0 | -1.0000 |
| Attached_Garage | 0～228 | 120 | +0.0524 |
| Living_Area | 714～4185 | 1,614 | -0.4813 |
| Deck_Area | 0～738 | 0 | -1.0000 |
| Porch_Area | 0～452 | 210 | -0.0706 |
| Recroom_Area | 0～672 | 0 | -1.0000 |
| Basement_Area | 0～810 | 175 | -0.5672 |

ネットワークの学習プロセスとは，要求された予測をするための最適な重みの組み合わせに到達するまで内部の重みを調整する過程である。ネットワークはランダムな重みの組み合わせから開始するので，初期のパフォーマンスは非常に低い。しかしながら，学習用データを何度も繰り返し学習し，その都度，全体の誤差を減らすために内部の重みを調整することによって，ネットワークはしだいに学習用データにおける目的価格におおよそ近い値を出すように働く。近似値がこれ以上は改善されないとき，ネットワークは学習をやめる。学習プロセスはこの章の後のほうで説明する。

　重みを調整していく過程では，格納されているデータの状態に敏感である。たとえば，土地の一画の大きさを測るデータの領域を考えてみよう。もし区画サイズがエーカーで測られていたら，当然，値は約 1/8〜1 エーカーになる。もし平方フィートで測られていたら，同じ値は 5445〜4万3560 平方フィートになるだろう。ニューラルネットワークは入力値が小さいとき，最高に機能する。たとえば，入力変数が他の入力データと比較してとても大きな値であるとき，この変数は計算結果に対して支配的になる。ニューラルネットワークは，この入力データが出力データに及ぼす影響を少なくするため，その重みを減らすように反復を行う。すなわち，ネットワークが見つける最初の「規則 (pattern)」は，区画サイズの変数が他の変数よりとても大きい値であることである。これはとりわけ関心のあることではないので，平方フィートよりもエーカーで測られた区画サイズが使われるほうがよいだろう。一般的に，小さい範囲（いわば 0 から 1 まで）をとる入力値は標準化する必要はないけれども，ネットワークへの入力数値をすべて標準化しておくことは良いアイデアである。

　唯一のカテゴリ変数である「Heating_Type」は A と B の 2 値をとるので，指示変数（indicator variable）に変換するための解決として，0（値が A のとき）と 1（値が B のとき）の値を与える。これは標準化することもできるので，1 つの値は負，もう 1 つは正となる。

　以上の簡単な手法によって，住宅の例（表 3.2）で示したすべての領域のデータの変換ができ，ニューラルネットワークの学習により適した値になる。学習とはニューラルネットワークのなかで学習用データを通して重みを調整するこ

とを繰り返すプロセスである．それぞれの繰り返し作業は「生成（generation）」と呼ばれる．

ネットワークの学習が終わると，それぞれの生成物のパフォーマンスは検証用データで，学習に使われなかったデータ上の誤差を最小にするような重みを選ぶために測定される．他のモデリング手法にも言えるが，ニューラルネットワークは学習用データにだけ存在する規則を学習することができ，オーバーフィッティング（overfitting）な結果を導き出す．未知なデータに対する最適なネットワークを見つけるために，学習プロセスはそれぞれの生成を通じて算出された重みを記憶している．最終のネットワークは学習用データよりもむしろ検証用データに最適な働きをする生成物からもたらされる．

検証用データに対してモデルのパフォーマンスが満足な結果を得たとき，ニューラルネットワークのモデルは利用可能になる．このモデルは学習用データで学習を行うことにより，すべての入力値を用いてどのように売買価格を計算するかを見つけ出している．ニューラルネットワークの住宅の価値を見積もるモデルは，住宅について情報を記述し，適切にマッピングし，出力結果を導き出す．

## 3.5　ニューラルネットワークの学習

ニューラルネットワークの学習とは，学習用データを使ってネットワークの重みを調整し，モデルが学習用データではなく実績データに対する目標値を見積もるために良い働きをすることである．いくつかの点で，これは回帰モデルの最適線のために係数を見つけることと似ている．しかし，学習用観察データに対して1つの最適線が存在し，その係数を計算する単純で決定的な方法がある．ニューラルネットワークに対して最適な重みの組み合わせを計算するのに，これに準ずる方法はない．これは最適化問題の一例である．目的は，平均2乗誤差のような誤差関数（error function）を最小にする一組の重さを見つけることである．

歴史的に最初に成功したニューラルネットワークの学習方法は誤差逆伝播法（back propagation）である．その歴史の重要性に加えて，偶然にも理解するの

に比較的簡単な方法なのである。

### 3.5.1 誤差逆伝播法を使ってニューラルネットワークはいかに学習していくのか

誤差逆伝播法は主に次の3つのステップに分かれる。

1. ネットワークは学習用データを入手し，ネットワークの既存の重みを使って出力値を計算する。
2. 誤差逆伝播法は算出した結果と実際の目標値との差から，誤差を算出する。
3. ネットワークを通じて誤差をフィードバックし，誤差が最小になるように重みを調整する（誤差がネットワークを通じて送り返されるがゆえに，誤差逆伝播法と呼ばれる）。

誤差逆伝播法のアルゴリズムは，実際の値と学習用データに基づいて作られた値を比較することによって，ネットワーク全体の誤差を測定する。そこでは，誤差を取り除くのではなく，誤差を減らすように出力層の重みを調整する。しかしながら，アルゴリズムはそれで終わったわけではない。アルゴリズムは先の層のノードに責任を割り当て，全体の誤差をより減らすために，それらのノードに連結された重みを調整する。責任を割り当てる具体的なメカニズムはあまり重要でない。誤差逆伝播法は活性化関数の偏微分を必要とする複雑な数学的手続きを使っていると言うだけにとどめる。

誤差が与えられると，どのようにしてユニットは重みを調整するのであろうか。まず，各入力に対する重みが変化することによって，どれぐらい誤差が増減するかが測られる。それから，各ユニットにおいて誤差を取り除くのではなく，誤差が減少するよう，それぞれの重みを調整する。学習用データの各サンプルに対して重みを調整することにより，ゆっくりではあるが重みは最適値に近づいていく。目的は入力値のパターンを一般化し，特定することであり，学習用データを記憶することではない点に注意してほしい。重みを調整する過程は，全力疾走ではなく，ゆっくりと散歩するようなものである。十分な生成物

を通じてデータを十分に学習したら，ネットワーク上の重みはもはや大きく変化せず，誤差も減少しない。この時点で学習を終える。ネットワークは入力値におけるパターンを認識したはずである。

重みを調整するこの手法は一般化デルタ（generalized delta）ルールと呼ばれ，2つの重要なパラメータがある。1つは慣性パラメータ（momentum）であり，このパラメータは各ユニット内の重みをそれ以前の方向（direction）と比べてどれぐらい変化させるかを決定する。すなわち，それぞれの重みはより大きくなるか，より小さくなるかを記憶し，慣性パラメータは同じ方向に保とうとするのである。高い慣性パラメータを持つネットワークは，重みの向きを変えようとするデータへの反応が遅い。慣性パラメータが低い場合，重みはより自由に動くことが可能となる。

学習率（learning rate）はどれだけ重みが変化するかを制御する。学習率における最良のアプローチは，大きな値から始めてネットワークが学習するにつれてゆっくりと重みを小さくさせる方法である。最初は，重みは乱数によって決められるので，最適な重みに近づくには，大きな変動があったほうがよい。しかしながら，最適解に近づくにつれて学習率はネットワークが最適な重みになるように減少していかなくてはならない。

研究者たちは，何百というニューラルネットワークの学習方法を創造してきた（「◆最適な学習」を参照）。それぞれのアプローチは長所と短所がある。すべてのケースにおいて彼らが求めているのは，ネットワークを素早く最適解に到達させるような学習の技術である。ニューラルネットワークのパッケージソフトウェアのなかには，ユーザーの問題に対して最適解を得る試みができるように多数の学習方法を提供しているものもある。

## 3.5.2　ニューラルネットワークの枝刈り

どんな学習方法でも注意しなければならないのは局所解（local optimum）に陥ることである。これは，ネットワークが学習用データに満足な結果を与え，パフォーマンスがこれ以上改善しない重みに調整されたときに起こる。しかしながら，とても良い解をもたらす（ネットワークで求めたそれとは著しく異な

る）いくつか他の重みの組み合わせも存在する。これは，急勾配の道を選びながら山の頂上に登ろうとし，近くの丘の頂上に登ったにすぎないことを発見するのに似ている。局所的な最適解を見つけ出すことと，大局的な最適解を見つけ出すことの間には，ある種の緊張状態が存在する。

もう1つの危険性はオーバーフィッティング（overfitting）である。ネットワークが複数回同じデータで成長させられるとき，データを認識し始めて，そして学習用データ上の誤差をゼロに近づける。このとき，学習は学習用データの目的値を予測するために，重みの最適解を見つける。オーバーフィットしたモデルは一般的に良くない。学習はこの時点の前に止められるべきである。では，いつか。答えは，決定木の枝刈りと類似した方法で検証されることによって提供される。

学習する間，重みは学習用データでの各学習サイクルごとに記録される。各々の重みは候補となる異なるモデルを表している。これらのモデルは検証用データに適用され，検証用データにおいて最も少ない誤差を持つモデルが最終的なモデルとして選ばれる。

図3.8 は，SAS Enterprise Miner による，ニューラルネットワークモデルの

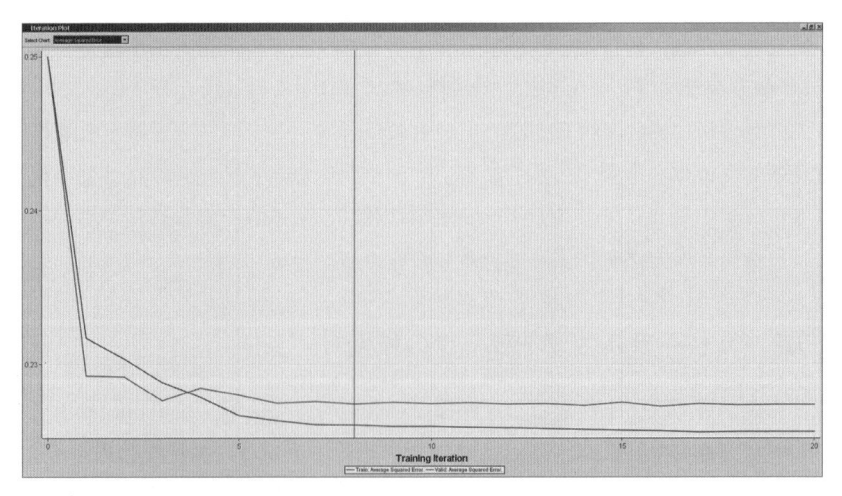

**図3.8** 20回の反復学習の後，学習用データ上の誤差はゼロに近づくが，検証用データ上の誤差はちょうど7回目の反復の後，最も低い値に到達している。

枝刈りの結果を示すグラフである。グラフは 20 の生成物の推移における
ニューラルネットワークモデルの平均 2 乗誤差を示す。20 回反復すること
により，学習用データ上の誤差（平均 2 乗誤差，ASE として測られる）はほぼゼ
ロまで低下する。縦軸は検証用データにおいて最小化された誤差の反復時点を
示している。7 回の反復の後，さらなる学習は，モデルを改善したというより
むしろ，学習用データにおけるノイズ（noise）を記憶している。

### ◆最適な学習

ネットワークを学習する最初の実践的なアルゴリズムである誤差逆伝播法
（back propagation）は，ネットワークを学習するには不効率な方法である。
ニューラルネットワークの学習は最適化問題であり，そこにはいくつかの異な
るアプローチがある。

最適な重みを見つけることは，いくつかの理由で難しい問題となる。1 つは，
ネットワークには多くの結合があり，それゆえかなり多くの異なる重みが考え
られる。あるネットワークが 28 の重み（たとえば 7 つの入力層と 3 つの隠れ
層のノード）を持つとする。それぞれの重みに対してほんの 2 つの値のすべて
の組み合わせを試すと，$2^{28}$（つまり 2 億 5000 万以上）の組み合わせになる。
10 個の値のすべての組み合わせを試すことは法外な多さになる。

2 つ目の問題は対称性である。一般的に，最適解は 1 つではない。事実，隠
れ層のユニットを複数持っているニューラルネットワークにおいては，いつも
多数の最適値がある。なぜなら，隠れ層の重みは他の隠れ層の重みと完全に交
換することも可能だからである。多数の最適値を持っているという問題は，最
適解を探すことを複雑にする。さらに悪いことに，最適解は丘の上（tops of a
hill）のようではない。言い換えれば，最適解は尾根（ridge）のようであり，し
たがって 1 つだけの値ではない。このことが最適値を見つけることをさらに複
雑にしている。

最適値を見つけるための 1 つのアプローチは丘登り（hill climbing）と呼ばれ
る。ランダムな重みデータから開始し，それぞれの重みに小さな変化を与えな
がら，それぞれの方向の一歩を考える。小さな一歩が誤差を減らすのに最適な
働きをするものはどれでも選んで，作業を繰り返す。これは登り道を進むだけ
で，最も高い地点がどこにあるかを見つけるようなものである。多くの場合，
高い山よりも小さな山の頂上にたどり着く。

丘登りの 1 つの変形としては，大きな一歩から開始し，しだいに歩幅を減ら
していくことである（巨人は蟻よりも，近くの山の頂上を探すのに良い仕事を
するだろう）。焼き戻しシミュレーション（simulated annealing）と呼ばれる関

連したアルゴリズムは，丘登りにランダムな値を注入する。ランダム性は，液体が固体になるときの結晶がいかに形づくられるかを扱う物理理論に基づいている（結晶体は物理分野における最適化の事例である）。巻き戻しシミュレーションも丘登りも，とても多くの反復を要求する（これらの反復は計算的に不経済である。なぜなら，すべての学習用データにネットワークの学習をさせ，それぞれのステップごとに何度も何度も反復を要求するからである）。

　学習へのより統計学的なアプローチはクイックプロップ（quickprop）アルゴリズムである。このアルゴリズムはいくつかの異なる重みデータを試し，それからどこに最適解があるかを推測するという，複次元の幾何学のアイデアを利用している。各々の重みデータは複数空間の一時点として捉えられる。いくつかの異なるデータを試した後に，アルゴリズムは複次元の放物線をその時点にあてはめる。放物線は1つの最小値（あるいは最大値）を持つU字型曲線である。クイックプロップはこの範囲内に新しい重みデータがあるうちは続く。このプロセスもまた反復を必要とするが，クイックプロップは誤差逆伝播法よりも早く良い値を作り上げる。

　傾斜変動（conjugate-gradient）アルゴリズムやレベンバーグ・マーカート法（LM法，Levenberg-Marquardt）のような，他の多くの学習アルゴリズムも利用可能である。これらは最適な重みへの探索の詳細が異なる。どのアルゴリズムも最適解を作り出すことを保証しない。すべてのアルゴリズムは解に収束し，通常，解はとても良好である（可能な限りの最適であることを保証しないだけである）。

## 3.6　RBFネットワーク

　RBF（radial basis function）ネットワークは，もう1種類のニューラルネットワークである。それらは多層パーセプトロン（MLPs）と2つの重要な点で異なる。1つは，生物学というよりも幾何学に解釈を頼るということである。もう1つは，学習方法が異なり，RBFのノードの出力値の結合に使われる重みの最適化に加えて，ノード自体に最適化されうるパラメータを持っているからである。

### 3.6.1 RBF ネットワークの概観

多層パーセプトロンを表す図3.4のような図は，RBFネットワークを意味するためにも再利用することができる。しかしここでは，隠れ層のノードは生物学というよりむしろ幾何学として描かれている。ニューラルネットワークの他の形式と同じように，RBFネットワークによって学習されたデータはつねに数値的であるので，どんな入力レコードも空間上の点と解釈することができる。RBFネットワークでは，隠れ層のノードは同じ空間上の点でもある。それぞれには，入力変数があるのと同じくらい多くの集合を持つベクトルによって特定されるアドレスがある。

結合関数と伝達関数の代わりに，RBFのノードは距離関数と伝達関数を包含している。距離関数は標準的ユークリッド関数で，各次元に沿ったSSD（sum of the squared differences）の平方根である。ノードの出力は入力値がどれぐらい近いかという非線形関数で，入力値が近ければ近いほど，出力は強くなる。RFBの名におけるラジアル（radial）とは，RBFのノードから同じ距離にあるすべての入力値は同じ出力値を作るという事実からくる。2次元においては，これらの点は円を形成し，3次元だと球になり，以下同様である。

RBFのノードは隠れ層にあり，伝達関数も持っている。MLPネットワークで一般的に使われるS字型伝達関数の代わりに，これらはガウス関数（Gaussian）と呼ばれるベル型関数（bell-shaped function）である。ガウス曲線は，おなじみの正規曲線の多次元における一般化したものである。

多層パーセプトロンと違って，RBFネットワークは入力層と隠れ層の間の結合に関連したどんな重みも持たない。重みの代わりに，この層はRBFのノードの位置，幅，そして高さを持つ。重みは隠れ層と出力層の間の結合と関連している。MLPと同様に，RBFネットワークが学習するとき，これらの重みは最適化される。RBFネットワークの出力層のノードはMLPのそれらと同じである。RBFネットワークは，結合関数（通常は入力値の加重和）と，しばしば線形かロジスティックである伝達関数を包含している。

ネットワークへより多くの入力値が追加されるにつれ，ネットワークの振る舞いはより複雑になる。図3.9は3次元で起こっている様子を示している。

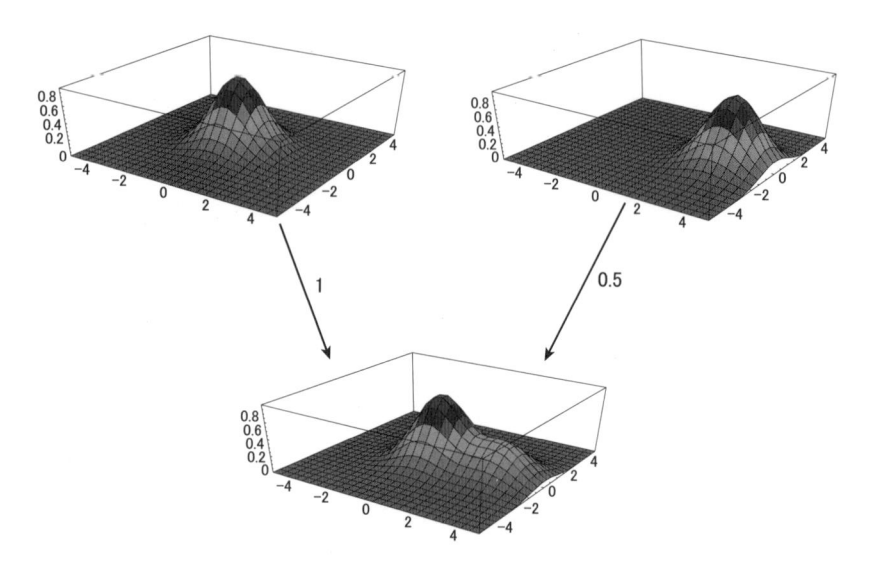

**図3.9** 2つのガウス曲線の面が出力の面を作るために加えられる。

各々のガウス曲線は隠れ層のノードの位置に集中している。ガウス曲線の高さと幅は固定されるか，あるいは重みのように学習できるパラメータともなる。

通常，RBFネットワークの出力層の伝達関数は線形で，RBF層からの出力と関連した学習できる重みを持つ。図3.9は，等しい高さと広さを持つ，しかし中心が異なる2つのRBFの出力が，出力の表面を作るために，1と0.5の重みを用いて結合されている。

## 3.6.2 RBFの位置を選ぶ

各々のRBFのノードの出力は，入力レコードにどれだけ近いかという関数である。したがって，明確にノードの配置が重要である。図3.10に図示した1つの戦略は，出力値のパターンに仮説を立てずに，平等に空間を覆う位置を選ぶことである。

他のアプローチは，RBFがクラスタの中心に位置づけられるために，入力データにおけるクラスタの検出から始めることである。このアイデアは，入力データの各セグメントに強く反応するRBFを保証することによって，RBFネ

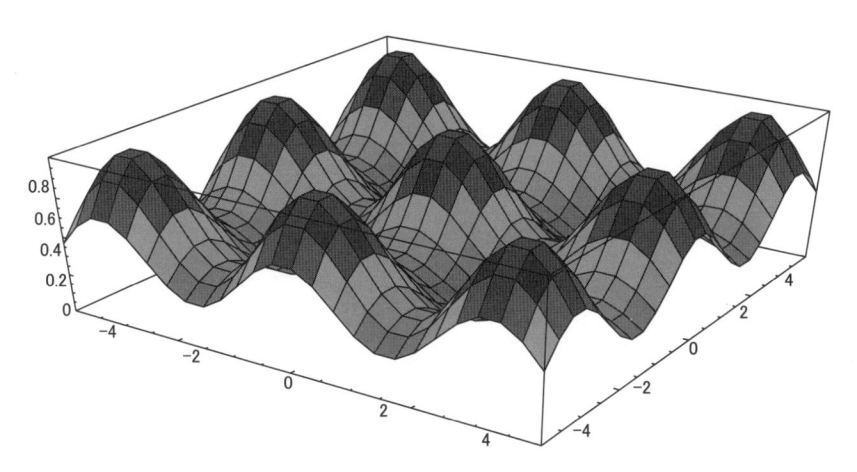

**図3.10** RBFは入力空間の一様な適用範囲を提供するために格子状に位置づけられる。

ットワークに有利なスタートを切らせることである。

### 3.6.3　普遍的な近似

　ニューラルネットワークは，データから局所的ルールを発見する能力から多くの力を得ている。図3.9と図3.11は，RBFが複雑な曲線と表面を形づくる

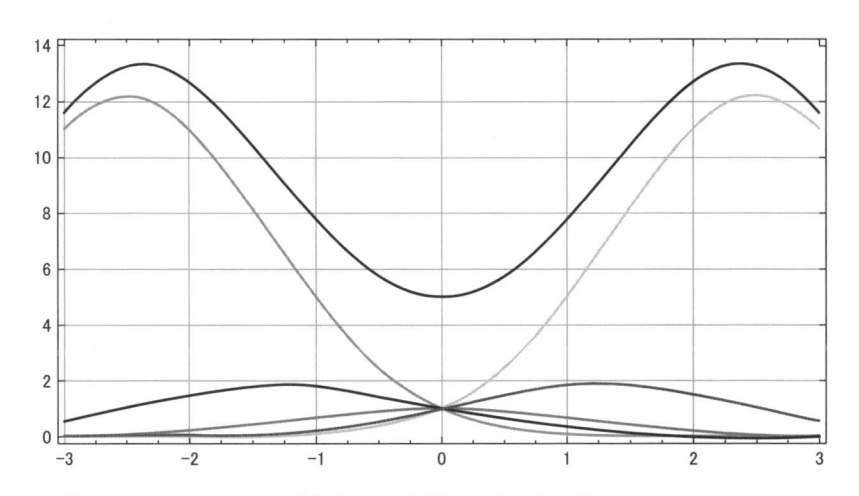

**図3.11**　いくつかのベル型曲線が正弦関数の出力曲線を作るために加えられる。

ためにどのように結合されるかを示している。ネットワークに十分なRBFノードがあれば，好き勝手に入り組んだRBFネットワークはどんな関数でも近似できる。

図3.12は，多層パーセプトロンはRBFネットワークと同じぐらい用途が広

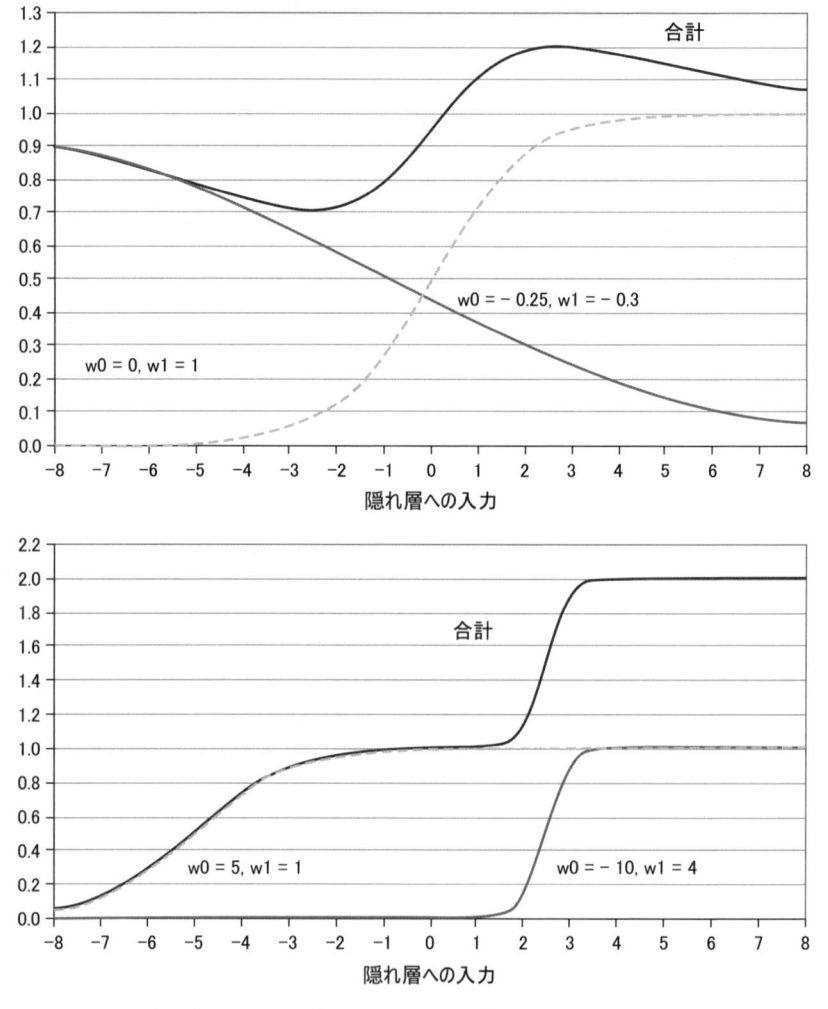

**図3.12** 2つの隠れ層のノードを持つMLPの重みを変えることで多様な出力曲線を導く。

いことを示している。各々のチャートは，それぞれ1つの可変的な入力値と偏りを持っている2つの隠れ層のノードの合計を描いている。入力値と関連した重みを調整することによって，上図のような穏やかな波となり，あるいは下図のような2ステップ関数となり，あるいは無数の他の連続曲線になる。

MLPネットワークのノードにおける活性化関数は低く始まって高く成長し，その間に線形エリアがある。RBFネットワークにおいては，活性化関数は低く始まって高く成長し，それから低くなる（頂上は各々のRBFノードに対する位置パラメータである）。これらの活性化関数のタイプは両方ともデータ内部の局所的現象を発見することができる。局所的現象の事例は，確かな方法で動く明確な顧客グループである。

この特性はRBFとMLPの普遍的な近似 (universal approximator) の事例を作る。普遍的な近似は，ニューラルネットワークがより複雑になれば，どんな関数にも適合できるという理論的コンセプトである。決定木は同じ特性を持っている。どの葉も1つの先端だけになるまで，ますます精錬され小さな葉を持つ決定木を想像してみよう。この理論的な特性は，ニューラルネットワークは完全なモデルを作り出すという意味ではない。それは，MLPとRBFは両方とも理論的に回帰だけよりも良いモデルを作ることができるという意味である。

## 3.7 ニューラルネットワークの実際

不動産鑑定の事例は，分類や予測のためのモデルを構築するという最も一般的なニューラルネットワークの利用法を示した。手順をまとめると，以下のようになる。

1. 入力と出力の項目を決める。
2. 入力値を標準化する。
3. ネットワークを適切なトポロジーに設定する。
4. 学習用データでネットワークを学習させる。
5. 検証用データを使い，誤差を最小にする重みを選ぶ。
6. テスト用データを用いて，ネットワークの働きを評価する。

7. ネットワークから生成されたモデルを，未知の入力値に対する結果を予測することに適用する。

幸運にも，データマイニングのソフトウェアは現在これらの手順のほとんどを自動的に実行する。内部の働きに深い知識が必要ないとはいえ，ネットワークをうまく利用するためのポイントがいくつかある。

- すべての予測モデルツールに言えるが，最も重要な課題は適切な学習用データを選ぶことである。
- 第2に，ネットワークの持つパターンを認識する能力を最大化するようなデータを用いること。
- 第3に，ネットワークからの結果を解釈すること。
- 最後に，ネットワークトポロジーや学習を制御するパラメータなどの，ネットワークの働きに関する詳細を理解すること。それによってネットワークのより良いパフォーマンスを引き出すことができる。

予測や分類を実行するモデルに伴う1つの危険性として，モデルが古くなってしまうことがある（ニューラルネットワークも例外ではない）。査定の事例の場合，学習用データに基づいた住宅の概要から査定価格を予測することによって，ニューラルネットワークに過去のパターンを学習させた。このとき，現在の市況が，先週，先月，または6カ月前と，つまり学習用データが作られた時期のものと一致する保証はない。新しい住宅は毎日売買されており，学習用データにはなかった市場実勢をつくり，それに反応しているのである。金利レートの上昇や下降，もしくはインフレなどの要因は，査定価格を急速に変動させる。ニューラルネットワークのモデルを最新に保持し続ける問題は，2つの要因によってより難しくなる。

- モデル自体をルールという形で表現することが容易ではないために，モデルが古くなったことがわかりにくい。
- ニューラルネットワークが退化するとき，パフォーマンスの減少をわかりにくくしながら，体よく退化する傾向がある。

要するに，モデルは徐々にしか古くならないので，いつも最新のものかどうかは明確にはわからないのである。

その解決方法は，ニューラルネットワークに最新のデータを組み込むことである。学習段階に戻って，新しい値を代入するのは1つの方法である。この方法は，ネットワークがかなり正確であるうえに，最新データを追加してさらに精度を向上させたいような，少しだけ手直しが必要なときに有効なアプローチである。他のアプローチは，学習用データに新しいデータを加えて（あるいは古いデータを取り除いて），まったく新しいネットワークの学習を最初からやり直す方法である。この場合，おそらくトポロジーさえも異なるだろう。この方法は，市況が大きく変化した場合や，学習用データで見つけたパターンがもはや適さなくなった場合に使用する。

データマイニングの良い循環は，データマイニングの活動から結果を判断することに高い価値がある。これらの測定方法は，ニューラルネットワークのモデルが再訓練されなければならないとき，与えられたモデルが老化することに対してどれぐらい影響されやすいかを理解することに役立つ。

> **注意** ニューラルネットワークは，モデルの生成に利用した学習用データに対してのみ，良いモデルになっている。モデルは静的であるので，最新のモデルとして保持し，利用し続けるには，学習用データに最近のデータを追加して，ネットワークを再学習させる（あるいは，はじめから新しく学習をやり直す）必要がある。

## 3.8 学習用データを選ぶ

学習用データは予測値や分類が既知であるレコードから成り立っている。適切な学習用データを選ぶことは，すべてのデータマイニングのモデリングにとって重要である。他の仕事がどんなに良くても，貧弱な学習用データがネットワークを決定づける。幸い，適切な学習用データを選ぶのに気をつけなければならないことはわずかしかない。

## 3.8.1 すべての項目について値をカバーしていること

データを選択する上で最も重要なことは，学習用データは，出力値も含めてネットワークが出会うであろうすべての項目の値をすべての範囲についてカバーしている必要があることである．不動産鑑定の事例をあげると，高価でない家と高価な家，大きな家と小さな家，車庫のある家とない家を含んでいる，という意味である．学習用データは，カテゴリ入力値や数値的な入力値のすみからすみまでの値に対する各々の分類のデータを多く含むべきである．目標は，入力値のすべての分布を捉える学習用データである．

## 3.8.2 項目の数

入力項目の数はニューラルネットワークに2つの面で影響を与える．1つは，ネットワークへの入力値としてより多くの項目が使われるほど，より大きなネットワークが必要となり，オーバーフィッティングの危険性と学習用データのサイズが大きくなることである．他には，項目の数が多いほど，ネットワークの重みに対する収束に時間がかかることである．さらに，項目の数が多すぎると，重みは最適解には近づかない．

## 3.8.3 学習用データのサイズ

ネットワークにより多くの項目があると，データにおけるパターンを広く捕捉するためにより大きな学習用データが必要となる．不幸にも，項目数と学習用データサイズの関係を示す簡単なルールはない．しかしながら，数千の列で始めるのは良い．筆者たちはわずか6つか7つの入力値を持つニューラルネットワークで仕事をしたが，学習用データは数十万列も含んでいた．概して，学習用データが多くなるのは良いことである．大規模な学習用データの良くない傾向は，ニューラルネットワークの学習を長くさせることである．

### 3.8.4　出力値の数と範囲

　一般的に，入力値がよく値をカバーしていると，出力値もよくカバーする結果になる。学習用データが期待された範囲全体にわたって出力値を作り出すことを確認するのは価値がある。加えて，もしネットワークが出力層に複数のノードを持っていたら，学習用データはそれぞれのノードから期待される出力値の全範囲を生成すべきである。

> **ヒント**　ニューラルネットワークの学習用データは，項目がとりうる値のすべてをカバーするのに十分な大きさでなくてはならない。それぞれの入力値のデータは，数百，数千でなくても，少なくとも数十は欲しい。

### 3.8.5　MLP（多層パーセプトロン）を利用するための経験則

　洗練されたニューラルネットワークのパッケージにおいても，ニューラルネットワークから最適な結果を得るには努力を要する。この項では，良い結果を獲得するためのネットワークの設定方法を取り扱う。

　おそらく最も重要な決定は隠れ層のユニット数である。ユニット数が多ければ多いほど，ネットワークはより多くのパターンを認識する。これは，とても大きな隠れ層にすればよいと主張しているかもしれない。しかしながら，これには欠点がある。ネットワークは学習用データから一般化を導く代わりに，記憶することに終始してしまうかもしれないのである。この場合，ユニット数が多いことは必ずしも良いことにはならない。幸いなことに，ネットワークがオーバーフィッティングしたときには，それを簡単に検出することができる。もしネットワークが学習用データではとても良いパフォーマンスであるのに，検証用データではとても悪い場合，学習用データの傾向だけを記憶していることを示している。いくつかのニューラルネットワークのソフトウェアパッケージでは，検証用データの誤差を最小にするモデルを選ぶ過程を自動化している。

　隠れ層はどのくらいの大きさがいいのだろうか。真の解答は誰にもわからない。それはデータや検出されたパターン，ネットワークの種類に依存する。

オーバーフィッティングは重要な問題であるので，入力層の数以上に隠れ層を作らない。隠れ層のノードを1つ，2つ，そして3つと試してみることである。少ない数の隠れ層であっても，柔軟な非線形モデルを作り出す。

　ネットワークを分類に用いるとき，1つの方法はそれぞれが特定のクラスに分かれると期待するクラスごとに1つの隠れノードで始めることである。

　もう1つの決定は学習用データのサイズである。学習用データは各項目に対して可能な入力値の範囲を十分カバーする大きさでなければならない。さらに，ネットワークのそれぞれの重みについて，ある程度のサイズを持つ学習用データが欲しい。$s$ 個の入力ユニット，$h$ 個の隠れユニット，1個の出力を持つ MLP ネットワークは，ネットワーク内に $h \times (s+1) + h + 1$ 個の重みがある（各隠れ層のノードは入力層との各連結に対する重み，バイアスに対する付加的な重み，それと出力層との連結とそのバイアスに対する重みを持っている）。たとえば，15の入力項目と10の隠れユニットがあれば，171の重みがネットワーク内に存在する。それぞれの重みに対して多くのサンプルを持つべきである。重みごとに100サンプルを要求すると，学習用データは少なくとも1万7100個あるべきとなる。それは，重みにつき100のサンプルが十分であることを（そうではないかもしれないが）仮定している。

　誤差逆伝播法を利用するとき，学習率と慣性パラメータは良い結果を導き出すためにとても重要である。最初は，重みを大きく修正させるために学習率は高く設定するべきである。学習が進むにつれて，ネットワークを微調整するために学習率を低下させていくべきである。慣性パラメータは，意味のない重み付近での振動を防ぐことによって，ネットワークをより早く解に到達させてくれる。

## 3.9　データを準備する

　入力データの準備はニューラルネットワークを用いる上で最も複雑な要素である。ニューラルネットワークにおけるデータの準備は，他の多くの手法より大きく立ちはだかる。なぜなら，ニューラルネットワークは入力値をより以上に必要とするからである。決定木（decision tree）のルールが給料を6万8000

ドル未満と6万8000ドル以上に分けたとき，7万ドルの給料と700万ドルの給料は同じように扱われる。入力値に重みを掛け，それらを合計し，いくつかの非線形関数を適用するニューラルネットワークは，その差異によって大いに影響を受けるかもしれない。

ニューラルネットワークにおいて極めて重要なことは，すべての入力値が数値的で狭い範囲にあることである。これは，カテゴリデータ（categorical data）に対して良好な数値的表現を見いだすことを意味する。ほんの少しだけカテゴリ値があるときは，指示変数（indicator variable）を使うことは良い方法である。多くのカテゴリ値がある場合は，より良い方法は，カテゴリ値の自然な順序を見つけること，あるいはカテゴリによって変わる数値的属性とカテゴリ値を入れ替えることである。そのことはまた，伝達関数の線形に近い部分においては，数値的入力値がほとんどゼロに近づくことを確信させる。標準化は推奨できる方法である。

ニューラルネットワークはデータから出てくる問題に敏感であるので，とくに問題領域に関するデータマイナーの知識を具体的に表現するデータの変換に注意を要する。次の「◆温度計コード（thermometer code）」はこのような変換を示している。

### ◆温度計コード

ここに，変数の範囲の一部分における変化が範囲の他の部分の変化より重要なときに適用される興味深い変換がある。たとえば，多くのマーケティングの応用においては，子供がいないのと，子供が1人いるのとでは大きな違いがある。しかし，おそらく4人か5人かは大きな違いはない。子供の数は「温度計コード」に従って次のように変換されている。

$$0 \to 0000 = 0/16 = 0.0000$$
$$1 \to 1000 = 8/16 = 0.5000$$
$$2 \to 1100 = 12/16 = 0.7500$$
$$3 \to 1110 = 14/16 = 0.8750$$
$$4 \to 1111 = 15/16 = 0.9375$$

この名前は，温度計内の水銀柱のように，1の数列が一方から始まり，値が上昇していくことからきている（この数列は0と15の間の整数を2進法で表現し

```
子供の数
  1
  0
  0
  2
  4
  1
```

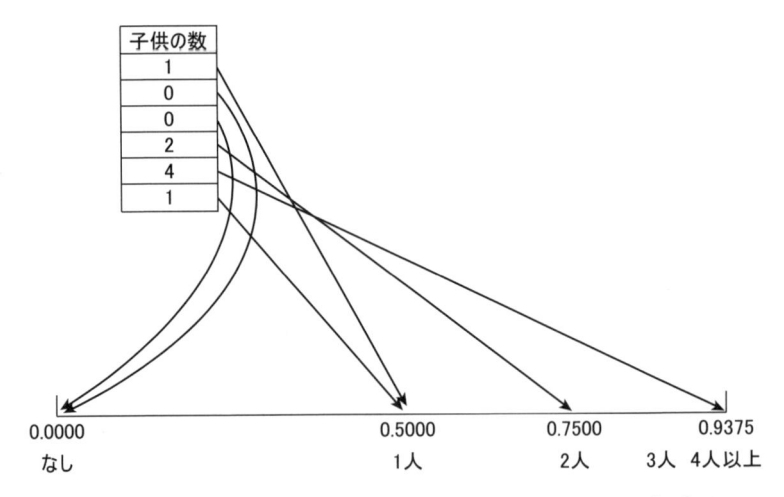

|0.0000|0.5000|0.7500|0.9375|
|なし|1人|2人|3人 4人以上|

コードが固有の順序を持つとき，それらは単位区間にマッピングできる。

たと言い換えることができる）。入力を 16 で割ったものを 0 から 0.9375 の範囲（ニューラルネットワークの入力値の適切な範囲）に置く。温度計コードを用いれば，子供の数の変換は，0（子供なし），0.5（子供 1 人），0.75（子供 2 人），0.875（子供 3 人）などと割り当てられる。

温度計コードはコーディングにより重要な情報を組み込む 1 つの方法である。近くなくてはいけないと思える値に対して，それらの値が近くに保たれるようにコーディングする。この種の知識はニューラルネットワークの結果を改善することができる（既知のことを発見しないように）。どのぐらい近くあるべきかという直感的な考えに互いに近いコードが合致するように，値を単位区間 [0～1] にマッピングする。

## 3.10　ニューラルネットワークの出力を解釈する

出力層で使われる伝達関数は，出力値の解釈を変える。線形伝達関数はどの範囲でも計算することができる。そのため，ターゲット変数は変換されていない数値であり，ネットワークの出力値はターゲットに対する計算された値として，直接解釈できる。ロジスティック伝達関数は直接確率を計算することが可能で，それゆえターゲット変数が 0 と 1 として表される 2 つの結果を持つ 2 進

数のとき，ネットワークの出力値は，入力レコードが1として表されるカテゴリに属する確率の計算として直接解釈できる。

いくつかの場合においては単純ではない。もし，ニューラルネットワークが学習する前にいくつかの変換を通じてターゲット変数が作られたら，本来のユニットで計算された値を得るためにネットワークの出力値に逆変換を適用しなければならない。出力値の分布は学習用データにおける目的値の分布を反映している。したがって，もし「解約（churn）」が1の値を，「非解約（no-churn）」が−1の値を与えられたら，出力値は1の近くでは解約を，−1の近くでは非解約を表現する。ネットワークの学習により算出された平均値は，学習用データの平均値に近づこうとする。もし，元の学習用データの50％が解約であれば，出力値の平均は0.0に近づくだろう。0.0より高い値は解約であり，0.0より低い値は非解約である。これらの出力値は，検証用データを評価し，出力値の異なる範囲に対する各々の分類の比率を測定することによって，確率的推定（probability estimate）に変わりうる。

図3.13では，目盛りは0.2の間隔である。−0.4と0.4の間の出力値は，2つのサンプルがカテゴリA，2つのサンプルがカテゴリBである。すなわち，その範囲のスコアは50％の確率でどちらかに分類されることを示している。0.4以上のスコアである検証用データはすべてBであり，−0.4以下のスコアである検証用データはすべてAである。

もちろん，役に立つ確率的推定をするには，10のサンプルでは十分でない。図は，単にアイデアを示しているにすぎない。

> **ヒント** ニューラルネットワークは連続値を導き出すため，ネットワークからの出力値は，カテゴリ的な結果（分類で用いられる）に対して解釈することが難しい。出力値の閾値を決める最も良い方法は，学習用データとは完全に分けた検証用データをネットワークに走らせ，検証用データから得た結果でネットワークの出力値をカテゴリに分けることである。多くの場合，ネットワークはそれぞれのカテゴリに対して別々の出力を行うことができる。すなわち，それはカテゴリに対する「傾向（propensity）」である。別々の出力を行ったとしても，出力値の閾値を決めるためには，やはり検証用データが必要である。

出力値が出力スコアの各々の範囲内における各カテゴリの割合が計算された

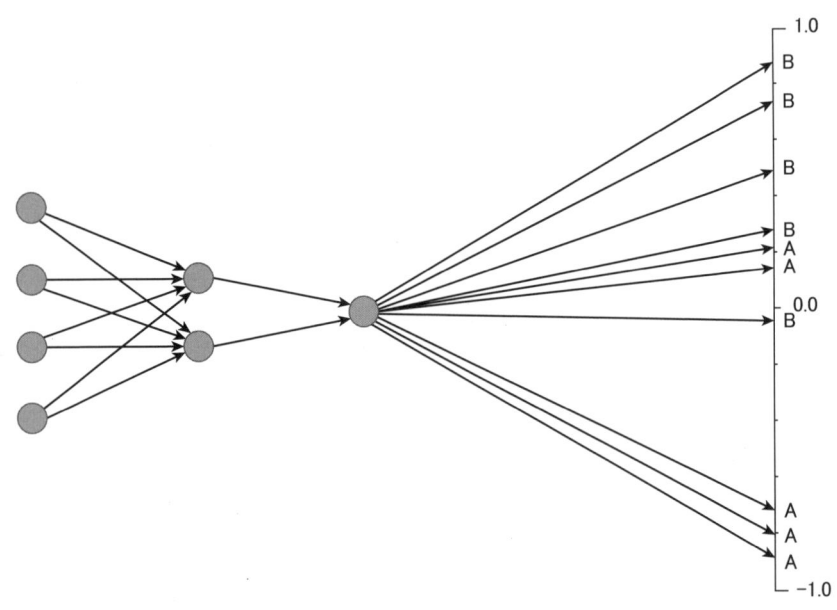

**図3.13** 検証用データのサンプルにニューラルネットワークを走らせることは，どのように結果を解釈すべきかを決めるのに役立つ。

順序数（ordinal）であるとき，このアプローチは3つ以上のカテゴリにも簡単に拡張することができる。順序数でない複数のカテゴリに対して，しばしばカテゴリの数値的属性に基づいて自然な順序が発見できる。あるいは，複数の出力値（各カテゴリに対して1つ）を持つネットワークを作る方法がある。各出力値はそのカテゴリが正しいものであるという証拠の強さを表す。出力値の相対的強弱のいくつかの関数に基づいた信頼を伴って，入力値は最も高い出力値でラベルを割り当てられる。このアプローチは，結果が排他的でないとき，とくに貴重である。たとえば，買い物客がいくつかの売り場で買い物をする場合などである。

## 3.11 時系列に対するニューラルネットワーク

多くのビジネスの問題では，データは当然，時系列であることが多い。そのような系列のサンプルデータとしては，IBM株の終値やユーロのUSドル為替

レートの日次データ，将来のある時点において反応するだろう顧客数の予測，あるいはメーカーが生産する必要のあるシャンプーの量などがある。金融における時系列の場合，時勢が上がるか下がるかにかかわらず次期の値を予測できる人は，他の投資家に比べて非常に有利である。

### 3.11.1　時系列モデリング

　時系列のモデリングでは，関心のある何かが異なる時点で測定される。前の章では，コーヒー焙煎工場における測定の事例を提供した。株式市場の株価，毎週どれぐらいの製品が作られるか，新しく始める顧客の数など，他にも例は多い。

　時系列をモデル化する1つの方法は，必要とされるだけ多くのタイムラグに対して，与えられた時間 $t$ における値と，それ以前の時期 $t-1$, $t-2$, $t-3$ などにおける値の間に関係性があると仮定することである。表3.3に示されている10日間の時系列データは簡単に，表3.4に示される終値に対してタイムラグを考慮した観測データに変えることができる。

表3.3　時系列

| データ要素 | 曜日 | 終値 |
|---|---|---|
| 1 | 1 | $40.25 |
| 2 | 2 | $41.00 |
| 3 | 3 | $39.25 |
| 4 | 4 | $39.75 |
| 5 | 5 | $40.50 |
| 6 | 1 | $40.50 |
| 7 | 2 | $40.75 |
| 8 | 3 | $41.25 |
| 9 | 4 | $42.00 |
| 10 | 5 | $41.50 |

表3.4　タイムラグのある時系列

| データ要素 | 曜日 | 終値 | 前日の終値 | 前々日の終値 |
|---|---|---|---|---|
| 1 | 1 | $40.25 | | |
| 2 | 2 | $41.00 | $40.25 | |
| 3 | 3 | $39.25 | $41.00 | $40.25 |
| 4 | 4 | $39.75 | $39.25 | $41.00 |
| 5 | 5 | $40.50 | $39.75 | $39.25 |
| 6 | 1 | $40.50 | $40.50 | $39.75 |
| 7 | 2 | $40.75 | $40.50 | $40.50 |
| 8 | 3 | $41.25 | $40.75 | $40.50 |
| 9 | 4 | $42.00 | $41.25 | $40.75 |
| 10 | 5 | $41.50 | $42.00 | $41.25 |

時系列データは 1 つの時系列だけからなるデータに制限されないことに注意する。複数の入力値を扱うことができる。たとえば、ユーロの対 US ドルの為替レートの値を予測するためには、前日の取引高、US ドルの対日本円の為替レート、株式市場の終値、曜日など、他の時系列の情報も含めるはずである。また、一定期間調査された国々のインフレ率の発表データのような時系列でないデータも項目の候補として考慮するに違いない。

学習用データにおけるラグの数が、ネットワークが認識できるパターンの長さを決める。たとえば、株の終値を予測するネットワークに 10 の時系列のラグを設定すると、ネットワークは 2 週間以内に起こるパターンを認識することができる（為替レートは平日だけ設定されるから）。残念ながら、3 カ月後の値を予測するためにそのようなネットワークを用いることは、あまり良い考えでなく勧められない（実際に機能するとわかっていない限り）。その点において、ニューラルネットワークを用いて市場価格を予測することは、そもそも良い考えでない。

### 3.11.2 時系列ニューラルネットワークの事例

第 2 章は、コーヒー焙煎工場の測定器の指示値を予測するために、ラグのある入力値を持つ決定木 (decision tree) が用いられた事例を含んでいる。ニューラルネットワークは実は、そのような応用へのよりありふれた選択である。ニューラルネットワークは、航空機の乗客数、日々の小売の売上高、外国為替相場などの時系列データの予測に用いられてきた。ここでは、Lancaster Centre for Forecasting の Sven Crone 博士の事例を示す。

スキンケア商品 Nivea を含むブランド消費財の世界的生産者である Beiersdorf 社は何十という市場の何百という製品のために、製品レベルの予測をする必要がある。これらの予測は世界中の生産と物流の計画のために用いられている。

Crone 博士は、ニューラルネットワークに基づいたアプローチと、従来の伝統的な時系列手法である会社の基本的なアプローチを比較した。ニューラルネットワークの長所は、1 つのネットワークの構造が、異なる傾向と季節性向

を持つ時系列のモデリングを可能にすることである。伝統的な手法は，それぞれの製品あるいは地域に特有のパターンを捉えるためにモデルの手直しを必要とした。たとえば，ある製品は冬よりも夏に売れるかもしれない。ある製品は放課後のほうが売れるかもしれない。ある国では1月あるいは4月の，他の国では11月と12月の休日が重要かもしれないし，別の国では年によって休日が変わるかもしれない。何千という別々のモデルを維持し，カスタマイズすることは，グローバル企業にとって大きな問題である。

Crone博士は，ニューラルネットワークがこの目的のために使えるかどうかを見るための実験を設計した。彼は，12カ月から55カ月までの期間が異なる286の時系列データを用いた。ニューラルネットワークを時系列の初期（最初の8期から40期まで）について学習させた。それから，その結果を残りの期間と比較した。

ニューラルネットワークの予測は，現在使われているものを含む他の7つと比較された。予測は2つの尺度で比較された。予測精度の標準である平均絶対パーセント誤差（Mean Absolute Percentage Error, MAPE）と，予測した最終月に売られるユニットの絶対誤差だけでなく原価を考慮する（Beiersdorf社で好まれる）他の測定である。勝利したモデルは，10の異なるニューラルネットの推定値を平均した全体（ensemble）モデルであった。しかし，すべてのニューラルネットワークはうまくやった。そして使われている標準的な手法より，人間の介在はより少なく済んだ。

## 3.12　ニューラルネットワークのモデルを説明できるか

ニューラルネットワークは不透明である。すべてのノードのすべての重みを知ることができたとしても，ネットワークがなぜそのような結果を導き出したのかについては十分な示唆を得られない。この理解不足は，哲学的な訴えをする。結局，我々は脳のニューロンからどのように人の意識が生じているかを理解していないということである。けれども現実的な問題として，不透明性は

ネットワークが導き出す結果を理解することを妨げている。

　ネットワークに，ルールの形式で決定をどのようにしているのかを教えてくれるように頼むことさえできたらと思う。やがては，ネットワークからのルール抽出に関する研究が良い結果をもたらすかもしれない。それまでは，ニューラルネットワークのユーザーは，ニューラルネットワークが実現する予測精度のために，喜んで説明可能性を犠牲にするのである。

### 3.12.1　感度分析

　不透明なモデルの機能を理解するために，感度分析（sensitivity analysis）と呼ばれる手法を用いることができる。感度分析は明快なルールを提供するものではないが，ネットワークの結果に対する入力値の相対的な重要度を示してくれる。感度分析はテスト用データを用いて，ネットワークの出力が各入力値に対してどの程度感度が高いかを決めてくれる。基本的なステップは以下のとおりである。

1. それぞれの入力値について平均値を求める。標準化された入力値に対しては，平均値はゼロである。
2. すべての入力値が平均値であるときの，ネットワークの出力値を測定する。
3. 異なる値を通して範囲を定めるために，それぞれの入力値が修正されたとき，ネットワークの出力値を1つずつ測定する。

　ある入力値については，ネットワークの出力は入力値の変化ほどしか変わらない。ネットワークはこれらの入力値に対して感度（sensitive）が低いのである（少なくとも，他のすべての入力値が平均値であるときは）。他の入力値は，ネットワークの出力に大きな影響を及ぼす。ネットワークはそれらの入力値に対して感度が高い。出力の変化量は，各入力値に対するネットワークの感度を評価する。すべての入力値についてこれらの基準を用いることによって，それぞれの項目の重要度を相対的に測ることができる。

感度分析に関する問題は，ニューラルネットワーク内に複雑な非線形の相互作用があると，他の入力値が平均値を保持するときは何もしないように見える入力値が，ある他の入力値が極値（extreme value）のときにはとても重要になることが十分にありうるということである。

**注意** 感度分析はニューラルネットワークのためにどの入力値が重要かを説明してくれる。一方で，ニューラルネットワークの有益性は局所的なパターンを発見することであるが，そのようなパターンは容易に感度分析によって失われるかもしれない。

## 3.12.2 スコアを記述するルールを用いる

ニューラルネットワークの働きへの洞察を得ようとする他の手法は，回帰ツリー（regression tree）のためのターゲット変数として，ニューラルネットによるスコアを利用することである。ツリーモデルへの入力値は，ニューラルネットワークのモデルに対するそれらと同じである。これは，各々のノードを記述している規則とともに，そのノードの平均得点に近いレコードを含んだノードを作る。不運にも，これは高い得点と低い得点のセグメントの説明を提供するが，スコアがどのように到達されたのかについて実際に説明はしない。

ある人が特定の得点を得ることに対する説明を提供できることが重要なとき，ニューラルネットワークはまったく好都合なツールではない。あるケースでは，著者らはいろいろなモデリング技術を使用している携帯電話サービスプロバイダに対して，いくつかの摩擦モデルを作った。ニューラルネットワークは最高のリフト値を提供したが，離反する傾向が高いと得点化された顧客を維持するために何をすべきかについての洞察は提供できなかった。決定木モデルは，脱落者を見つけることとまったく同じようにはせず，高い得点は不適当な料金プランによるものか，あるいは人気のない送受話器を持っているのか，あるいは高い摩擦域に住んでいるのかを明らかにするルールを与えた。それゆえ，決定木のモデルは好まれた。

## 3.13 得られた教訓

　ニューラルネットワークは用途の広いデータマイニングツールである。多くの産業と多くの応用にわたって，ニューラルネットワークは他の手法では簡単に順応しない時系列や不正手段の発見のような複雑な分野でそれ自身を何度も立証してきた。

　人工ニューラルネットワークの発想の源は，脳がどのように機能するかという生物学的モデルである。デジタルコンピュータに先行するが，根本的なアイデアは有益であると証明されている。生物学では，ニューロンは入力値がある閾値に達したあとに発火する。このモデルはコンピュータでも実装することができる。その分野は実際に，統計家がそれらを使い，より理解し始めた1980年代から始まっている。

　ニューラルネットワークは互いに結合された人工ニューロンで構成されている。各ニューロンはさまざまな入力値，それらの結合，そして出力を導き出すという生物学的な対象物を模倣している。コンピュータ上のニューロンは多数のプロセスを経るので，活性化関数がニューロンを特徴づける。多くの場合，この関数は入力値の加重計算を用い，S字型の関数を当てはめる。結果は，あるときは線形に振る舞い，あるときは非線形に振る舞うノードになる（標準的な統計手法の改善である）。

　予測モデルの最も一般的なネットワークは多層パーセプトロンである。RBFのネットワークも有名である。

　ニューラルネットワークはデータの準備に注意を要する。入力項目がゼロに近い狭い範囲にマッピングされたものであるとき，最も簡単に学習する。これはネットワークの学習を助ける指針となる。少しのデータが範囲から外れても，ニューラルネットワークはまだ機能する。

　ニューラルネットワークにはいくつかの欠点がある。1つは，入力変数がわずか片手ほどしかないとき，ニューラルネットワークは最高に機能するが，手法それ自身はどの変数を選べばいいかについて役に立たない。したがって，変数の選択が問題となる。ネットワークが学習するときもまた，結果としてもたらされる重みデータが最適であるという保証はない。結果の確信度を増すため

には，いくつかのネットワークを作り，最適な1つを選ぶことである。

　おそらく最も大きな問題は，ニューラルネットワークは何が起こっているかを説明できないことである。決定木はルールのリストを提示することができるので，広く普及している。ニューラルネットワークから正確なルールを得る方法はない。ある意味では，ニューラルネットワークはその重みと，とても複雑な数学的公式から説明できる。残念なことに，これを理解することは人間の能力を超えている。総体的にニューラルネットワークはとても強力でかつ良いモデルを作り出すことができる。どのようにするかはまったく我々に教えてくれないが。

# CHAPTER 4
# 最近傍アプローチ：記憶ベース推論と協調フィルタリング

　女性の話し声が後ろのほうから聞こえてきたとき，すぐに「彼女はオーストラリア出身に違いない」などと思うことがよくあるだろう．それは，その人のアクセントが，昔会ったことのあるオーストラリア人を思い出させたからである．また，初めて行くレストランなのに「きっといい店に違いない」と，とても楽しみにしてそこに出かけた経験はないだろうか．それも，味にうるさい美食家の友人が太鼓判を押してくれた店だからだろう．どちらの場合も，いままでの経験に基づいた判断であるといえる．人は新しい状況に直面したとき，過去に経験した似たような状況を思い出し，その記憶によって行動する．本章で紹介するデータマイニングの手法は，この考え方が基本となっている．

　最近傍法という手法は，類似性という概念に基づいている．記憶ベース推論（MBR）の結果も，過去の類似した状況を土台にして構築される．それは，過去に出会ったオーストラリア訛りの知人の記憶に基づいて，新しい友人がオーストラリア人であると判断するのによく似ている．もう一方の協調フィルタリング（ソーシャル情報フィルタリングとも呼ぶ）は，さらに多くの情報をもたらしてくれる．対象同士の類似性だけでなく，それらの嗜好性に関する情報も利用するからである．さきほどのおすすめレストランの話も，協調フィルタリ

ングの一例なのである。

　これらすべての手法の中心にあるのは、「類似性 (similarity)」という考え方である。何をもって、過去の事例が新しい事例に類似していると判断すればよいのか。そして次に、抽出された過去の類似事例から情報を統合する必要がある。この2つが、最近傍アプローチの基本となる概念である。

　本章ではまず、MBRの概要紹介と、それがどのように機能するかについて解説する。距離や類似度といった概念は、最近傍手法にとって重要であるので、距離の尺度 (distance metrics) について、独立した節で解説する。また、フリーテキストのような明確な幾何学的解釈を伴わないタイプのデータに対する距離の意味についても議論する。さらに、2つの事例を通じてMBRの考え方について具体的に触れていく。1つ目の事例ではさまざまな分野に対してどのようにMBRやそれに類する考え方が適用されているかを示す。2つ目は、〈探索的知識発見編〉第6章で登場するテキストマイニングとも関連深い事例である。その次はレコメンデーション、とくにウェブ上でレコメンデーションを行うための一般的なアプローチである協調フィルタリングに話題を進める。協調フィルタリングも最近傍に基づく手法の一種であるが、いくつかのレストランや映画を類似したグループに分けるのではなく、ちょっとばかり視点を変えて、それらのお店を推薦する人々をグループ分けしている。

## 4.1　記憶ベース推論 (MBR)

　経験から推論するという人間の能力は、過去から適切な事例を見つけ出す能力に依存している。病気の診断を行う医者も、不正な保険金請求をチェックする損害賠償調査官も、そして山でアミガサタケを探す場合も、みな同じような思考プロセスをたどっているといえる。はじめに自分の経験のなかから類似のケースを見いだし、次にそれらの経験から得た知識をいまの問題に当てはめるのである。これが記憶ベース推論の本質的な点である。すでにクラス分類されている過去事例レコードからなるデータベースを検索し、そのなかから新しい事例レコードに類似したいくつかの事例を見つけ、見つかった「近傍レコード (neighbor)」を使って、新しいレコードの分類や予測を行うのである。

MBR は広範囲にわたって応用されている。

- **不正の発見**：新たな取引が過去の不正取引に酷似している（または正常な取引にまったく似ていない）場合，MBR によって不正の疑いありとマークし，より詳しい調査対象として分類する。
- **顧客の反応の予測**：あるオファーに対して反応しやすい顧客は，過去の同様のオファーに反応した顧客に似ている。MBR は次に反応しやすい顧客を容易に特定することができる。
- **治療**：ある患者に対する最も効果的な治療法は，おそらく類似の患者に対して最良の結果をもたらした治療法である。MBR は最良の結果を生み出す治療法を発見できる。
- **反応の分類**：職業と産業に関する合衆国センサス調査票上の自由回答や，顧客から寄せられた苦情のような自由回答は，ある決められたコード体系に分類されなければならない。MBR はこうした自由回答を処理し，分類コードを割り当てることが可能である。

MBR の強みの1つは，データを「そのまま」の形で使えることである。他のデータマイニング手法と異なり，MBR はレコードの形式に制約がない。MBR は，次の2つの演算だけを考えればよい。その2つとは，任意の2つのレコード間の距離を計算する「距離関数（distance function）」と，複数の近傍レコードから得られた結果を統合して1つの答えを導き出す「結合関数（combination function）」である。これらの関数は多種多様なレコードに対して定義されるが，それらのレコードには地理情報や画像，音声データ，フリーテキストといった，複雑だったり一般的でないタイプのデータも含まれる。通常このようなデータは，他の分析手法で扱うことは簡単ではない。本章では，MBR の医療診断への応用を紹介する。画像処理の考え方の利点を活かし，マンモグラム（乳房の X 線写真）の異常を判断する。もう1つの事例は，音響工学の分野の話題である。人気モバイルアプリである Shazam が，MBR の考え方を用いて，どのようにして曲の断片を携帯電話に聞かせるだけで曲名を識別できるのかを説明する。

MBR のもう1つの強みはその適用範囲の広さである。MBR では，新しい

データを既存のデータベースに追加するだけで，新しいカテゴリを学習させたり，既知のカテゴリの新しい定義の再学習をさせることができるのである。また MBR は，時間をかけてデータを適切に成型したり，特徴を学習したりすることなく，良い結果を出すことができる。たとえば，Shazam アプリの楽曲認識の事例では，毎日のように新しい楽曲がデータベースに追加される。そのため，いつでも新しい曲名を見つけることができるのである。

反面，これらのメリットの裏にはデメリットもある。大量の過去データから迅速かつ容易に近傍レコードを発見しなければならないため，MBR は非常に多くの計算リソースを消費しがちである。新しいレコードを分類するには，それに最も類似したレコードを発見するために，過去のすべてのレコードを処理することが必要となる。これは学習済みのニューラルネットワークや，あらかじめ構築された決定木を適用するよりもずっと時間を要するプロセスである。また，適切な距離関数や結合関数を発見することも簡単ではなく，しばしば試行錯誤と直感力が必要となる。

### 4.1.1 look-alike モデル

look-alike モデルは MBR モデルのなかで最も単純なタイプである。というのも，このモデルが使用する近傍レコード（neighbor）は 1 つだけであるからだ。このモデルは次の 2 つから構成される。

- 既知の目標値（target value）を用いた学習用データ
- 類似性の尺度

近傍レコードにおける値がどのようなものであるにしろ，結合関数はシンプルである。look-alike モデルと類似性モデルはほとんど同じで，違うのは，類似性モデルが目標として距離を使用し，look-alike モデルは最近傍レコードからの目標情報を使用する点だけである。

## ＜ look-alike モデルの学習とスコアリング＞

　look-alike モデルのスコアリングプロセスも簡単である。あらゆる未知のレコードに対して，学習用データのなかから最も類似したレコードを見つけ出し，次に，そのレコードから得られた目標値を単に引用するだけなのである。

　では，look-alike モデルの学習プロセスはどのようなものだろうか。実は，こちらもスコアリングと同じくらい簡単である。学習用データをただ単にデータベースかどこかに蓄積し，類似度の計算方法を決定しておけばよい。

　類似度の計算方法も非常に簡単に定義できる場合がある。たとえば，学習用データにおいて入力された情報がすべて数値の場合，レコードを空間における１つの点として扱い，ユークリッド距離を類似度の定義とすればよい（付け加えるなら，事前に値を標準化しておくことを勧める）。新しいレコードと学習用データ中のレコードとのユークリッド距離は，単にそれらのレコードの間の各値の差の平方和の平方根をとることで得られる。なお，本章の後半では，楽曲名の推定に関するケーススタディを用いて，look-alike モデルよりもはるかに複雑な類似度計算方法について述べる。

## ＜ look-alike モデルおよび paired テスト＞

　look-alike モデルは，統計家が「paired テスト」と呼ぶものと関係が深い。全国規模の小売業者が何らかの新しい商品やサービスの効果を検証したい場合について考えてみよう。たとえば，新製品，新価格，新しい店舗レイアウトなど，考える対象は何でもかまわないが，こういったテストはいったいどのように行われるだろうか。よく直面する問題点として，何らかの変更を加えたのち売上が増加したとしても，その変更が売上増加の原因であると断定できないことがありうる。本当は，何もしなくても売り上げは伸びていたかもしれないのである。ではどうすれば，売上の増加が意識的な働きかけによる成果だと，確信をもって結論づけられるだろうか。

　それに対する答えが paired テストなのである。それはまず，できる限り互いに条件の類似した店同士を見つけて１つのペアにしておくことから始める。たとえば，近隣の住民特性が同じような店とか，規模や構成が同じような店，過去のキャンペーンに同じような反応や売上があった店といった具合である。店

のペアを複数見つけたら，小売り業者は各ペアの片方の店で，テストしたい施策を実施する。その後，ペアになった2つの店を比較すれば，その施策が効果的かどうかよくわかる。もし両方の店で同じように売上が増加したなら，おそらくその施策は効果的ではないだろう。そうではなく，施策を実施した店が，実施していない店に比べて著しく売上が増加したのなら，施策によって売上が増加した可能性は高いといえる。

距離という考え方（つまり等価性，類似性）を取り入れているという意味で，paired テストは look-alike モデルに非常に似ている。また，両者とも最近傍レコードでの結果を分析に利用している点も共通している。

### 4.1.2 事例：アパートの家賃の推定に MBR を用いる

look-alike モデルでは1つの最近傍レコードだけを利用したが，次の事例では2つの最近傍レコードを使う。MBR を使って，タキシードという地区でアパートを借りるときの家賃相場を，その地区に類似した2つの異なる地区の家賃データから類推しようというものである。

まず近傍レコードを特定し，次にそこから得られる情報を結合する。図 4.1 は最初の近傍レコードを特定するところをニューヨーク州の地区の散布図上で示している。散布図は地理的な配置ではなく，地区の人口（の対数目盛り）と住宅価格の中央値の2軸で表されている。この散布図からいくつか面白い発見がある。すぐに気が付くのは，ブルックリンとクイーンズはそもそも地理的に近いだけでなく，人口や住宅価格も類似しているため，この散布図上においても，近い関係にあるということである。一方でマンハッタンの住宅価格は，それだけで1グループとして独立してしまうほど高額なので，この2つの地区とはかけ離れてしまっている。

> **ヒント** 近傍レコードはさまざまな次元から発見することができる。どの次元を使うかを決めることによって，どのレコード同士が近いのかが決定する。ある場合では，地理的に近いことが重要となることもあるだろうし，別の場合では，住宅価格や平均敷地面積，人口密度などが決め手となるかもしれない。どの次元を用いるかや，距離の尺度をどう定めるかは，どんな最近傍アプローチにおいても非常に重要である。

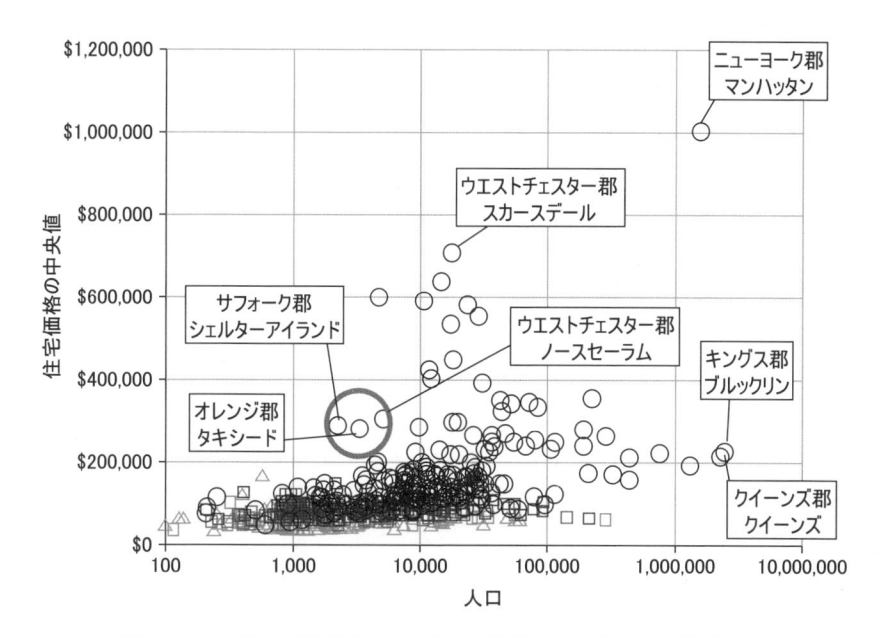

[4] 最近傍アプローチ：記憶ベース推論と協調フィルタリング  *163*

**図4.1** 2000年の国勢調査の人口と住宅価格のデータによる散布図。オレンジ郡タキシードの最近傍レコードには，シェルターアイランドとノースセーラムという2つの地区がある。

この事例での目的は，ニューヨーク州オレンジ郡タキシードという地区の家賃を，その近傍のレコードの情報から予測することである。もちろん，ここでいう近傍とは，たとえばランポ山がハドソン川とデラウェア川の間にあるといった地理的な近さではなく，地区の属性情報，すなわち人口や住宅価格の中央値に基づいた近傍レコードである。散布図上において最も近いのは，ロングアイランドのノースフォークの先端にあるシェルターアイランド（その名のとおり島である）で，次に近いのはコネチカット州との境界近くのウエストチェスターにあるノースセーラムである。この2つの地区は，人口順では真ん中あたりに位置し，住宅価格順だとトップグループに入る。シェルターアイランドとノースセーラムは何マイルも離れているが，これら2つの次元（人口と住宅価格）で見ると，両者はともにタキシードによく似ている。

近傍レコードが見つかったら，次の処理は，対象レコードの不明なターゲッ

ト変数の値を推定するために，その近傍レコードから得られる情報を統合することである。この例での目的はタキシードにおける住宅の家賃の推定であった。近傍レコードからの情報を結合する方法は複数考えられる。表4.1は，近傍レコードとして選ばれた2つ地区の2000年国勢調査の家賃に関するデータである。それぞれの地区に対し，家賃の中央値と，家賃の価格帯ごとの世帯分布が記録されている。考えなければいけないことは，近傍レコードの家賃を特徴づけるためにこのデータをどのように使うべきか，また，タキシードにおける家賃の推定値を算出するために近傍レコードの情報をどのように結合するべきかである（もちろん国勢調査局は，この表以外の家賃情報も提供している）。

表4.1 タキシードの近傍レコード

| 地区 | 人口 | 借家世帯 | 家賃 | | | | | |
|---|---|---|---|---|---|---|---|---|
| | | | 中央値 | $500未満 | $500以上$750未満 | $750以上$1,000未満 | $1,000以上$1,500未満 | $1,500以上 | 非現金 |
| シェルターアイランド | 2,228 | 160 | $804 | 3.1% | 34.6% | 31.4% | 10.7% | 3.1% | 17.0% |
| ノースセーラム | 5,173 | 244 | $1,150 | 3.0% | 10.2% | 21.6% | 30.9% | 24.2% | 10.2% |
| タキシード | 3,334 | 349 | $907 | 4.6% | 27.2% | 29.6% | 23.8% | 3.8% | 14.8% |

タキシードの最近傍レコードであるシェルターアイランドとノースセーラムは，家賃の中央値では似通っているものの，その分布は大きく異なる。シェルターアイランドでは，500ドルから750ドルの家賃で借りている家庭が34.6％で最も多い。それに比べて，ノースセーラムでは，1000ドルから1500ドルの家賃で借りている家庭が30.9％で最も多い。さらに，シェルターアイランドではわずか3.1％の世帯しか1500ドル以上の家賃を支払っていないが，ノースセーラムでは24.2％の世帯が1500ドル以上を支払っている。一方で，シェルターアイランドの家賃の「中央値」は804ドルで，最頻域の上限750ドルより高いが，ノースセーラムのそれは1150ドルで，最頻域の上限より低い。もし家賃の「平均（average）」がわかっていたら，おのおのの地区の家賃を表すのに良い代表値となったであろう。

平均家賃は各家賃価格帯の分布から推定できる。各価格帯内の平均家賃には

価格帯の範囲の中間値を使う。ただし，両端の範囲には何らかの推定が必要である。たとえば，500ドル未満の価格帯に対して平均家賃を400ドルとし，1500ドル以上の価格帯には1750ドルとした場合，次の推定平均家賃が得られる。

- シェルターアイランド　691.40ドル
- ノースセーラム　1074.50ドル

平均値は中央値に比べて，より大きく異なっている点に注意しよう。これはおそらく，それぞれの地区での家賃の分布がまったく異なるからだと考えられる。

次に2つの平均家賃を1つにまとめる方法を述べる。ここでは4つの方法が考えられる。

- 単純平均（882.95ドル）
- 借家世帯数で重み付けされた平均値（922.78ドル）
- 距離によって重み付けされた平均値
- 借家世帯数と距離の両方によって重み付けされた平均値

（正確な距離データがないので，最後の2つの推定値は計算していない。）

もう1つの方法は2つの中央値の平均値をとることで，977ドルとなる。頻繁に使われる方法ではないが，最頻価格帯の範囲の中間値をとる方法もある。

タキシードの実際の家賃の中央値は907ドルである。2つの最近傍レコードから単純平均をとると，過小評価になる。重み付けされた平均値だとやや過大評価となる。中央値を組み合わせる上記2つの方法もまた過大評価することになる。どの方法がより優れているかは明確ではない。言えることは，つねに明白で「最良」な結合関数が存在するとは限らない，ということである。

## 4.2　MBRの課題

前述の簡単な事例では，学習用データはニューヨークのすべての地区から構成されており，それぞれの地区の人口や賃貸世帯数，家賃の中央値などいくつ

かの数値データを含んでいた。データが適切な範囲に収まるように目盛りを調整した散布図上で距離を定義し，近傍レコードの数は，ここでは2個とした。そして，結合関数は近傍レコードのある種の平均とした。

これらの選択は簡単な解説事例としてはよいが，現実の課題においては必ずしも最適とはいえない。通常，MBRを用いる際には次のようないくつかの選択をすることになる。

- 適当な学習用レコードのデータセットを選択する
- 学習用レコードを表す最も効率的な方法を選択する
- 距離関数と結合関数，および近傍レコードの数を選択する

これらの手順に従って見ていくことにしよう。

## 4.2.1 過去のレコードからバランスのとれたデータセットを選択する

最近傍レコードが未知のレコードを予測できるためには，用意する学習用データは母集団を十分にカバーしていることが必要となる。ともすると，無作為抽出されたサンプルは，すべての目標値を十分にカバーしていない場合がある。出現頻度の非常に高いカテゴリがあったりすると，低頻度のカテゴリが無作為抽出サンプルから追い出されてしまう場合があることに注意しなければならない。

> ヒント　MBRのための学習用データは，各ターゲットカテゴリがその値を代表するデータをほぼ同数ずつ持つようにすべきである。通常，良い結果を得るには，各カテゴリにつき最低数十レコードは必要であり，数百あるいは数千ものレコードを用意することも珍しくはない。

バランスのとれた学習用データのほうが好ましいという点では，MBRも他の手法と同様である。たとえば，心臓疾患は肝臓がんよりずっと多く，正常なマンモグラムは異常なマンモグラムよりずっと多く，反応してくれない人は反応してくれる人よりずっと多い，といったことである。バランスを保つために，学習用データはできるだけ各カテゴリを代表するレコードをほぼ同数含む

ようにすることが必要である。

## 4.2.2　学習用データを選ぶ

　予測を行う場合の MBR の精度は，学習用データの選び方にかかっている。図 4.1（前出）に描かれているような散布図を使ったアプローチは，2, 3 種類の変数と少数のレコードではうまくいくが，大規模になるとそうはいかなくなる。

### ＜徹底的比較（Exhaustive Comparison）＞

　最近傍レコードを発見する最も簡単な方法は，未知のレコードから学習用データ内の全レコードまでの距離を計算し，そして最も距離の短い学習用レコードを選び出すことである。しかしレコードの数が多くなると，新しいレコードの近傍を発見するのに必要な時間は急激に増えてしまう。これはとくに，レコードがリレーショナルデータベースに格納されている場合，深刻な問題となる。この場合，データベースへのクエリは以下のようになる。

```
SELECT distance(),rec.category
FROM historical_records rec
ORDER BY 1 ASCENDING;
```

　「distance()」という記述は，どんな距離関数であっても必要である。このケースでは，データベースはおそらく，最近傍として必要なほんの一握りのレコードを得るためだけに過去のすべてのレコードをソートすることになるだろう。これにはソートに加えてテーブル全体にわたる走査が必要となる。たった 1 つのレコードをスコアリングするためだけに，極めて費用のかかる一連の操作を行わなければならないのである。ただし，最短距離レコードを登録した別テーブルを用意し，適切に挿入，更新，削除を行うことによって，全データをソートしないですませる方法はある。

　リレーショナルデータベースの処理性能は年々良くなってきている。それでも MBR においてデータを評価する際の課題は，評価したい各レコードをデー

タベース内のすべてのレコードと比較しなければならないことである。過去のレコードがたとえ数百万件あったとしても，新たな1件のデータとのそれぞれの距離を計算するだけならさほど時間はかからない。しかし，多数の新しいレコードの距離をすべて計算するには十分に速いとは言えない。

### ＜R木＞

　テーブル全体を走査する代わりに，一般的なリレーショナルデータベースにおいては用意されていない，特殊な構造のインデックスを利用する方法がある。このインデックスは「R木」と呼ばれる。技術的な詳細はこの本では説明しないが，R木の代表的な使い方は，多くの読者にもよく知られていると思う。コンピュータ上で地図を扱うことを考えてみよう。地図上ではズームアウトしたり，隣へパンしたり，さらに地図上の対象物を追跡したりする操作を続けて行う。R木は，2次元のインデックス構造によって，このような操作の処理速度を高めるために開発された。従来のデータベースのインデックスは1次元であるので，1つのインデックスに経度と緯度の2つの情報を格納できない。そのため，東西もしくは南北のどちらかの方向の近さしか判断できない（いくつかのデータベースでは，R木を使って地理的データを管理できるものもある）。R木は経度と緯度を両方格納できるので，どの方向に対しても近いかどうかを「知っている」のである。

　R木は，複数の点上にグリッドを重ねて，任意の方向における近傍レコードを追跡する（次元は3次元以上となる場合もある）。グリッドによってデータは矩形のボックスに分割される。次にR木は，各ボックスに関して2つのことを判断する。まず，どのデータポイントがそのボックスのなかにあるか。もう1つは，その近傍レコードはどこにあるのかである。このようなインデックスの構造は，地図アプリに実に効率的に働く。実際，利用者が見る地図はR木の1つ以上のボックスから成っている。利用者が地図を東西南北に移動させたり，ズームアウトしたりすると，それに応じてR木は，地図上の隣接するボックスを見つけ出すよう要求される。この情報を見つけるために，すべての地理データをあちこち探すより，これは非常に効果的である。

　MBRでも同じ考え方が適用できる。近傍レコードを見つけるためにすべて

のレコードを走査する代わりに、学習用データ上に構築したR木インデックスを使って、より効率的に近傍レコードを探し出すことができる。SASエンタープライズマイナーはMBRの実装にこのような手法を取り入れている。しかしながら、まだ、ほとんどのデータマイニングツールはMBRの機能をまったく提供していない。

＜学習用データのサイズを小さくする＞

MBRをより効率的にするもう1つの方法は、学習用データ内のレコードの数を減らすことである。図4.2はあるカテゴリ変数の散布図を示している。このグラフには、2つの領域の間に明確な境界線が描かれている。この線の上側の点はすべて菱形であり、下側の点はすべて円である。このグラフのなかには40の点があるが、そのほとんどは余分な点である。言い換えれば、それらは必ずしも分類のためには必要でないのである。

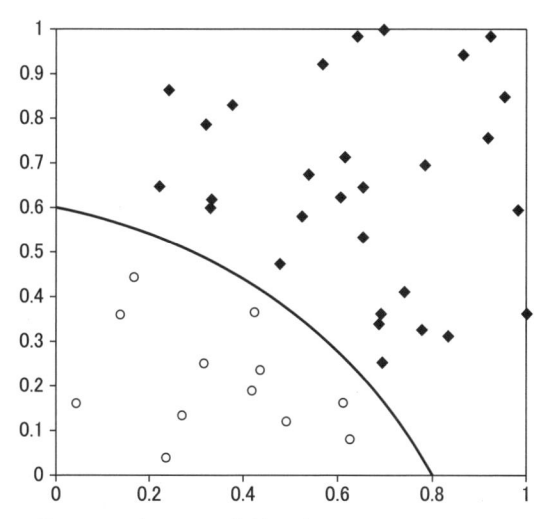

**図4.2** 最もきれいなMBRの学習用データとはおそらく、交差しない2つの点の集合にきちんと分割されるものであろう。

図4.3は、MBRで同じ結果を得るのに、本質的にたった8つの点だけで十分であったことを示している。学習用データの規模がMBRの性能に大きな影

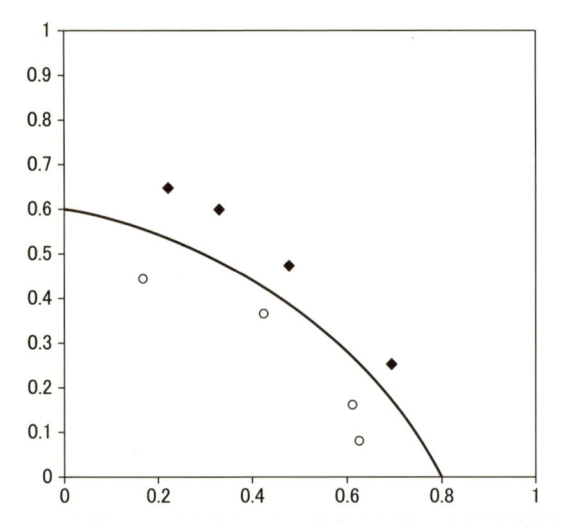

**図4.3** MBRを用いて，より少ない点の集合から図4.2と同じ結果を得る。

響を与えるため，できる限り規模を小さくすることが，性能の向上にとって重要となる。

　どのようにすれば，このような小さい学習用データを見つけることができるのだろうか。最も実用的な方法は，同一のカテゴリだけからなるクラスタ群を見つけ出すことである。そして，クラスタの中心にあるレコードは，小さい学習用データの候補レコードとなる。しかし，クラスタの端にあるレコードはもっとよい候補となるかもしれない（前述の2つの図の例のように）。これは，異なるカテゴリが明瞭に分かれている場合に有効である。しかし，カテゴリが重なり合っていたり，それほど明確に定義されていない場合には，学習用データの規模を小さくするためにクラスタを利用することは，MBRの性能を下げる可能性もある。最適な「サポートレコード」の集合を見つける手法は1つの研究領域であり，第2章で説明したサポートベクターマシンや，〈探索的知識発見編〉第2章で説明するボロノイ図の考え方とも関連がある。このような最適なサポートレコード集合が見つかった場合，過去のレコードをスプレッドシートに収まるようなレベルにまで小さくすることができ，新たなレコードに対して極めて効率的にMBRを適用することができる場合がある。

### 4.2.3 距離関数，結合関数，近傍レコード数を決定する

距離関数，結合関数，そして近傍レコードの数は，MBRを利用する際の重要な要素である。過去の履歴そのままのデータが，予測することに対して非常に役立つか否かは，これらの選定条件（criteria）にかかっている。これらの問題について詳細に議論する前に，詳細なケーススタディを見ることにしよう。

## 4.3 ケーススタディ：マンモグラム画像の異常検出にMBRを利用する

このMBRの事例は，デューク大学医療センターのGeorgia Tourassi博士の研究に基づいている。彼女の専門は放射線学であり，とくにマンモグラム（乳房のX線写真）から患者に乳がんの可能性があるかどうかを診断する方法について研究している。

自動診断システムの課題の1つは医者自身にある。彼らは，自動的な手法に懐疑的な傾向があるのだ。彼らが，たくさんの症例の診察の経験から「自分の判断を信用すべきだ」と学んできたことが，その理由の1つである。しかし，医師の診断が自動システムと異なる場合，誤診のリスクがあることを忘れてはならない。これから紹介していくが，Tourassi博士の開発したシステムの優れた特長は，そのシステムが放射線技師に通知，提案をするだけでなく，つねにその提案を裏付ける証拠もあわせて示すという点である。このシステムは単なる知ったかぶり屋ではなく，知識の豊富な助手のように働いてくれる。彼女がこのシステムに「親友」と名づけたのは，おそらくこの信頼感から来ているのだろう。

### 4.3.1 マンモグラムの異常検出のビジネス上の課題

乳がんの可能性がある女性はマンモグラムと呼ばれるX線検査を定期的に受ける。この検査では乳房組織のX線画像を撮影し，放射線技師はそれを検査して異常の有無を調べる。幸いなことに，ほとんどの場合，異常があっても患者

の健康を脅かさない程度のものである。しかし，検査の目的は，危険な腫瘍やがんの可能性を持つ患者を見つけることである。

　自動システム化された助手がいれば，診断の手助けになることは明白だ。1つには，それぞれの放射線技師には得意不得意があり，うまく見つけられる異常のタイプは同じではない。当然，網は広く張っておくべきである。偽陽性率が高いことは，ここでは問題ではない。なぜならマンモグラムに続き，細胞診断のようなさらに詳細な検査を行うからだ。偽陰性のほうがはるかに深刻で，異常を見逃すことにより早期治療の機会を失い，放置してしまうことで健康に深刻な影響を与えてしまう。

### 4.3.2　MBR を適用する

　放射線技師は，患者の診断をはじめる前に，何千ものマンモグラムを研究し，その見方を学んできている。異常検出のためのシステムのなかには，マンモグラム画像の特徴を識別してルールを作成するものもあるかもしれない。一方，MBR による方法では，本質的にあらかじめ分類された多数のマンモグラム画像のサンプルのなかから，新しい患者のマンモグラム画像に対して最も近いサンプル画像を見つけ出すことを行う。

　図 4.4 に基本的な考え方を示す。知識データベースには数千のマンモグラム画像が登録されている。Tourassi 博士は，異なる画像の近さをどのように測定すればいいのかという問題に直面した。彼女はいくつかの異なる手法を調査した結果，「相互情報量」と呼ばれる指標を使うことにした。「◆画像比較のための相互情報量」にあるように，この手法は，マンモグラムの画像が 1 枚ある場合，比較するもう一方の画像に作り変えるために，あとどれくらいの情報が必要かという考えに基づく指標である。2 つの同じマンモグラム画像同士であれば，追加の情報を必要とせず，2 画像の相互情報量類似性は最大（距離は 0）となる。もし 2 つの画像のピクセルに何の関係性もなかったとしたら，それらの画像は類似していない。

　2 つのマンモグラムの間の距離を測るための相互情報量は，複雑な計算が必要である。そのため，この「親友」は近傍レコードを定義するために，最初に

比較的単純な方法で候補となる画像を絞り込む．その後，それぞれの候補に対してオリジナルの画像との相互情報量を計算し，最も近い候補を放射線技師に示すのだ．

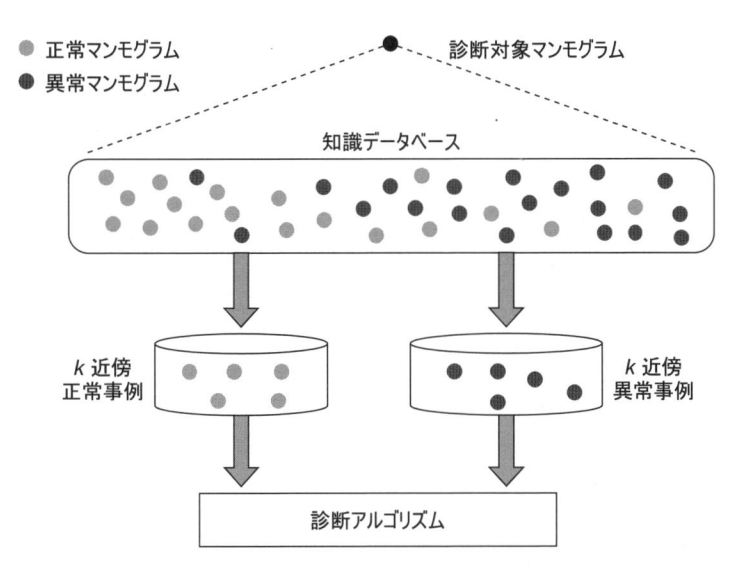

**図4.4** MBRを用いたマンモグラムの異常の自動診断に関する基本的な考え方は，知識データベースのなかから似たような正常および異常なケースを見つけた後，最終的にどちらを内科医に提示するかを決定する．（提供：Tourassi博士）

### ◆画像比較のための相互情報量

相互情報量は，確率論と情報理論の2分野に関連する指標で，2組の変数がどれくらい近いかを決める．画像への基本的な適用方法は，ピクセルごとの単位で2つの画像の相互情報量を見ることである．このためには，画像が同じ方法で並べられ，分類され大きさをそろえ，さらに同一の照度でなければならない．幸い，マンモグラムは制限された環境のなかで撮影されるため，通常これらの必要条件を満たしている．

相互情報量の定義は次のように述べることができる．「1つの画像が与えられたとき，それをもう1つの画像に作り変えるために，どれだけの情報が必要か」．2つの画像が同じである場合，追加情報は必要なく，相互情報量は非常に高くなる．第2の画像の半分が第1の画像と同一で，残り半分が比較的ランダ

ムの場合，相互情報量は中程度となる．相互情報量についての別の捉え方として，相関の概念を単純な数値情報ではなく，複雑な情報にまで拡張したものという考え方もできる．

相互情報量の計算は，その定義よりはるかに複雑である．概念的には，各画像をピクセルの長いシーケンスのように扱って，ピクセル表現に基づいて相互情報量を計算する．この考えは，エントロピーの情報理論の概念に密接に関連していて，同じエントロピーが第2章で決定木に利用されている．画像はその画像に対応したエントロピーを持ち，それは画像を構成するピクセルの不規則性の指標である．すべてが真っ黒で均一な画像は，ピクセルのシーケンスに不規則性がないのでエントロピーがゼロとなり，ランダムなピクセルの画像は高いエントロピーを持つ．

エントロピーの考え方を拡張することによって，条件つきエントロピーという概念が得られる．これは，最初の画像のなかの与えられた情報を用いて，第2の画像のなかのエントロピーを計算するものである．そして，相互情報量はエントロピーとこの条件つきエントロピーから直接定義することができる．この定義についての数学的な説明は本書では述べないが，相互情報量の概念はさまざまな領域，たとえばノイズの多い環境での情報送信において非常に有用である．送信された情報コードは伝送中にビット抜けを起こす可能性があるが，受信されたビット列に対して最も相互情報量が高いコードを元の正しい情報コードとして復元することができる．

相互情報量は，画像の特徴の経験知を用いなくとも，ピクセル単位のレベルで適用できるので，画像処理に有用である．ここでのMBRの事例は画像の類似性の判定としてのものであったが，それ以外にも，2つの画像の最も類似した部分を見つけだすことにも使われる．たとえば異なる角度で撮影された同じ画像の同一性を判断したり，向きをそろえたりするのに非常に効果を発揮する．

---

このシステムの興味深い特徴は，2種類の近傍レコードを計算をしている点で，正常な事例と，異常な事例のそれぞれから別々に近傍レコードを抽出している．こうすることによって，モデル用データ内の正常事例と異常事例の数の偏りに起因する不都合を回避しているのだ．現実のマンモグラム画像はほとんどすべて正常であるため，学習用データとしてそのままでは使いにくい．実際，異常と判断するに至る根拠は，正常と判断する場合よりずっと種類が多いであろうから，知識ベースのなかの異常事例の割合は実際より多くなってもよ

いであろう．さらに，時間が経過するとともに，正常な場合に比べてより多くの異常な場合が加えられるかもしれない．2つのタイプを比較検討できることで，安定した診断結果を得られるよう配慮されているのである．

> [ヒント] MBRで，各クラスの大きさに偏りのある学習用データを用いる場合は，まず各クラス毎に最近傍レコードを抽出した後，それらのなかから最終的に最も近いものを見つけるという手順を踏む．

### 4.3.3 総合的な解法

図4.5は実際のシステムの画面の一例である．スクリーンの左側には検査対象のマンモグラムが表示されている．右側の複数の画像はデータベースから得られた最も類似した事例で，正常・異常の分類が記載されている．白黒の写真ではわからないが，すべての画像はカラー区分表示されている．

このシステムの特長の1つは，最近傍レコードがより深い分析に利用できることだ．放射線技師は画像による判定結果に同意するかしないかを決断でき

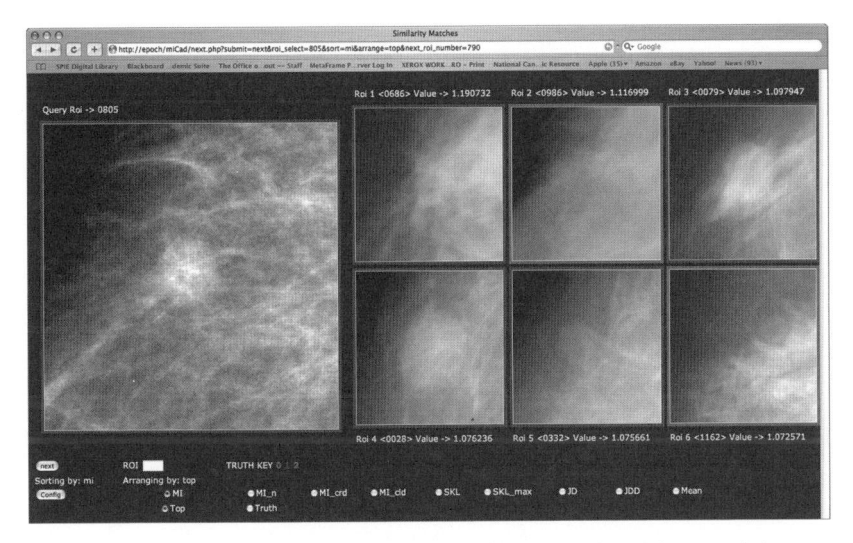

**図4.5** 検査対象のマンモグラムに類似した事例を使って正常か異常かが示唆され，さらに詳しい検査ができるように類似画像を表示している．

る。そして，最近傍レコードの画像を見ることができるので，さらに多くの知見に基づいた診断を下すための情報を得ることができるのである。

## 4.4 距離と類似性を計測する

あなたが小さな町へ旅に行くことになり，そこの天気を知りたいとしよう。もし主要な都市の天気予報が掲載されている新聞を持っていれば，通常はその小さな町に近い都市の天気を調べるであろう。あなたは最も近い都市を選び，そこの天気だけを参考にするかもしれない。また，たとえば近くの3都市の天気予報を組み合わせるといったようなことをするかもしれない。これはMBRを使って天気を予測する1つの例である。ここで使用される距離関数は，2つの地点の地理的距離である。利用者が入力した任意の郵便番号に対応する天気予報を提供しているウェブサービスやモバイルアプリは，これと同様のことを行っているのである。

### 4.4.1 距離関数とは何か

MBRは類似度を測る方法として距離の概念を用いる。距離の概念には厳密な数学的定義があって，以下の4つの重要な特性を持つ。点Aから点Bまでの距離を $d(A,B)$ と表すことにすると

- **定義が明確**：2点間の距離はつねに定義され，負でない実数，すなわち $d(A,B) \geq 0$ である。
- **同一性**：ある点からそれ自身までの距離はつねに0，すなわち $d(A,A) = 0$ である。
- **可換性**：方向による違いは生ずることがなく，AからBまでの距離はBからAまでの距離に等しい。すなわち $d(A,B) = d(B,A)$ である。すなわち，一方通行は考えないということである。
- **三角不等式**：AからBに向かう途中で，別の点Cを経由しても，距離は決して短くならない。すなわち $d(A,B) \geq d(A,C) + d(C,B)$ である。

MBR にとって，これらの特性がどうして有益なのであろうか。距離が明確に定義できるということは，どのレコードにも必ずデータベース内のどこかに近傍レコードが存在することを意味する。そして MBR が機能するには近傍レコードが不可欠である。同一性という特性は，距離という概念を，「最も類似したレコードは与えられたレコードそれ自身である」という直観的な考え方と矛盾しないようにしている。可換性と三角不等式は，選ばれた最近傍レコードが「類似する」という考えと自然に一致するようにしている。データベースに新しいレコードを追加することによって，既存のレコード間の距離が短くなることはない。なぜなら，類似度とは，特定の時点における2つのレコードに対して一意に定まるべき概念だからである。

しかし，MBR で使う場合には，距離の数学的定義は少々厳格すぎるかもしれない。MBR は，単にデータベース内の最近傍レコードがどれかを決定するための基準が決まればよいので，いくつかの条件を緩めてもかまわない。たとえば，距離関数は可換でなくてもよい。つまり，A から B までの距離は B から A までの距離と同じである必要はない。これは，一方通行の道がたくさんある都市で，道路上での移動距離を測定することに似ている。2つの地点の距離は，自動車で運転する場合，一方通行路があると，まったく異なるであろう。

距離尺度がすべての数学的な距離の数学的特性を満たしていても，近傍レコ

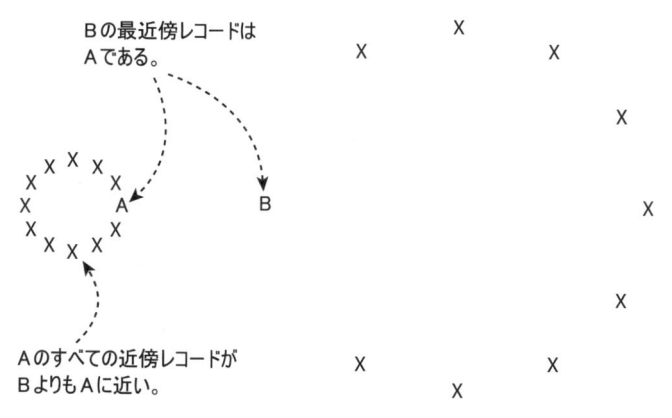

**図4.6** Bの最近傍レコードはAである。しかしAにはBよりも近い多数の近傍レコードが存在する。

ードの集合にやや不自然な特徴が現れる場合がある．たとえば図 4.6 に示すように，レコード B にとっての最近傍レコードは A であるが，A は B よりも近い近傍レコードを多数持っている．しかし，こういった状況は，MBR にとって特段問題にはならないのである．

## 4.4.2 一度に 1 つの項目に対して距離関数を構築する

幾何学的概念として距離を理解することはたやすいが，多くの異なるタイプの異なる項目から構成されているレコードに対して距離関数を定義するにはどうすればよいだろうか．その答えは，「一度に 1 項目」である．表 4.2 に示されるような，いくつかのサンプルレコードを考えよう．

図 4.7 は 3 次元の散布図を示している．レコードはやや複雑であり，2 つの数値項目と 1 つのカテゴリ項目を持っている．この例では，各項目に対する項目間の距離関数を定義する方法を示し，次にそれらを 2 つのレコード間の距

**表 4.2** マーケティングデータベース内の 5 人の顧客

| レコード番号 | 性別 | 年齢 | 収入 |
|---|---|---|---|
| 1 | 女性 | 27 | $19,000 |
| 2 | 男性 | 51 | $64,000 |
| 3 | 男性 | 52 | $105,000 |
| 4 | 女性 | 33 | $55,000 |
| 5 | 男性 | 45 | $45,000 |

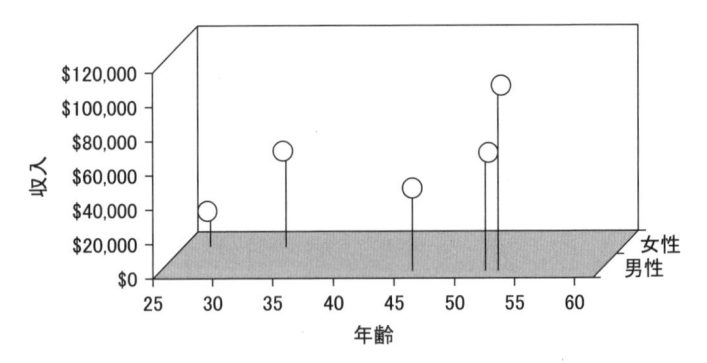

**図 4.7** この散布図は，表 4.2 の 5 つのレコードを年齢，収入，性別の 3 次元でプロットしたものであり，標準的な距離が最近傍レコードの良い指標となることを示唆している．

[4] 最近傍アプローチ：記憶ベース推論と協調フィルタリング　*179*

離を与える1つのレコード距離関数に結合する方法を示す。

数値項目に対する最も一般的な距離関数は次の4つである。

- 差の絶対値：|A − B|
- 差の2乗：(A − B)$^2$
- 正規化した差の絶対値：|A − B|/最大距離
- 標準化した値の差の絶対値：
  |(A − 平均)/標準偏差 − (B − 平均)/標準偏差|
  これは |(A − B)/標準偏差| と「等価」である。

このなかで，後の2つは前の2つよりも有用である。というのも，数値の大きさに起因する偏りを取り除いているからだ。正規化した差の絶対値は，つねに0から1の範囲の値をとる。年齢は収入よりもかなり小さな値であるが，これらの正規化した絶対値を使えば，収入がレコード距離関数のなかで支配的になってしまうことを避けられる（標準化した値の差の絶対値も良い選択肢である）。年齢についての距離行列を表4.3に示す。

表4.3　顧客の年齢に基づく距離行列

|    | 27   | 51   | 52   | 33   | 45   |
|----|------|------|------|------|------|
| 27 | 0.00 | 0.96 | 1.00 | 0.24 | 0.72 |
| 51 | 0.96 | 0.00 | 0.04 | 0.72 | 0.24 |
| 52 | 1.00 | 0.04 | 0.00 | 0.76 | 0.28 |
| 33 | 0.24 | 0.72 | 0.76 | 0.00 | 0.48 |
| 45 | 0.72 | 0.24 | 0.28 | 0.48 | 0.00 |

性別はカテゴリ変数の例である。最も単純な距離関数は「同値（identical to）」関数であり，性別が同じ場合は0，そうでなければ1となる。

$$d_{性別}(女性, 女性) = 0$$
$$d_{性別}(女性, 男性) = 1$$
$$d_{性別}(男性, 女性) = 1$$
$$d_{性別}(男性, 男性) = 0$$

ここまでは非常に単純である。これで，1つのレコード距離関数に結合するために必要な3つの項目距離関数がそろった。この結合を行う一般的な方法は以下の2つである。

- マンハッタン距離（項目毎距離の和）：
$$d_{sum}(A, B) = d_{性別}(A, B) + d_{年齢}(A, B) + d_{収入}(A, B)$$
- ユークリッド距離：
$$d_{Euclid}(A, B) = \sqrt{d_{性別}(A, B)^2 + d_{年齢}(A, B)^2 + d_{収入}(A, B)^2}$$

表 4.4 は，3 つの関数を使った場合の各レコードに対する最近傍レコードを示している。

このケースでは，最近傍レコードの集合は，各レコードの距離がどのように統合されるかに関係なく，3 つの関数に対してまったく同じである。これは 5 つのレコードが明瞭な 2 つのクラスタに分かれてしまっていることによる。クラスタの 1 つは低収入の若年女性であり，もう 1 つは高収入の高年男性である。これらのクラスタは，もし 2 つのレコードが 1 つの項目について互いに近ければ，それらはすべての項目において類似し，それゆえ各項目における距離の結合方法は重要ではない，ということを暗示している。これはあまり一般的な状況とはいえない。なぜなら，普通，データはこんなにうまくクラスタに分かれないからである。

表4.4　3 つの距離関数による最近傍レコードの集合（最も近いものから最も遠いものの順に並べた）

| | $d_{sum}$ | $d_{Euclid}$ |
|---|---|---|
| 1 | 1, 4, 5, 2, 3 | 1, 4, 5, 2, 3 |
| 2 | 2, 5, 3, 4, 1 | 2, 5, 3, 4, 1 |
| 3 | 3, 2, 5, 4, 1 | 3, 2, 5, 4, 1 |
| 4 | 4, 1, 5, 2, 3 | 4, 1, 5, 2, 3 |
| 5 | 5, 2, 3, 4, 1 | 5, 2, 3, 4, 1 |

新しいレコード（表 4.5）が比較に利用された場合に何が起こるか考えてみよう。この新しいレコードは，いずれのクラスタにも属さない。表 4.6 は，彼女と学習用データ内の各レコードとの距離，および近傍レコードを最も近いものから最も遠いものの順に並べたリストである。

表4.5　新しい顧客

| レコード番号 | 性別 | 年齢 | 収入 |
|---|---|---|---|
| new | 女性 | 45 | $100,000 |

ここで，各項目間の距離関数をどのように統合してレコード間の距離関数を定めているのかによって，近傍レコードの集合が変わることに注目しよう。実際，和をとる関数を採用した場合には 2 番目に近いとされた近傍レコードが，ユークリッド距離を採用した場合は最も遠い近傍レコードとなっている。逆も

表4.6 新しい顧客に対する最近傍レコードの集合

|  | 1 | 2 | 3 | 4 | 5 | 近傍レコード |
|---|---|---|---|---|---|---|
| $d_{sum}$ | 1.662 | 1.659 | 1.338 | 1.003 | 1.640 | 4, 3, 5, 2, 1 |
| $d_{Euclid}$ | 0.781 | 1.052 | 1.251 | 0.494 | 1.000 | 4, 1, 5, 2, 3 |

また同じである。和をとる距離関数と比較すると，ユークリッド距離をとる距離関数は，すべての項目が相対的に近いものを総合的に近いとする傾向がある。レコード3は性別が異なり最大限に離れている（距離は1.00）ので，遠いとみなされるのである。これに対して，性別が同じであることからレコード1は近いとされている。

和をとる距離関数，ユークリッド距離をとる距離関数はいずれも，各項目がレコード距離関数に対して異なる寄与度を持つように重みを与えることができる。MBRは通常，すべての重みが1のときに良い結果をもたらす。しかし，ある特定の項目に分類上大きな影響力を持つ可能性がある場合には，そのような事前の知識を取り込むために重みを使うことができる。

### 4.4.3 他のデータタイプに対する距離関数

5桁のアメリカの郵便番号（ZIP）は通常，単純な数値データとして表現される。この場合，数値項目に対する標準的な距離関数は意味をなすであろうか。答えはノーである。ランダムに選ばれた2つの郵便番号の差は，まったくとまではいわないが，ほとんど意味を持たない。なぜなら，郵便番号は位置情報をコード化したものだからである。最初の3桁は郵便の区域を表している。たとえばマンハッタンの郵便番号はすべて，「100」「101」「102」から始まっている。

さらに，郵便番号には東から西にいくにつれて値が大きくなるという一般的な傾向がある。0から始まるコードはニューイングランドとプエルトリコであり，9で始まるのは西海岸のコードである。このことは，郵便番号の上位の桁に注目して地理的距離を概算できる距離関数の存在を示唆している。

- 郵便番号が同一の場合：$d_{\text{ZIP}}(A, B) = 0.0$
- 郵便番号の上位3桁が同一の場合（たとえば「20008」と「20015」）：$d_{\text{ZIP}}(A, B) = 0.1$
- 郵便番号の最初の数字が同一の場合（たとえば「95050」と「98125」）：$d_{\text{ZIP}}(A, B) = 0.5$
- 郵便番号の最初の数字が異なる場合（たとえば「02138」と「94704」）：$d_{\text{ZIP}}(A, B) = 1.0$

もちろん，地理的な距離が興味の対象である場合には，適切なアプローチとして各郵便番号の示す地域の緯度と経度を使って距離を計算する方法がある（アメリカにおけるこれらの情報は www.census.gov から得られる）。しかしながら，多くの場合，地理的な近さは他の類似性の指標と比べるとあまり重要ではない。郵便番号 10011 と 10031 はいずれもマンハッタンにあるが，マーケティングの観点から見ると，両者にはそれ以外に何の共通点もなく，一方は高所得層のダウンタウンで，もう一方は労働者階級のハーレムである。また 02138 と 94704 はそれぞれ反対側の海岸に位置するが，政治団体からのダイレクトメールに対しては似通った反応をする傾向がある。これらはそれぞれマサチューセッツ州ケンブリッジと，カリフォルニア州バークレーである。

郵便番号をそのまま使用するよりも，その人口統計的特性を捉え，国勢調査からの地域属性情報に置き換えるほうが有用である。国勢調査局は，平均世帯年収や子どものいる世帯の割合，通勤距離といった情報を提供してくれる。郵便番号をこのような地域属性情報に置き換えることによって，MBR は2つの郵便番号で示された地域の類似性をこれらの属性情報に基づいて計測することができるのである。

## 4.4.4　距離の尺度がすでに存在する場合

距離の尺度があらかじめ存在する状況もある。ただし，それを見つけることは簡単ではない。一般的にこのような状況には，次の2つがある。1つ目は，MBR に適用可能な距離の指標を与えてくれる関数がすでに存在する場合

である。〈探索的知識発見編〉第 6 章の新聞記事分類のケーススタディは，あるニュース記事に類似する別の記事を見つけてくれるニュース検索アプリケーションで，記事間の距離を与える関数が与えられている。

　別の場合として，距離関数は与えられていないが，その代用にできる情報が存在する場合がある。そのような隠れた距離情報の例として，商品やサービスの勧誘履歴がある。たとえば，ある 2 人の顧客の距離について，2 人とも過去にある特定の勧誘を受けていたなら「近い」とし，両方とも選ばれなかったならば「近いけれども，それほど近くはない」，一方が選ばれてもう一方は選ばれなかったのならば「遠く離れている」とする。この方法の有用な点は，どうしてその顧客が過去の勧誘に選ばれたのかという選択の意思決定の理由がわからなくても，その選択した事実を類似性の手掛かりとして取り入れることができることである。その一方で，元々の勧誘の時点で存在していなかった顧客に対してはうまく機能しないので，そのような顧客に対しては中立的な重みを与えるなどの必要がある。

　以下に示すように，顧客がその勧誘に反応したか否かを反映することによって，さらに距離を細かく定義することができる。

- A と B がともに勧誘に反応した場合：$d_{勧誘}(A, B) = 0$
- A と B はともに選ばれたが，どちらも反応しなかった場合：$d_{勧誘}(A, B) = 0.1$
- A と B はともに選ばれなかったが，どちらも顧客として存在していた場合：$d_{勧誘}(A, B) = 0.2$
- A と B はともに選ばれたが，1 人だけが反応した場合：$d_{勧誘}(A, B) = 0.3$
- 少なくともどちらか 1 人は顧客として存在しなかった場合：$d_{勧誘}(A, B) = 0.3$
- どちらか 1 人が選ばれ，他方が選ばれなかった場合：$d_{勧誘}(A, B) = 1.0$

　これらの値は上記の定義のとおりにする必要はない。あくまで過去の情報や反応履歴をどのように距離関数に適用できるかの一例として参考にしてほしい。

## 4.5 結合関数：近傍データから答えを導く方法

前節まで話してきたように，距離関数は，どのレコードが近傍レコードとなるかを決定するのに用いられる。この節では，予測を行うために近傍レコードから収集したデータを結合するいくつかの方法を紹介する。本章の最初の例において，タキシードという地区の家賃の中央値を，似通った地区の家賃の中央値の平均をとることによって推定した。そこでは，平均をとることを結合関数と定義した。この節では，近傍レコードから答えを導き出すいくつかの別の手法を掘り下げていく。

### 4.5.1 最もシンプルなアプローチ：1つだけの近傍レコード

MBR の最も単純なアプローチは，近傍レコードを 1 つだけ使用することだ。これは look-alike モデルで採用されたアプローチ方法である。ともかく最近傍レコードを 1 つ見つけ，その近傍レコードの値を選べばよいだけである。この方法はクラス分類および数値予測の両方の課題に対して適用できる。

### 4.5.2 クラス分類の基本アプローチ：多数決

一般的な結合関数の 1 つは，$k$ 個の最近傍レコードが答えを投票して決めるというものである。データマイニングの世界における「民主主義（democracy）」的アプローチである。MBR が分類に使用されるときには，各近傍レコードはそれ自身が属するクラスに投票する。各クラスの得票率が，新しいレコードのそれぞれのクラスに帰属する確率の推定値である。いずれか 1 つのクラスを割り当てる問題の場合は，単純に最も得票の多かったクラスとなる。クラスに全部で 2 カテゴリしかない場合には，同点を避けるため，奇数個の近傍レコードで投票するように工夫すべきである。たとえば，同点決勝を避けるためには，$c$ 個のカテゴリが存在する場合は $c+1$ の近傍レコードを使うのが 1 つの解決策である。

表4.7には，前出（4.4.2項）の5人の顧客に対して，その後，離反（inactive）したかどうかが示されている。

この例では，顧客の3人が離反し，2人が離反しないで残っており，ほぼ偏りのない学習用データである。事例を用いて説明するという目的に沿って，2つの距離関

表4.7　顧客の離反履歴

| レコード番号 | 性別 | 年齢 | 収入 | 離反状況 |
|---|---|---|---|---|
| 1 | 女性 | 27 | $19,000 | no |
| 2 | 男性 | 51 | $64,000 | yes |
| 3 | 男性 | 52 | $105,000 | yes |
| 4 | 女性 | 33 | $55,000 | yes |
| 5 | 男性 | 45 | $45,000 | no |
| new | 女性 | 45 | $100,000 | ? |

数，ユークリッド距離と和をとる距離に対して複数の異なる$k$の値を使用し，新しいレコードが離反するかしないかの判定を考えてみよう（表4.8）。

表4.8　MBRを用いた新しい顧客が離反するかどうかの判定

|  | 近傍レコード | 近傍の離反状況 | $k=1$ | $k=2$ | $k=3$ | $k=4$ | $k=5$ |
|---|---|---|---|---|---|---|---|
| $d_{sum}$ | 4, 3, 5, 2, 1 | Y, Y, N, Y, N | yes | yes | yes | yes | yes |
| $d_{Euclid}$ | 4, 1, 5, 2, 3 | Y, N, N, Y, Y | yes | ? | no | ? | yes |

表中の？マークは，近傍レコードが同数のため予測不能であることを示している。$k$の値が異なることが分類に影響を与えることに注目してほしい。この例は，予測の確信度として同意する近傍レコードのパーセンテージを用いることを提案している（表4.9）。

表4.9　離反予測とその確信度

|  | $k=1$ | $k=2$ | $k=3$ | $k=4$ | $k=5$ |
|---|---|---|---|---|---|
| $d_{sum}$ | yes, 100% | yes, 100% | yes, 67% | yes, 75% | yes, 60% |
| $d_{Euclid}$ | yes, 100% | yes, 50% | no, 67% | yes, 50% | yes, 60% |

確信度は，3つ以上のカテゴリが存在する場合には，さらに役立つ。しかし，カテゴリの数が多くなると，どのカテゴリも投票の過半数を得られない可能性が高くなる。MBR（そして一般的なデータマイニング手法）においては，学

習用データに予測に必要な情報が十分に含まれていることが大前提である。もし，新しいデータの近傍レコードが一貫してその分類に関する明確な選択結果を生み出さない場合は，単にデータが必要な情報を包含していなかったという可能性があり，次元の選択やおそらく学習用データの選択についても再評価する必要がある。このテスト用データにおける MBR の有効性を測定することによって，学習用データが十分な数のレコードを含んでいるかを判断できる。

> **注意** MBR の有効性は，使用する学習用データの有効性と同等であり，それを超えることはない。学習用データが有効かどうか判断するには，近傍レコードを 2 つ，3 つ，4 つ使用したテスト用データで，それぞれ予測結果を算出してみるとよい。結果があまり一致しなかったり不正確であった場合には，学習用データの大きさが十分でないか，もしくは選択した次元や距離の尺度が適切でない可能性がある。

### 4.5.3 カテゴリ値を予測するための重み付き投票

重み付き投票は，近傍レコードがすべて等しく作られていないという点を除いて，前項で扱った投票と似ている。これはいってみれば，1 人 1 票ではなく，持ち株数による株主投票のようなものである。投票の重みは各近傍レコード間の類似性に比例し，その結果，より近い近傍レコードは，より離れた近傍レコードよりも多くの投票権を持つことになる。距離が 0 となる問題を回避するため，一般に逆数をとる前に，各距離に 1 が加えられる。1 を加えても，すべての投票の重みは 0 から 1 の範囲内に収まる。

表 4.10 は重み付き投票を先の例に適用したものである。「yes, 顧客は離反する」の投票が 1 つ目の値であり，「no, 優良顧客である」の投票が 2 つ目の値である。

重み付き投票は，同点を回避するのに十分な改良方法である。それにより確信度は，全投票に対する得票の割合として算出することができる（表 4.11）。

このケースでは，投票への重み付けは判定結果や確信度にわずかな影響を与えただけである。重み付けの効果は，近傍レコードのいくつかが他の近傍レコードから相当に離れている場合に最も大きく現れるのである。

表4.10  重み付き投票による離反予測

|  |  | $k=1$ | $k=2$ | $k=3$ | $k=4$ | $k=5$ |
|---|---|---|---|---|---|---|
| $d_{sum}$ | yes : | 0.749 | 1.441 | 1.441 | 2.085 | 2.085 |
|  | no : | 0 | 0 | 0.647 | 0.647 | 1.290 |
| $d_{Euclid}$ | yes : | 0.669 | 0.669 | 0.669 | 1.157 | 1.601 |
|  | no : | 0 | 0.562 | 1.062 | 1.062 | 1.062 |

表4.11  重み付き投票による確信度

|  | $k=1$ | $k=2$ | $k=3$ | $k=4$ | $k=5$ |
|---|---|---|---|---|---|
| $d_{sum}$ | yes, 100% | yes, 100% | yes, 69% | yes, 76% | yes, 62% |
| $d_{Euclid}$ | yes, 100% | yes, 54% | no, 61% | yes, 52% | yes, 60% |

### 4.5.4  数値予測問題

　タキシードにおける家賃の例のように，MBRを数値予測に利用することができる．代表的な結合関数には，近傍レコードの持つ値の平均値（4.1.2項の事例参照），もしくは近傍レコードの類似性によって重み付けられた加重平均（「1＋距離」の逆数）がある．

　数値変数の予測において，MBRには利点と欠点の両方がある．利点の1つは，それらが適切な範囲に収まるという意味で，予測結果がつねに合理的だということである．なぜかというと，予測結果が近傍レコードの実際の値に基づいているからである．注意したいのは，回帰モデルやニューラルネットワークでは，実際にはありえない結果を出す可能性がある点だ．それは，予測値が負の無限大から正の無限大までになりうる一方で，適正値の範囲はそれほど極端でない場合があるからである．もう1つの利点は，MBRがさまざまな値を生み出すことである．決定木もつねに適正な値を出力してくれるが，値の種類はとても少なかったはずだ．決定木の葉1枚あたり，予測値はたった1つだけだったことを思い出してほしい．

> ヒント　MBRは数値を予測する方法としてとても有効な手法である．さまざまな値の合理的な予測値を返してくれる．

一方，最大の欠点は，予測値の範囲が知識ベースの持つ値の範囲より狭くなってしまうことである．これは結合関数が最大値と最小値を平均化することが原因である．

これの解決策として，MBRと回帰モデルを組み合わせる方法がある．具体的には，近傍レコードに基づいて局所的に回帰モデルを用いて予測を行うのである．このような回帰を行う場合，一般的に最初に回帰モデルに投入される説明変数を選択するが，その数はMBRの次元と同じであることもあるし，違うこともある．次に，通常10個以上の近傍レコードの集合を特定し，その近傍レコードだけを使って回帰モデルの係数の学習を行う．最後に，予測したい新しいデータに対してこの回帰モデルを使って予測値を計算する．この方法には，予測結果が不連続に（極端に）変わってしまうかもしれないという問題点がある．入力データのちょっとした差異によって，選ばれる近傍レコードが変わり，その結果，回帰モデルが大きく変わってしまう可能性があるためである．

この手法は，LOESS（locally estimated scatter plot smoothing, 局所的散布図平滑化法）と呼ばれる局所回帰に基づいた統計手法と関係が深い．これは1970年代後半から1980年代の間に考案されたもので，その名前が示唆するように，もともとは散布図のスムージングのためのものであった．そのため，予測値がすべての範囲で連続的につながっているように計算されるのだが，MBRでの局所回帰法にはこのような連続性の制約は必要がない．LOESSなどの手法が連続的な予測値を生成するのに対して，MBRの局所回帰法は，予測対象データの空間座標がほんのわずかに動くだけで，選ばれる近傍レコードが変わってしまい，その結果，予測結果にも影響が出るのである．

## 4.6　ケーススタディ：Shazam—曲名検索アプリへの応用

アーサー・C・クラークはかつて，「十分に発達した科学技術は魔法と見分けがつかない」と言っている．モバイル端末が聞いた曲名をいいあてるというアイデアは，1990年代においてさえ実現不可能に思われたことだろう．ところ

が，Shazam に代表される曲名検索モバイルアプリケーションではこれが現実にできるのだ．モバイル端末を使い，Shazam に曲を聞かせてみよう．30秒ほどすると，Shazam はその曲を認識して，曲名，アーティストといった情報を提供してくれるのだ．さらに端末によっては，その曲をオンラインで購入することもできてしまう．初めてこれを経験したら，誰しも「すごい，まるで魔法みたい！」と声をあげてしまうであろう．

Shazam は何十万と存在するモバイルアプリの1つに過ぎず，もちろん魔法は使われていない．ここでのアルゴリズムの解説は，その発明者であるエイブリー・ワンの論文での議論に基づいている．彼は，より物理的な領域，とくに性能を高めるための音響理論ならびに実装方法（ともにたいへん興味深い）を中心に研究してきている．一方で，このアルゴリズムは，とても興味深い距離定義を持った MBR（とくに look-alike モデル）の応用事例でもある．

この素晴らしいモバイルアプリは，自動的に曲を認識することだけに使われるわけではない．もう1つの使い方は，音楽放送に流れている楽曲を自動認識し，ちゃんとその曲の印税が支払われているかを調査することである．曲名検索アプリは，いまでは複数の会社が提供しているが，Shazam はその最初の会社である．

### 4.6.1 この技術がなぜ難しいか

モバイル端末を通じて曲を認識することは非常に難しい．1つには，人々が音楽を聞くとき，外部の音を除去し，エコーやひずみがまったく存在しない防音室で聞くことはほとんどない．ふつうは，自動車やクラブのなかだったり，ラジオから，あるいは友達と一緒に聞くであろう．そこでは，自動車のエンジン音からさまざまな街の騒音，サイレン，子供の金切り声にいたるまで，さまざまな雑音が充満する環境中で聞くことになる．

モバイル端末は音を拾うのに最高のマイクを備えてはいない．モバイル端末のマイクは人の声を拾うのには適しているが，音楽のニュアンスをすべて拾い上げられるような設計はされていないのである．さらに悪いことに，モバイル端末は音を圧縮し，ノイズの多いネットワーク上にそれを送るのだが，これら

のステップはすべて，音質を劣化させてしまう．多様なモバイル端末に適用するための汎用的な伝送技術が，このような音質の劣化を助長させているのである．

　もう1つ別の難問は，認識したい曲のデータが，曲の先頭から始まるとは限らないという点だ．Shazamには，「曲の最初から再生してください」とお願いするような贅沢は許されない．Shazamは，曲の一致部分を見つけることだけでなく，それが実際の曲のなかでどこから始まるかを判断しなければならないわけである．

　このような理由から，2つの音声データを単に直接比較してもうまくいかない．仮にそれが2つの音声データに対して実現可能だったとしても，1つの曲を何百万もの既知の曲と比較する場合，その計算量は非常に大きくなってしまうのである．

## 4.6.2　音声認証方式（audio signature）

　一致部分を見つけるための第1ステップは，曲全体および断片をコンピュー

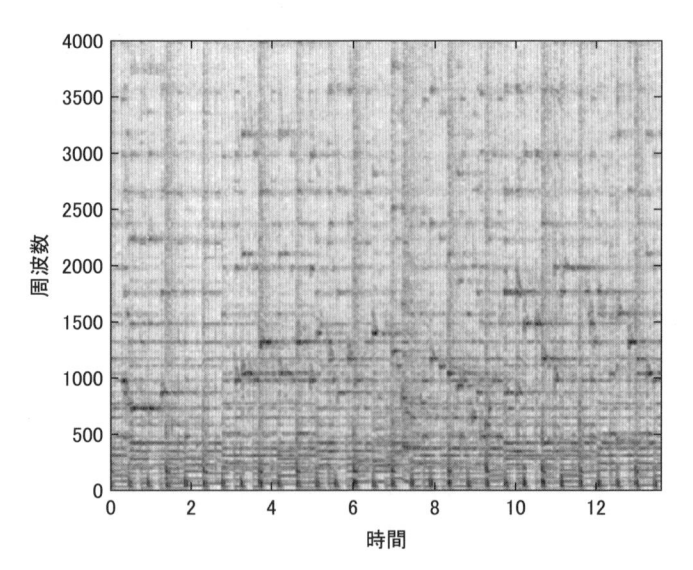

**図4.8**　スペクトログラムは，0.5秒ごとにサンプリングされた楽曲の周波数領域の散布図である．

タ上で表現することである．これには，周波数によって曲がどのように構成されているのかについての知識が少々必要である．

図 4.8 は，スペクトログラム（spectrogram）と呼ばれる楽曲の周波数領域を図示したものである．縦軸は楽曲中に現れる周波数帯で，横軸は経過時間である．この例では，音声周波数は 0.5 秒ごとにサンプリングされ，最も強い周波数は濃く示されている．スペクトログラムを使うと，どんな曲でも識別することができるが，実際には背後の雑音や圧縮方式，録音設備の状態といった要因がスペクトログラムに影響を与えてしまうので，同じ曲の 2 つのスペクトログラムでさえ別なものになってしまうことさえある．

図 4.9 は，コンスタレーションプロット（constellation plot）と呼ばれるもう 1 つ別の種類の音声認証方式で，単純にスペクトログラムのピーク値だけを記録したものである．他の領域に比べてスペクトグラムのピーク値は，背後の雑音や圧縮方式の影響がずっと少ないために，コンスタレーションプロットを使うことによって音質にかかわる多くの問題を回避できる．

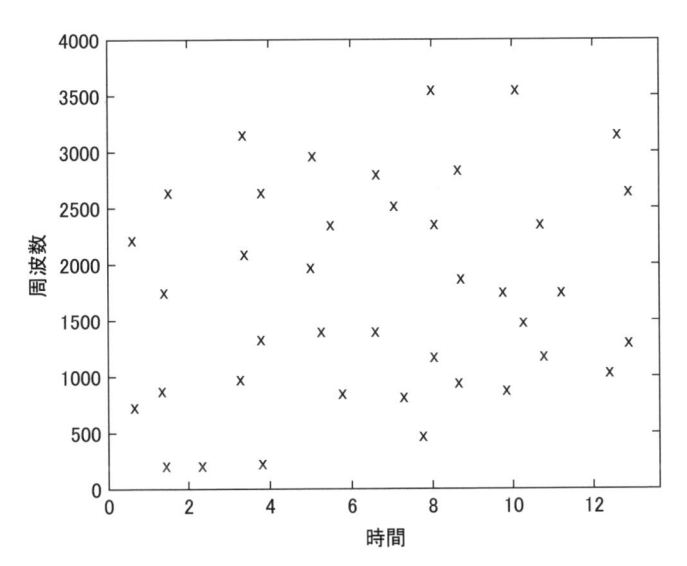

図4.9 コンスタレーションは，周波数領域の曲中における周波数のピーク値をプロットした散布図である．

### 4.6.3 類似性を測る

各楽曲は，周波数領域のピーク値をプロットした固有のコンスタレーションとして表現される．曲を認識する問題は，既知の曲のデータベースを走査して，新しい曲のコンスタレーションの最近傍レコードを見つける問題になる．この項では，最も類似性の高い曲を見つけるいくつかの異なる方法について考察していく．

＜コンスタレーション間の単純距離＞

コンスタレーションはわかりやすく図形として表すことができるが，本質的には以下の3つの値の組で表されるピーク値のリストである．

- 曲における時刻（X座標）
- 周波数（Y座標）
- 強さ

曲を識別するという目的からいえば，最初の2つは曲を特徴づけるのに十分であるとわかる．よって，2つの曲に共通するピーク数が，最も単純な類似性の尺度となる．これを一工夫して，共通するピーク数をピークの総数で割った値というものもよいだろう．

ただし，これだと，2曲とも曲全体であるか，1つは曲全体でもう一方の曲は最初から始まる場合はうまくいくだろうが，曲の断片には使えない．なぜなら，曲の断片における時刻と曲全体における時刻は異なるので，基準点がうまく一致しない（X座標がつねに異なってしまう）からである．

＜タイムスライスを使った類似性尺度＞

単純な類似性尺度の問題点は，曲の断片が，曲の最初から始まるとは限らない点を考慮していないことであった．そこで，その改良版としてタイムスライス（周波数は毎秒サンプリングされることを思い出しておこう）を比較して，どのタイムスライスが，いくつ一致するかを考えてみよう．

ピークが一致する場合，2つのタイムスライスは一致すると判断する．先ほ

ど単純な類似性の尺度のときに，一致するピーク数をピークの総数で割った値を紹介したが，それと同様に，たとえば「2つのタイムスライス間でピークの90％以上が一致する場合，この2つのタイムスライスは一致する」などと定義を緩和することもできる。

一見すると，一致するタイムスライスの数は，類似性尺度としてなかなかよいものに思えるかもしれない。しかし，飛び飛びのタイムスライスが一致しているというだけではまだ不十分である。曲の流れのなかで，曲の断片と曲全体が重なる時間が連続で何秒なのかが必要なのだ。そこで，類似性尺度は，連続したタイムスライスのなかで一致する最長のシーケンスの大きさと定義しよう。言い方を変えると，類似性尺度は2つの曲が重なる秒数である。

この尺度の課題は，その具体的な計算方法である。曲全体のタイムスライス中の全ピークを，曲の断片のタイムスライス中の全ピークと比較する必要があるわけだが，2曲間のタイムスライスの比較でさえ多数あるのに，楽曲データベース中の何百万もの曲と比較するとなると，さらに膨大な数となる。

＜アンカーポイント距離＞

Shazam が考案し特許化した解決策は，コンスタレーションのアンカーポイントを生成し，タイムスライスの代わりにアンカーポイントを比較する方法である。アンカーポイントとはコンスタレーションプロット中のピークのことである。このピークは，ある一定の周波数帯域のなかで時間的に後続する別のピークと紐づけられる（図4.10参照）。

アンカーと後続ピークの各ペアについて，アンカーは次の情報を保持する。

- ピークとアンカーの時刻の差
- ピークとアンカーの周波数の差
- アンカー自身の時刻と周波数

ここで，これらの情報は絶対的ではなく相対的であることに注意しよう。ペアになったピークとアンカーの実時刻や周波数値ではなく，時刻の差や周波数の差で表している。

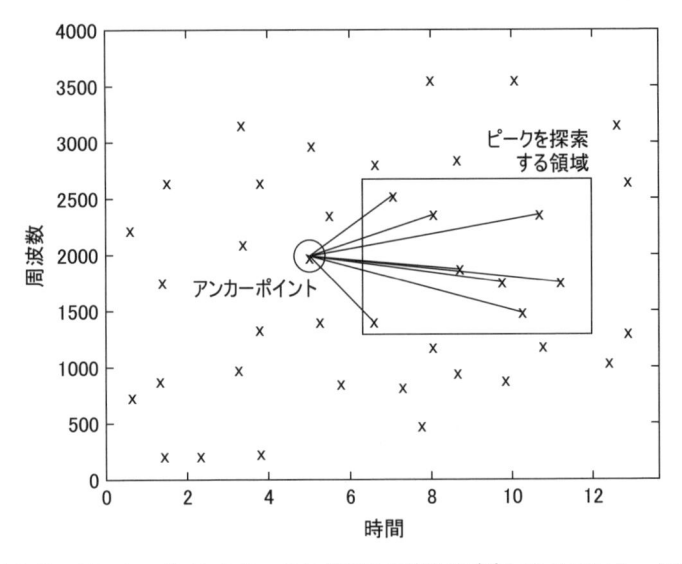

**図4.10** アンカーポイントは，ある特定の周波数帯域内にありアンカーより時間的に後続するピーク集合によってのみ規定される。

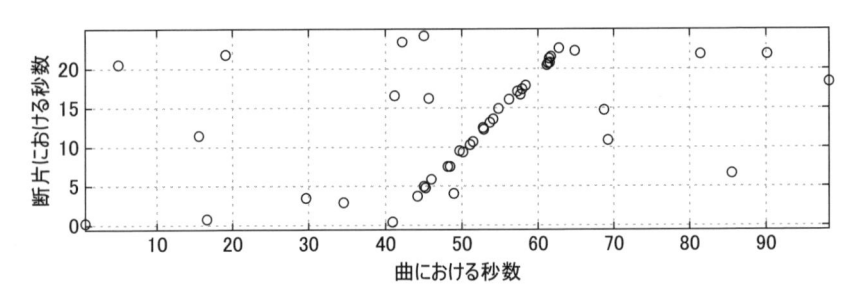

**図4.11** 一致するアンカーポイントが，曲全体と断片の両方に関して，絶対的な時間軸上にプロットされている。41秒時点から始まる〔斜め45度の〕直線は，断片が曲全体の特定の部分と一致していることを示す。

次の段階は，曲と断片の間でアンカーを一致させることである。前述のタイムスライスの一致と同様に，アンカーに紐づいたピークの一致度合の高さでアンカーの一致を定義することにしよう。そうすると，いくつかのアンカーは不連続に一致するだろうが，図4.11が示すように，一致が連続的になるパター

ンが見つかる．曲における41秒にプロットされている点が連続する一致の開始時点を示している．曲における41秒の時点にあるアンカーが断片における0秒の時点のアンカーと一致しているということである．続く3秒に一致部分はなく，45秒の時点のアンカーが断片の4秒の時点と一致し，同様に46秒は5秒に一致し，以下同様である．この図は，重なりの様子を明瞭に示してくれている．

＜Shazamの実装＞

Shazamは MBR 的な考え方を利用し，連続的に一致する秒数によって曲と断片を一致させる．処理の全体の流れは以下のとおりである．

1. 曲の断片をピークのコンスタレーションに変換する
2. コンスタレーションをアンカーポイントに変換する
3. アンカーポイントとピークの紐づけされたペアを作成する
4. 曲と断片において，一致するアンカーポイントを洗い出す
5. 曲と断片において，重なる部分の最長の連続シーケンスを特定する
6. 最長の重なりを持つ曲を返す

Shazamのシステムの優秀さは，できるだけ効率的に比較するという点にある．このシステムはグリッドコンピューティング環境に何百万もの曲を蓄積しており，非常に短い時間で，曲の断片とデータベース全体を比較できる．どれくらい速いかというと，利用者がモバイルアプリをクリックして曲を聞かせ，曲が終わるまだまだ手前の時点で曲名が判定されるほどである．

## 4.7　協調フィルタリング： レコメンデーションのための最近傍アプローチ

本書の著者は2人とも，自分がカントリーミュージックファンだとは思っていないのだが，このうちの1人が初期のディキシー・チックスのサイン入りCDを自慢げに所有している．チックスは，まだ有名なレコードレーベルこそ

持ってはいなかったが，かつては地方のバーで演奏していた。彼女らを知っているテキサス出身の友人たちがとても熱狂的に推薦していた。演奏は実に印象深いもので，マーティー・アーウィンの完璧なブルーグラスフィドル，彼女の妹エミリーの目の回るような楽器の種類（ほとんどが弦楽器，全部ではないが），そしてベースを演奏するローラ・リンチの魅惑的なヴォーカルが際立っていた。著者は，彼女らが後にグラミー賞を受賞したときのCDよりも，売れ始めたころに販売されたサイン入りの自主制作CDのほうがいまでも好きである。この話が最近傍法と何の関係があるのだろうと思われるだろうか。そう，これは人における協調フィルタリングの事例なのである。信頼している友人の勧めがあれば，人は，それがなければ試そうとしないようなことでも試してみようと思うだろう。

　「協調フィルタリング」は，記憶ベース推論を，とくに個人向けレコメンデーションを提供するアプリケーションに適するように改造したものである。協調フィルタリングシステムはまず，人々の選好の履歴から出発する。距離関数は人と人との選好の重なり度合いに基づいて類似度を決定する。すなわち，同じものを好む人々が互いに近いとされる。加えて，投票は距離によって重み付けされるので，より近くの近傍レコードの投票がレコメンデーションにおいてより重視される。言い換えれば，協調フィルタリングとは，似たような趣味・嗜好を持つとして選ばれた仲間集団の判断を利用することによって，特定の人物のその時点の選好に適合する音楽や書籍，ワイン，ブログ，リゾート，その他なんでも探し出す技術なのである。このアプローチは別名「社会情報フィルタリング（social information filtering）」と呼ばれている。

　協調フィルタリングは，人々が何を好むかを判断するために，口コミ情報を自動的に処理する。多くの人がそれを好むことがわかったとしても，それではまだ十分ではないことに留意しよう。そう，「誰が」それを好むのかを見つけることも重要なのである。誰しも，とくに信頼しているレコメンデーションがあるだろう。過去に的を射たレコメンデーションをくれた親しい友人の一押しであれば，たとえあなたが通常は好まないジャンルの映画であっても，その新作を見に行かせるのに十分な動機づけになるであろう。その一方で，『エース・ベンチュラ』こそこの世で最も面白い映画だと考えている友人からの熱狂的な

お勧めは，それを聞かなければ見ようと思っていた映画ですら「見ないほうがいい」とあなたに感じさせてしまうかもしれない。

自動化された協調フィルタリングシステムを利用して，新しい顧客にレコメンデーションを用意するには，以下の3つのステップを踏むことになる。

1. 映画や楽曲，レストランなどのアイテムをいくつか選んでおき，新しい顧客にそれらを評価させ，顧客のプロファイルを構築する。
2. 新しい顧客のプロファイルを，何らかの類似性指標を用いて他の顧客のプロファイルと比較する。
3. 類似したプロファイルを持つ顧客の評点を結合したものを使用して，新しい顧客がまだ評価していない対象にどんな評点を与えるのか予測する。

以下の項では，各ステップをもう少し詳しく考察していこう。

### 4.7.1 プロファイルを構築する

協調フィルタリングの課題の1つは，評価対象のアイテムの数がしばしば非常に多くて，1人の人間にはとても体験したり評価しきれなくなりがちだということである。すなわち，プロファイルは通常まばらなものとなり，利用者の嗜好の間に，レコメンデーション実施に必要となる重なりはほとんど生じない。利用者のプロファイルを，評価対象となるアイテムごとに1要素を対応させたアイテム空間上のベクトルとして，考えてみることにしよう。ベクトルの各要素は，そのプロファイルの持ち主である利用者が対応するアイテムに対して $-5$ から $5$ の範囲で決めた評点を表し，$0$ は中立（どちらでもない），空白は不明を示す。

もしそのベクトルに数千あるいは数万の要素が存在し，各顧客がどれを評価するかを決めるという場合なら，どの2人の顧客をとってもそのプロファイル間に重なりはほとんど見当たらないであろう。一方で，顧客に無理に一部分の評価だけをさせてしまうと，興味深い情報を獲得し損なう可能性が出てくる。なぜなら，一般的なアイテムの評点よりも，少々稀なアイテムの評点のほう

が，その顧客の嗜好について多くを語っているかも知れないからである．ビートルズが好きであることは，モーズ・アリソンが好きであることに比べると，特徴的な情報は多くないであろう．

妥当なアプローチとしては，新しい顧客にまず 20 アイテム程度の最も頻繁に評価されたアイテムのリスト（時間とともに変化するだろう）を評価してもらい，その後は彼らが進んで評価してくれるのに任せる，というやり方がある．

### 4.7.2　プロファイルを比較する

顧客のプロファイルが構築できたら，次のステップは他のプロファイルとの間の距離を計測することである．最もわかりやすいアプローチは，プロファイルベクトルを幾何学的な点として扱い，それらの間のユークリッド距離を計算することであるが，他の距離指標も数多く試されてきている．多くの利用者が多くのアイテムに否定的な評点を与えているときに，肯定的な評点を与えていれば，それにより高い重み付けを行うこともできる．それ以外では，まだ評点ベクトルの相関を分析する方法が使われている．

### 4.7.3　予測を行う

最後のステップは，その顧客が評価していないアイテムに対する評点の推定値を得るために，近傍のプロファイルの結合を使用することである．1 つのやり方は，距離に反比例する重みを用いた加重平均をとることである．図 4.12 に示した例は，ナサニエルが『猿の惑星』に与えるであろう評点を，彼の近傍レコードであるサイモンとアメリアの意見をもとに推定する様子を図解している．

サイモンは，ナサニエルから距離 2 だけ離れたところに位置し，その映画に $-1$ の評点を与えた．アメリアは距離 4 だけ離れていて，その映画に $-4$ の評点を与えた．他のプロファイルはナサニエルの十分近くに位置するとは言えないので，この投票には含めない．アメリアはサイモンの 2 倍遠くに離れているので，彼女の投票は彼の投票の半分程度しか考慮されない．ナサニエルの評点

[4] 最近傍アプローチ：記憶ベース推論と協調フィルタリング　　*199*

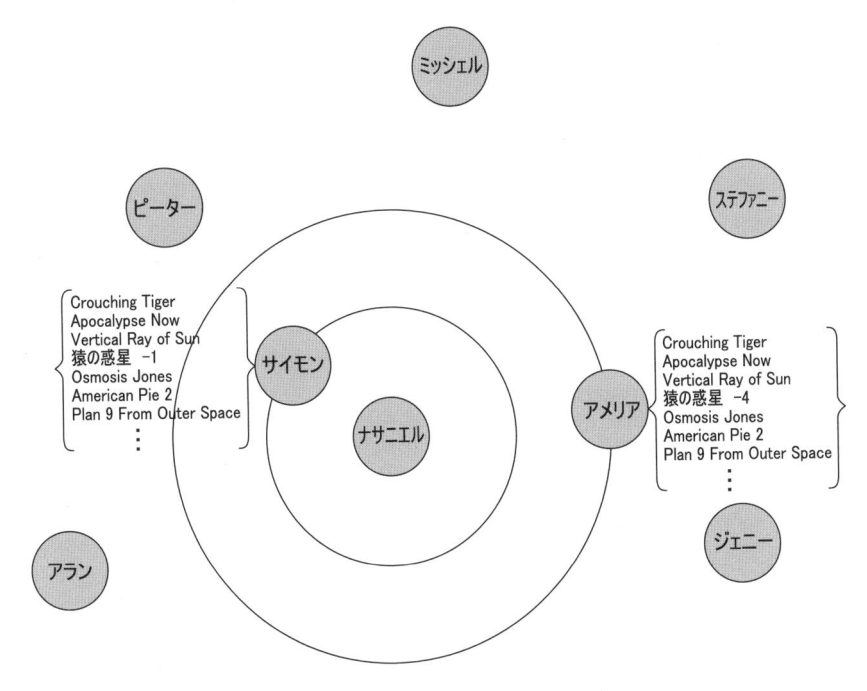

**図4.12**　『猿の惑星』の予測評点は-2である。

の推定値には距離で重み付けがなされる。

$$\left(\frac{1}{2}(-1) + \frac{1}{4}(-4)\right) \bigg/ \left(\frac{1}{2} + \frac{1}{4}\right) = -1.5/0.75 = -2$$

　優れた協調フィルタリングシステムは，利用者に予測結果に対してコメントする機会と，それに応じてプロファイルを調整する機会を与える。この例でいえば，もしナサニエルが，彼はこの映画を好きではないという予測に反して『猿の惑星』のビデオを借りるなら，その後，彼は彼自身の実際の評点を入力することができるのである。そして，もし彼が本当にその映画を好きで，評点4を与えたことが判明したなら，彼の新しいプロファイルは少しだけ違ったものになり，ナサニエルに対する次のレコメンデーションでは，サイモンやアメリアの意見はあまり考慮されなくなるだろう。

## 4.8 得られた教訓

　記憶ベース推論は強力なデータマイニング手法で，所属クラスの分類，数値の予測といったさまざまな問題に適用できる。MBR以外の目的志向的データマイニング手法では，モデルを作るために学習用データから特徴を取り出してモデル化した後は，その学習用データ自体は再度使われることはない。一方で，MBRではその学習用データといくつかの規則が，本質的にモデル「そのもの」なのである。

　適切な学習用データを選択することが，おそらくMBRにおいて最も重要なステップであろう。学習用データは，考えられるすべての分類について十分な数の事例を含んでいることが必要である。このことから，各分類カテゴリにほぼ同じ数の事例を含むバランスのとれた学習用データを作るために，稀にしか現れないカテゴリに対しては，多めにデータを選択する必要があるかもしれない。そうしないと，極端な例では，不良な顧客の事例だけからなる学習用データからは，すべての顧客が不良と予測されてしまうことになる。一般に学習用データの規模は，何十万や何百万レコードは無理だとしても，最低数千レコードは確保すべきである。

　MBRは $k$-最近傍アプローチである。どのレコードがより近いか決定するには距離関数が必要となる。2つのレコード間の距離を計算する具体的な方法はたくさんある。適切な距離関数を注意深く選定することは，MBRを活用するうえでたいへん重要なステップである。本章では，項目ごとに距離関数を構築し，それを正規化することによって総合的な距離関数を作成するアプローチを紹介した。正規化された項目間距離は，ユークリッド距離の方式で結合されるか，またはマンハッタン距離として合計される。

　ユークリッド距離を用いた場合は，どんな項目であろうと，ある1項目で大きな差があれば，2つのレコードは大きく離れているという結果になりやすい。マンハッタン距離の場合はもっと柔軟で，ある1項目における大きな差は，他の項目で近接した値をとることにより容易に埋め合わせが可能である。与えられたモデルの学習用データに対して最適な距離関数を選択するために，検証用データが別に用意できるのならば，すべての距離関数の候補を検証用データに

当てはめてみることによって，どの距離関数がより良い結果を生むかを判断できるであろう．一部の項目を優先的に反映するように距離関数を修正することによって，より適切な近傍レコードを得られる場合がある．この修正は距離関数に重みを組み込むことにより容易に実現する．

次の問題は，選択すべき近傍レコードの数である．先にも述べたが，検証用のデータを使って，近傍レコードの数を変えながら最適な数を決めるやり方は有効である．近傍レコードの数に明確な正解はない．その数はデータの分布に依存し，解くべき問題にも大きく左右されるのである．

基本的な結合関数は重み付き投票であり，カテゴリ変数の場合は，距離に反比例した重みを使うことによって，うまくいく．また，数値データを推定する場合には，加重平均が良い方法である．

記憶ベース推論に適した応用分野の1つに，レコメンデーションがあげられる．協調フィルタリングは，似通った嗜好を持つ人々をグループ化してレコメンデーションを提示するアプローチであり，そこでは，利用者が自分の評価を記載した2つのリストの近さを評価する距離関数が使われる．新たに参加した人へのレコメンデーションは，その人の最近傍レコードの評点の加重平均によって計算されるのである．

# CHAPTER 5

# 心配すべき時を知る：顧客理解のための生存分析の活用

　ハザード。生存。これらの言葉は，揺らめく青，ボールを食べるゴルフ場のハザード，スティーブン・キングの小説のゾッとするような何か，手斧の映像，あるいはリアリティのあるテレビ番組といったもののいずれにしろ，まさに恐ろしいイメージを思い起こさせる。おそらくそのような恐ろしい連想が，生存分析が伝統的にマーケティングとかかわりを持ってこなかった理由を説明しているのかもしれない。

　もしそうであるとしたら，これは恥ずべきことである。生存分析は，時間事象（time-to-event）分析とも呼ばれるが，何も心配するようなものではない。いやそれとはまったく正反対である。生存分析は，顧客を理解するために極めて役立つものである。その起源と用語は医学研究分野や製造業の故障分析からきているものであるが，そのコンセプトはマーケティングにぴったりである。生存分析は，購入を止めてしまうとか，他のものを購入してしまうといったような，何か重大な行動をしそうな顧客について気を配り始めるべき時を，あなたに教えてくれる。その分析手法は，当該事象と最も関連している要因を特定してもくれる。加えて，ハザードおよび生存曲線は，「この顧客が近い将来に去ってしまうかもしれないということについて，我々はどの程度気を配ってお

くべきか」とか，「この顧客は最近購入してくれていないけれども，その顧客が戻ってこないかもしれないということを，そろそろ心配すべき時期であろうか」といった質問の答えを与えるような，顧客ならびにそのライフサイクルのスナップショットも提供してくれるのである。

　生存分析は，顧客の行動の最も重要な面，すなわち顧客の継続期間を巧みに利用する。顧客が顧客でいてくれる期間は価値のある情報を提供してくれるが，とくに，それが特定のビジネス課題と関係しているときにはなおさらである。顧客が将来にわたってどのくらい長く顧客でいてくれるかはミステリーであるが，過去の顧客の行動が，そこに光を当てることを手助けしてくれるようなミステリーである。ほとんどすべての企業が，顧客ロイヤルティの価値に気づいている。この章の後のほうで述べられるように，ロイヤルティについて従うべき原則 ——より長く継続している顧客ほど引き続き顧客であり続け，どのようなときにも彼らが顧客でなくなる可能性は少ない—— は，まさにハザード確率を言い表している言葉である。

　マーケティングの世界は，医学研究分野の世界，つまり生存分析が支配的な科学的領域とはいささか異なっている。1つには，マーケティング活動のもたらす結果が恐ろしいというようなことはまったくない。処置が悪ければ患者は亡くなるおそれがあるが，マーケティングの結果は単に金銭的に測定されるに過ぎない。もう1つの重要な違いは，データの量である。最も規模の大きな医学研究でも，その被験者数は数万人程度であり，多くの場合，数百人程度の被験者に基づいて結論を導いている。製造業の世界では，生存分析が故障解析における重要な構成要素となっているが，平均故障間隔（MTBF）あるいは平均故障時間（MTTF）——高価な機械が，どの程度の期間で故障するのかを指す製造業の専門用語—— の測定は，数十を超えない程度の故障例で行われることがよくある。

　顧客の世界では，データベースに数十万から数百万の既存顧客やかつての顧客のデータが含まれていることがよくあるので，数万の事例というのは最も少ないほうの部類に入る。生存分析の統計的バックグラウンドの多くは，数百程度のわずかな観測データから，そのすべての情報を取り出すことに焦点が当てられている。これに対してデータマイニングの応用例では，データ量が極めて

多いため，信頼性と精度に対する統計的な懸念が，大規模なデータの管理に対する懸念に置き換えられる。

生存分析の重要性は，次のような時間事象について理解する方法を提供していることにある。

- ある顧客が離れていきそうな時期
- ある顧客が新しい顧客セグメントに移動しそうな次の時点
- ある顧客が関係性を広げようとするか，あるいは狭めようとする次の時点
- 顧客の継続期間を延ばす要因，あるいは短縮する要因
- 顧客の継続期間に対するさまざまな要因の量的な影響

顧客に関するこれらの洞察が，マーケティングプロセスにとって直接的な糧となる。それらは，異なる顧客グループが，どの程度長く顧客であり続けそうかを理解することを可能にする——それゆえ，それらの顧客セグメントが，どの程度の収益性があるのかについても理解を可能にすることになる。それらは，新規顧客の獲得数と既存顧客の減少数の双方を考慮して，顧客数を予測することを可能にする。生存分析は，最も長く継続する顧客に対して，彼らが顧客になったばかりのころの要因から，その後しばらく経ってからの経験まで含めて，どの要因が最も強い影響を与えているのか見つけだすことを可能にもする。その分析は，顧客継続期間の終了時点の分析以外で適用することも可能であり，他の事象——顧客があるウェブサイトに戻ってくるというような事象——が，もはや生じる可能性がなくなる時点を明らかにすることも可能である。

### ◆生存分析の大まかな歴史

本書で議論されているすべての手法のなかで，生存分析は，おそらく最も古いものである。その歴史は，数世紀前のロンドンで設立された王立協会の初期の時代にまで遡る。科学的手法やピアレビュー（査読）を含めて，今日われわれが科学であると理解しているほとんどあらゆるものは，1660年に王立協会を設立した科学者と哲学者のグループにまで遡る。その後1665年に，科学専門の最初の雑誌である *Philosophical Transactions* の出版が開始された。

王立協会の設立後数十年が経過した1693年，エドモンド・ハレー——有名な彗

星の名前で極めてよく知られている人物—が,「ブレスロウ市における出生数と死亡数の興味深い表から抽出された人間の死亡率の推定；年金保険価格解明の試み」というタイトルの論文を発表した。ふう,まったく舌を噛みそうなタイトルである。この論文のタイトルは,データマイニングの現代的な考えの多くを含んでいる。(原論文は,www.pierre-marteau.com/editions/1693-mortality.html で見つけることができる。Pierre Marteau は,17世紀,18世紀,19世紀の研究論文を,オンライン専門で出版しているウェブサイトである)

ハレーが「死亡率」と呼んだものは,現在はハザード確率として知られているものである。「興味深い表」というのは,出生と死亡の記録のことである。当時,政府はそのような事柄について届け出の要求をしてはいなかったので,出生や死亡の記録は簡単に入手できるものではなかった。そのようななか,ブレスロウ(現在はヴロツワフ(Wroclaw)と呼ばれている)では,その記録が教会で保持されていたのである。ハレーの論文は,そのようなデータが利用可能なことに触発されたものであった。

なぜ彼は,ロンドンから800マイルも離れたブレスロウ市まで,わざわざ行かなければならなかったのであろうか。この距離は,飛行機や列車,自動車,あるいはクレジットカードなしでは,どうにもならないほどの距離だったはずなのに。実はハレーは,出生と死亡の記録を使って「年金保険価格の解明」を試みた最初の人物ではなかったのである。初期の研究は,ロンドンで収集されたデータを用いていた。そしてそれには問題があった。というのもロンドンでは,出生数よりも死亡数のほうが多かったのである。このような現象が生じていることについての1つの解釈は,どういうわけかロンドンが人の健康を阻害していたということかもしれない。しかし,もっと見識のある(そしてまともな)解釈は,1600年代の終わりごろというのは,産業革命がまさに始まったころであり,ロンドンは急激に発展し,それにともなってたくさんの移民が遠くから集まってきていたと考えることであろう。おそらくブレスロウでは,そんなに多くの人々が流入したり流出したりしていなかったのではないだろうか。

最後に,なぜハレーはこの問題に興味を持ったのであろうか。彼は,生命保険と年金の価格設定をしたかったのである。概してハレーの論文は,データマイナーに刺激を与えてくれる。彼は,自分が必要とするデータを,自分から出かけて行って見つけていた。そして彼は,その分析に高度な手法を利用した(計算尺も1600年代に発明されたものである)。彼は極めて明確なビジネス上の目的を持っていたのである。

論文中で提示された手法は,複数の国の保険数理士によって利用されてきた生命表法である。それから時代は変わった。しかしその手法自体は,データに語らせることができるがゆえに,いまでも魅力的である。その手法は,ほとん

ど仮定を設けることなく，それによってわかりやすいものとなっている．

生存分析の議論の手始めに，生存曲線の可視化について取り扱う．次に生存分析の基礎的要素であるハザード確率に議論を移す．ハザード確率は，生存曲線を作るために順々につなぎ合わされるものである．この章の最後は，コックス比例ハザードモデルについての議論で締めくくられる．またその途中では，ビジネスにおける生存分析についての複数の例が提供される．

## 5.1 顧客の生存

生存分析は顧客維持について測定するための良い方法であり，多くの企業にとって，それらの顧客についても馴染む概念である．生存曲線もまた，顧客の半減期や平均顧客期間のような重要な尺度を含んでいて，顧客維持を理解するための基礎がしっかりした枠組みを提供する．

### 5.1.1 生存曲線から明らかになること

生存曲線は，それまでに顧客がどのくらい長く継続してきたかという履歴情報に基づいて，顧客継続期間の特定の時点まで継続していると期待される顧客の割合を示すものである．この曲線は，いつも100％からスタートして，その後，減少していく．生存曲線は横ばいになることはあるかもしれないが，増加することはない．この曲線はゼロに向かってずっと減少し続けることもあるが，一般にはそうならないことのほうが多く，その状態はある程度の顧客が長期的に継続していることを示している．終了というのは1回限りの事象である．顧客が終了してしまった後は，その顧客は戻ってくることはない．

図5.1は，10年間にわたって，顧客の2つのグループの生存曲線を比較したものである．生存曲線上の点は，たとえば1年間継続すると予想される顧客の割合，あるいは2年間継続すると予想される顧客の割合といったものを示している．この図は，1つのグループがもう一方のグループよりも良いということ

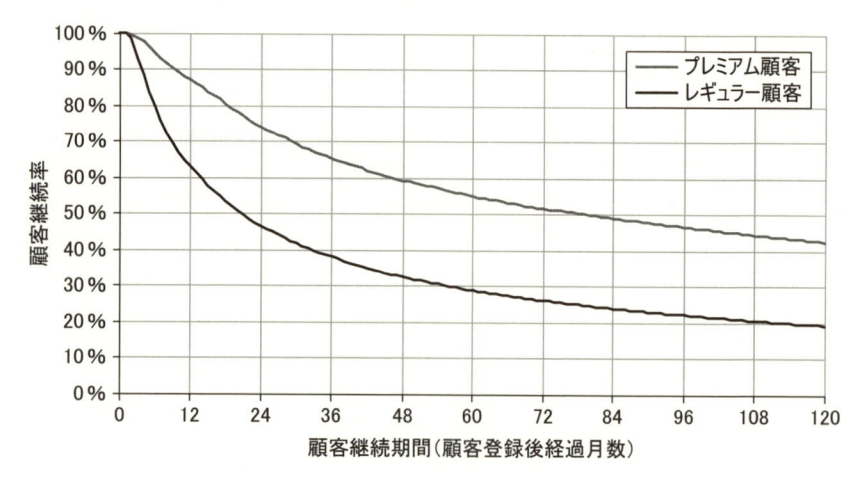

図5.1 生存曲線はプレミアム顧客がより長く継続することを示している。

を明確に示している。とはいえ、この違いはどのようにして定量化できるであろうか。

最も単純な尺度は、特定の時点における生存率である。たとえば10年後の時点で、レギュラー顧客の24％が継続しており、5年後の時点ではだいたい3分の1程度のみが継続している。プレミアム顧客はそれよりもずっといい。5年後の時点で半分以上が継続し、10年後にも42％以上の顧客が継続している。

異なるグループ間で比較を行うもう1つの方法は、顧客の半分が離脱してしまうまでにかかる期間—顧客半減期（統計用語を用いれば、顧客継続期間の中央値）—を確認することである。顧客半減期は、顧客継続期間が極めて長い顧客や極めて短い顧客などのわずかな顧客の影響を受けないので、有用な尺度である。一般に、中央値は少数の外れ値の影響を受けにくい。

図5.2は、生存曲線を利用して顧客半減期を見つける方法を示している。50％の横方向のグリッド線が生存曲線と交差する点、これが顧客のちょうど50％が残っている点である。2つのグループに関する顧客半減期は、10年間継続率よりも大きな違いを示している—プレミアム顧客の生存期間の中央値が7年に近いのに対して、レギュラー顧客の生存期間の中央値は2年より若干短い。

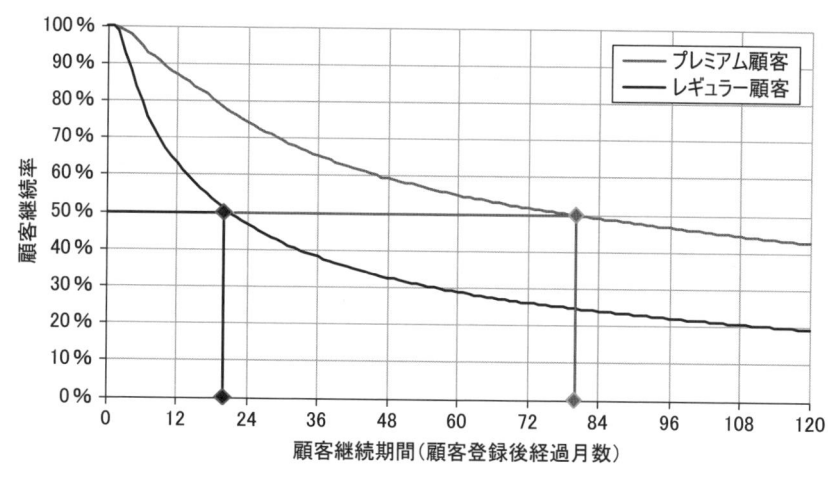

図5.2 顧客継続期間の中央値は生存曲線が50%のグリッド線と交差する点である。

## 5.1.2 生存曲線から平均顧客継続期間を見つける

　顧客半減期は比較のために役に立ち，計算も容易である．しかし，それは「その期間の平均的な顧客価値がどの程度なのか」という重要な質問には答えてくれない．この質問に答えるためには，すべての顧客における単位期間当たりの平均的な顧客価値と平均的な顧客継続期間を知らなければならない．中央値は，中央の1人の顧客，つまり元々いた顧客のちょうど半分が離脱してしまったときのその最後の1人に起こることを記述するのみであるため，この情報を与えてはくれない．

　平均的な顧客継続の残存期間は，顧客の生存曲線の下の面積である．曲線の下のこの面積を求めるのは，とっつきにくいように見えるかもしれない—微積分の記憶がある読者にとってはなおさらである．けれども実際には，そのプロセスは極めて簡単である．図5.3は，各点に対応した長方形を付した生存曲線を示している．それぞれの長方形の底辺は長さ1であり，それは横軸の単位に相当する．高さは継続確率である．この曲線の下の面積は，これらの長方形の面積の和である．

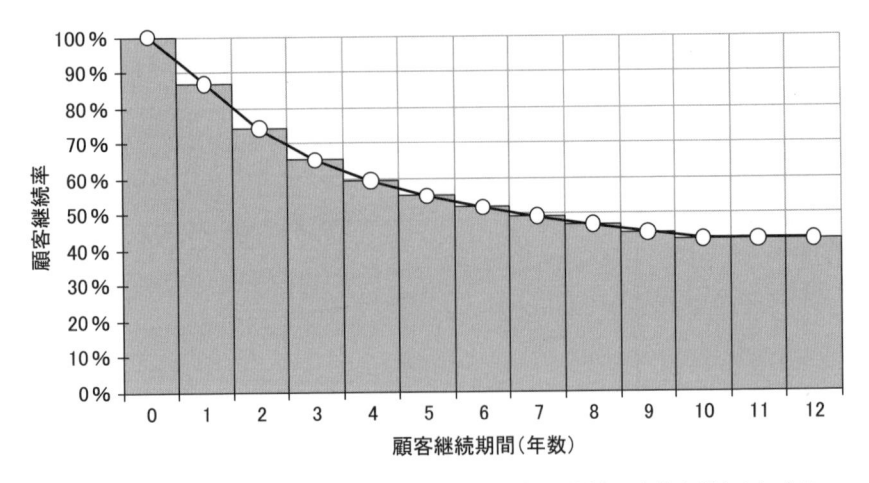

図5.3 各点に接する長方形は、生存曲線の下の面積を近似する方法を明らかにする。

その1つの長方形の面積は底辺と高さの積、つまり1×継続確率である。そしてすべての長方形の和は、まさに生存曲線に応じたすべての継続確率の和である——これはスプレッドシート上で簡単に計算できる。ほら、出来上がり。これはその面積であるものの、極めて興味深い観測値を計算する簡単な方法でもある。というのも、（パーセンテージとしての）継続確率の和は、平均的な顧客継続期間となっているのである。それぞれの長方形は、横軸の単位が何であれ、その時間1単位分の幅を持っていることにも注意してほしい。それゆえ平均値の単位もまた、横軸の単位となるのである。

> **ヒント** 生存曲線の下の面積は、その曲線の対象期間における顧客の平均継続期間である。たとえば、2年間のデータに対する生存曲線であれば、その曲線の下の面積は2年間の期間での平均的な顧客継続期間を表している。

この単純な例が、平均的な顧客継続期間の推定値を得るための方法を説明している。少し明確になったことがある。それは、この平均値が生存曲線の描かれた期間の範囲内での平均値になっているという点である。先の図で示されていた生存曲線のペアを考えてみよう。それらの生存曲線は10年間という期間に対してのものであったから、それらの下の面積は、顧客との関係性が始まっ

てから最初の 10 年間のなかでの，平均的な顧客継続期間の推定値となる。それゆえ 10 年目の時点でなお継続している顧客については，それらの顧客が 10 年プラス 1 日で離脱してしまうかどうか，あるいは次の世紀まで継続しているのかどうかは，知る術が何もない。このような理由から，すべての顧客が離脱してしまうまでは，本当の平均値を求めることはできないのである。

その値は，統計学者によって打ち切りのある平均生存期間と呼ばれており，極めて有用なものである。図 5.4 に示されるように，より良いほうの顧客グループは 10 年の期間で平均継続期間が 6.1 年であり，もう 1 つのグループは平均 3.7 年である。仮に 1 人の顧客が平均的に 1 年当たり $1000 の価値があるとすれば，顧客になってから 10 年間の期間でみると，プレミアム顧客はレギュラー顧客よりも $6100 − $3700 = $2400，つまり 1 年当たり $240 高い価値があることになる。この $240 は，プレミアム顧客用に特別に設計された維持プログラムの収益を表しているという見方もできるし，そのような維持プログラムにかける予算の上限を与えているという見方もできる。

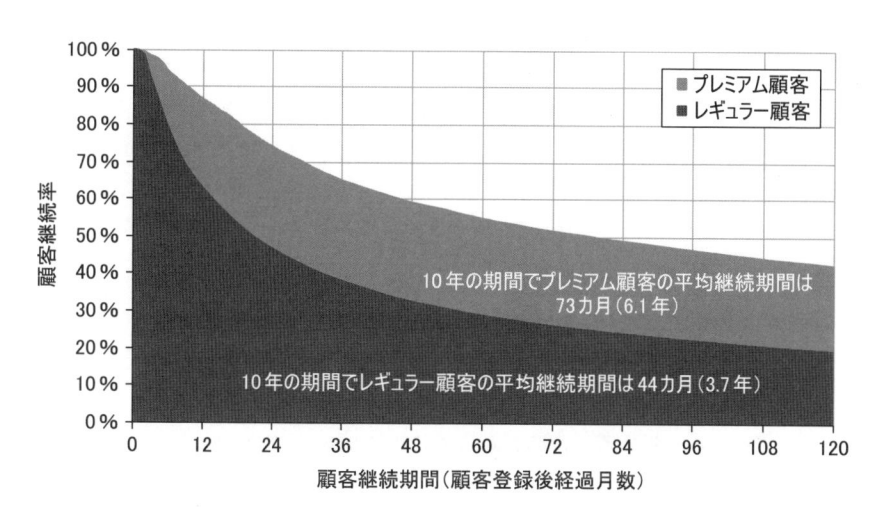

図5.4 異なる顧客グループの平均顧客継続期間は，生存曲線の下の面積を利用して比較できる。

## 5.1.3　生存曲線を使った顧客リテンション

　どのぐらい長く顧客は継続してくれるのであろうか。この単純に見える質問は，実世界で適用されると思いのほか複雑なものになる。顧客の継続期間を理解するには，次の2つの情報が必要である。

- 一人一人の顧客が顧客として開始する時点
- 一人一人の顧客が終了する時点

　これらの2つの変数間の差が，当該顧客の継続期間である。顧客像を提供しようとするあらゆる合理的なデータベースは，この情報をいつでもアクセスできる状態で保持していなければならない。そのためには2つの課題がある。1つ目は，顧客の開始と終了についてのビジネス上の定義をすることである。2つ目は技術的なことである。具体的には，利用可能なデータのなかで開始と終了の日付を見つけることであり，それは見た目ほど明確ではないかもしれない。

　会員申し込みを前提とする顧客ビジネスであれば，開始日と終了日は明確にわかっている。顧客はある時点で雑誌の定期購読を始め，彼らがその雑誌に対してもうそれ以上費用を支払いたくなくなったときに定期購読を終了する。電話サービスや銀行口座，インターネットサービス，ケーブルテレビサービス，保険，電気サービスなどに加入するために，顧客はある時点で申込書に署名し，その後のどこかの時点で解約する。これらのすべてのケースでは，関係の始まりと終わりは明確に規定される。

　ビジネス上の定義が明確に理解されている場合であっても，それを実際のデータに対応させて変換するのが難しいこともある。雑誌の定期購読を考えてみよう。顧客の開始日は，定期購読を申し込んだ日になるのか。それとも，数週間後に雑誌が顧客の手元に届いた日か。あるいは，プロモーション期間が終了して，支払いが開始した日だろうか。

　利用するデータに関して意思決定をする場合，その焦点は関係性の経済的側面に当てられることが多い。コストと収入の双方あるいは一方は，アカウントが利用され始めると——たとえば雑誌の発行日になると——発生し始め，アカウ

ントが停止すると終了する。顧客を理解するために，最初の発行日に加えて，最初に接触した日と時間を保持しておくことも役に立つ（平日に登録した顧客は，週末に登録した顧客とは異なるであろうか）。ただし，これは経済的な関係が始まった日ではない。プロモーション期間の終了日に関しては，まさに顧客との関係性の初期条件，もしくはゼロ時点の共変量である。その顧客が登録する時点で，初期のプロモーション期間は既知となっている。生存分析では，モデルを改良するために，そのような初期条件をうまく利用することができる。

多くの企業は，自身の顧客との間に，会員契約に基づく継続的な関係性を持っているわけではない。小売業やウェブポータル，ホテルなどはその例である。それぞれの顧客の購買（あるいは滞在）は，時間とともに繰り返される——もちろん1回限りということもあるかもしれない。いずれにしても，その関係性の始まりは明らかである——通常は，最初の購買か滞在である。その終わりは，始まりよりはわかりにくく，ビジネスの経験則に則して規定されることも時々ある。たとえば，直前の12カ月間に一度も購買を行っていない顧客は，関係性が終了しているとみなされるかもしれない。

### 5.1.4　生存を減衰として見ること

筆者らは，顧客を放射性物質になぞらえることを通常は推奨しないが，そのような例えが生存を理解する上では役に立つこともある。顧客を，ゆっくりと放射性崩壊し鉛になっていくウランの塊と考えてみよう。「良い」顧客がウランであり，去ってしまった顧客が鉛である。時間の経過とともに変化する塊のなかのウランの量は，先に見た生存曲線のように見える。人間の活動における時間の尺度が極めて小さいのに対して，ウランの時間枠は数十億年単位で計られるという点が，おそらくは若干異なるところではあるけれど。

ウランの1つの優れた特徴は，一定時間の経過後に，それがどの程度残っているのかを正確に求める方法を，科学者が見つけ出しているということにある。彼らにそれができるのは，彼らが放射性崩壊を記述する数理モデルを構築し，実験的に検証してきているためである。

放射性物質は，指数関数型崩壊と呼ばれる崩壊のプロセスを持っている。こ

の意味するところは，すでにどれだけの量のウランが鉛になっているのかにかかわらず，所与の一定の時間のなかでは，同じ割合のウランが鉛になっていくということである。最も一般的なウランの半減期は約45億年である。つまり，45億年でウランの塊の約半分が鉛になる。さらに45億年が経過すれば，残ったウラン塊のさらに半分が崩壊し，元の塊に対して4分の1のウランと4分の3の鉛が残ることになる。

**注意** 指数関数型崩壊は，観測期間を超えて予測を行うために役に立つ多くの特性を持っている。しかし残念なことに，ビジネスにおける事象発生時間は指数関数型崩壊のような特徴をほとんど示さない。

指数関数型崩壊を魅力的にしているものは，時間軸の任意の時点で周囲にどのくらいのウランが存在するのかを記述するための，極めて単純な数式があるという点である。顧客の生存についてもそのような数式があれば，素晴らしいことではないだろうか。たしかにそれは素晴らしいことかもしれないが，「◆顧客の生存に関しては，パラメトリックなアプローチは機能しない」の例で示すように，それは残念ながらありそうもない。

この問題を少しでも明らかにするために，顧客が指数関数型崩壊を示す世界をイメージしてみよう。議論のために，それらの顧客は半減期が1年であるとする。これは，ある日の時点で100人の顧客数からスタートしたとすれば，ちょうど50人が1年後にも顧客であり続けているということである。同様に，2年後には25人が顧客として存続する一方で，75人が顧客ではなくなることになる。このように，指数関数型崩壊であれば将来の顧客数を予測することは容易である。

このシナリオの問題は，およそ1年程度存続していた顧客が，それ以降もあたかも新規顧客と同じように振る舞うと仮定している点にある。継続期間がさまざまな100人の顧客がいるものとしよう。そのような継続期間の多様性は考慮されることもなく，1年後にはそのうちの50人が去ることになるのである。つまり，指数関数型崩壊は，初期時点での継続期間の違いは一切考慮せず，その半分が去るだろうと言っているのである。この意味するところは，以前からいた顧客が，その後に顧客になった新しい顧客よりもロイヤルであると

いうようなことはない、ということである。ところが現実の世界では、以前からいた顧客は、新しく顧客になった顧客よりも、より良い顧客であるということがよくあるものだ。どのような理由にしろ、継続期間のより長い顧客は、過去に顧客であり続けたのであり、将来去ってしまう可能性は、新しい顧客よりもやや少なくなる傾向にある。それゆえ指数関数型崩壊による近似は良いとは言えないのである。というのも、それはまるで逆のことを仮定しているからである。つまり、顧客関係性の継続期間は、その顧客が去ってしまう確率に影響を及ぼさないという仮定である（さらに悪いことに、このシナリオでは、継続期間のより長い顧客が、新しい顧客よりも一貫して高い割合で去ってしまうことになる。まさに「親しさは軽蔑を生む」というシナリオである）。

◆**顧客の生存に関しては、パラメトリックなアプローチは機能しない**

　何らかの既知の関数を生存曲線に適用する試みは魅力的である。このアプローチは回帰の一種であり、それは少数のパラメータが生存曲線の形状を決めるというものである。パラメトリックアプローチの威力は、生存曲線を推定することに用いたデータの範囲を超えて、将来の生存曲線の値を予測するために利用できる点にある。

　直線は、回帰に用いる関数のなかで最も一般的な形状のものである。直線には2つのパラメータがある。それは、直線の傾きと、$y$軸と直線が交わる切片である。もう1つの一般的な形状は放物線で、それはさらに$x^2$の項を持つので、放物線のパラメータ数は3となる。放射性崩壊を記述する指数関数のパラメータは1つであり、それは半減期である。

　次の図は、13年間のうちの7年間に対する生存曲線を示している。この図には、3つの比較的良く適合している曲線も示してある。適合度を測定する統計的尺度は$R^2$であり、その値は0から1の範囲で変化する[*1]。その値が0.9を超えているということは、極めて良い適合を示しているということであり、それゆえこの標準的な統計尺度によれば、これらすべての曲線が良く適合していると言える。

---

[*1] 訳者注：非線形回帰の場合、決定係数$R^2$は形式的に定義されるのみで、線形回帰における決定係数と同じように評価すべきではないことに注意してほしい。

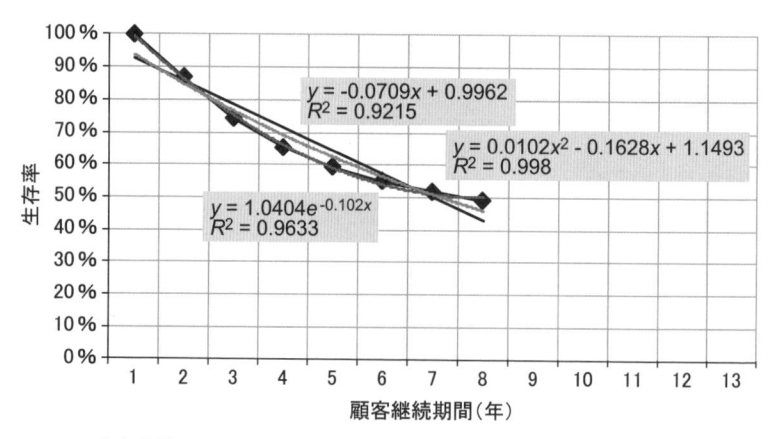

生存曲線にパラメトリックな曲線を当てはめることはたやすい。

けれども本当の問題は，生存曲線を推定するために利用したデータ期間のなかで，それらがどれだけ良く適合しているのかではなく，その期間以降でどれだけ役に立つかである。

次の図は，この問題に対する答えを示している。それはさらに5年先までの曲線を外挿したものである。各々の曲線が実際の値から急激にそれて，その隔たりはどんどん大きくなっているように見える。

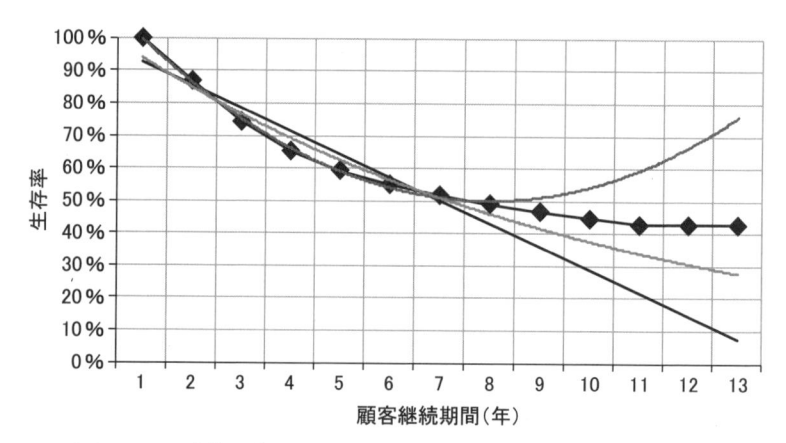

リテンション曲線に当てはめたパラメトリックな生存曲線は，それらが規定された範囲を超えたところでは，うまく当てはまらない。

もちろんこの例が，パラメトリックアプローチはあらゆるケースでうまく機能しない，と証明している訳ではない。たぶん，適切なパラメータが与えられれば，観測された顧客の生存曲線に極めて良く適合し，パラメータを推定するために利用したデータ期間以降でも機能し続けるような関数もあるだろう。しかしこの例は，生存曲線を直接的に近似するためにパラメトリックアプローチを利用するというチャレンジについて説明したものであり，そしてそれが，もっと多くの観測データを使った著者らの経験とも一致しているのである。つまり，ある範囲では極めて良く生存曲線に適合しているように見えるものが，その範囲の外側では一転して急にそれていくということである。

## 5.2 ハザード確率

生存曲線は役に立つものであり，極めて単純で理解しやすい。とはいえこのように理解できるのは，あくまでもそれらを推定するのに用いる観測データの期間内でのことである。顧客の減少に関する一般的形状やパラメトリック形式，基盤となる理論のようなものは存在しない。データこそがメッセージなのである。

ハザード確率は，このアイデアを拡張したものである。このあと議論されるように，それはノンパラメトリックな統計アプローチ，つまりデータについて語らせるために特定の関数を見つけようとするのではなく，むしろデータ自身に語らせようとするアプローチの一例である。経験的ハザード確率は，あらかじめ決められた式にデータを当てはめようとするのではなく，履歴データに，これから起こりそうなことについて単純に決めさせようとするものである。それは，顧客の継続に関する洞察を提供し，生存曲線を生成するための基盤も提供する。

### 5.2.1 基本的なアイデア

ハザード確率は以下の疑問に答えてくれる。

ある顧客が一定の期間継続すると仮定して，その顧客の継続期間を $t$

とする．このとき，$t+1$ 時点までに顧客が去ってしまう確率はどの程度か．

別の言い方をすれば，$t$ 時点におけるハザード確率とは，時点 $t$ から $t+1$ までの間に顧客を失うリスクである．多くの単純に見えるアイデアと同じように，ハザード確率の定義は興味深い結果を与えてくれる．

ハザード確率の例を示すために，少しの間ビジネスの世界から外に踏み出して，生命表について考えてみよう．生命表とは，ある人が特定の年齢で死ぬ確率を記述したものである．図 5.5 は，死亡率が 0.7 ％程度というやや高い値からスタートしており，生まれたばかりのときが危険であることを示している．その後，死亡率は極めて低くなり，再び徐々に増加しはじめる．およそ 55 歳になるところで，生まれた年と同じ程度の高さのリスクに上昇する．これはある種のハザード関数の特徴的な形状であり，バスタブ曲線と呼ばれている．そのようなハザード関数は，高い値からスタートし，しばらくの間は低い値で推移し，再び徐々に増加しはじめる．

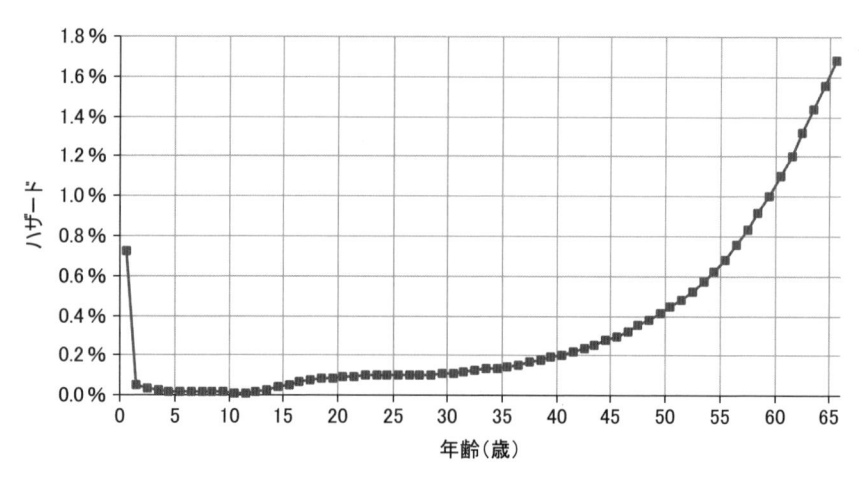

図5.5　バスタブ型ハザード関数の形状は，最初に高い値からスタートした後，急激に低下し，再び徐々に増加する．

顧客のハザードは，年単位ではなく，日や週，あるいは月単位で計算されるのが一般的である。これと同じアイデアが，顧客の継続期間にも適用できる。所与の時点 $t$ におけるハザードの計算には，2 つのデータが必要なだけである。1 つ目は，時点 $t$（あるいは，時点 $t$ から $t+1$ の間）で去った顧客の数である。2 つ目は「リスク集団」，つまり直近の期間で去ってしまう可能性のある顧客の数である。実際に行うハザードの計算では，リスク集団は，継続期間が時点 $t$ と同じかそれよりも大きいすべての顧客で構成され，そのなかには時点 $t$ で去った顧客も含まれる。ハザード確率は，これら 2 つの数値の比であり，ある種の確率と捉えられるものであって，その値はつねに 0 から 1 の範囲となる。ハザードの計算機能は SAS や SPSS，R などの統計ソフトウェア内の生命表関数で提供されている。この計算は，顧客データベースのデータを直接利用して，スプレッドシートで行うことも可能である。

計算を正確なものとするために，所与の時点において考慮される母集団内のすべての顧客は，いつでも去ることができるようになっていなければならない。母集団の部分集合に目を向けるとき，これは大きな意味を持つ。とくに，実際のハザードの推定が正確なものとなるように，その部分集合は，顧客のライフサイクル内で生じる事象に基づいて時点によって変化するように定義するのではなく，初期の条件に基づいて固定的に定義すべきである。この章の後ろの部分では，このアプローチの改良版で，この制約が緩和されたものについて説明する。

**注意** ハザードと生存曲線を得るために，初期条件のみに基づく顧客のグループを利用しなさい。とくに，メンバーが去ってしまった状況や時点，あるいは顧客のライフサイクル内で経験するイベントに基づいて，グループを定義すべきではない。

母集団が大きい場合には，信頼度や標準誤差のような統計的な考え方について心配する必要はない。しかし，医療調査研究やある種のビジネス的な応用のように，母集団が小さいときには，信頼区間が重要になってくるかもしれない。この意味するところは，5％のハザードというものは，実際には 4％から 6％の間のどこかに真の値があるということである。小さめのサンプル（たと

えば数千以下）を使っているときには，標準誤差についての情報を提供する統計的手法が適している。しかしながら，顧客に関するほとんどの応用事例の場合には，これはそれほど重要な問題にはならない。

### 5.2.2　ハザード関数の例

この後に出てくる複数の例は，ハザードおよびそれらを用いて顧客の特徴を捉えることについて，理解を深めることを意図している。最初の2つの例は基本的なものである。3番目の例は実際のデータに基づくもので，ハザードが顧客のライフサイクルのX線写真を提供する仕方について，わかりやすく解説している。

＜定数ハザード＞

定数ハザードは，説明のための図を必要としないほど簡単である。それが示しているのは，顧客がどの程度の期間継続していたのかとは無関係に，顧客が去ってしまうハザードはまったく同じであるということである。これはグラフ上では水平な線のように見える。

仮にハザード確率が日単位で測定されているものとし，その値が 0.1 という定数であるとする。つまり 1000 人当たり 1 人の顧客が毎日去っていくということである。1年（365日）後には，およそ 30.6 % の顧客が去ってしまうことになる。半数の顧客が去ってしまうまでの期間は 692 日である。残った顧客が半減する期間もその後の 692 日であり，以下同様である。

定数ハザードは，ある顧客が去ってしまう可能性が，その顧客の継続期間によって変化しないということを意味する。これは，放射性物質の崩壊によく似ている。実際，定数ハザードの確率は，指数関数型の生存曲線に対応している。とはいえ，定数ハザードは物理現象では見られるだろうが，マーケティング領域のなかで生じることはそれほど多くはない。

<バスタブ型ハザード>

米国の人口に対する生命表は，ハスタブ型ハザード関数の1つの例である。バスタブ型曲線は他の複数の分野で見られるが，生命科学の分野でもこれは一般的なことである。前に述べたように，バスタブ型ハザードは最初に高い値から始まり，その後低い値となり，長期間横ばいの状態を継続した後，最終的にハザード確率が再び増加する。

このような現象は，顧客が1年間程度の何らかの契約（たとえば，携帯電話やISPサービスの契約）をしている場合によく見られる。契約期間の初期の段階では，サービス内容が自分に適していない，あるいは支払いを滞らせているという理由で，顧客は契約を解約してしまうことがある。契約期間中は，金銭的なペナルティーへの懸念，あるいは最初の契約内容を誠実に守る義務感から，顧客は契約を破棄することを思いとどまるものである。契約期間が終了する段階で，顧客が大勢去ってしまうことがよくあり，それらの顧客が解約してしまうため，しばらくの間は高い解約率が継続することになる。

契約が継続された後は，製品やサービスが競合他社に比べて割高であるといった他の理由が，顧客の離脱の原因となるかもしれない。市場は変化し，それらの変化に顧客は反応するものである。料金が低下するにしたがって，顧客は，現在の契約業者とより低い料金の交渉を行うことよりも，競合他社に乗り換えることを選ぶ傾向にある。

<現実世界の例>

図5.6は，ハザード関数を適用した現実世界の1つの例を示しているもので，それは会員登録をベースとするサービス（厳密なサービス内容はここでは重要ではない）を提供するある企業の事例である。このハザード関数は，会員登録後の経過週数に応じて，ある顧客が退会する確率を示したものである。

この曲線は，いくつかの興味深い特徴を示している。1つは，その開始当初の値が高いということである。早々に退会してしまう顧客は，会員登録をしてはみたものの，クレジットカードの承認が得られないといった技術的な理由で，サービスの利用を開始できなかった顧客である。あるいは，顧客が会員登録したことに気づいていなかったという場合もある——これは，アウトバウンド

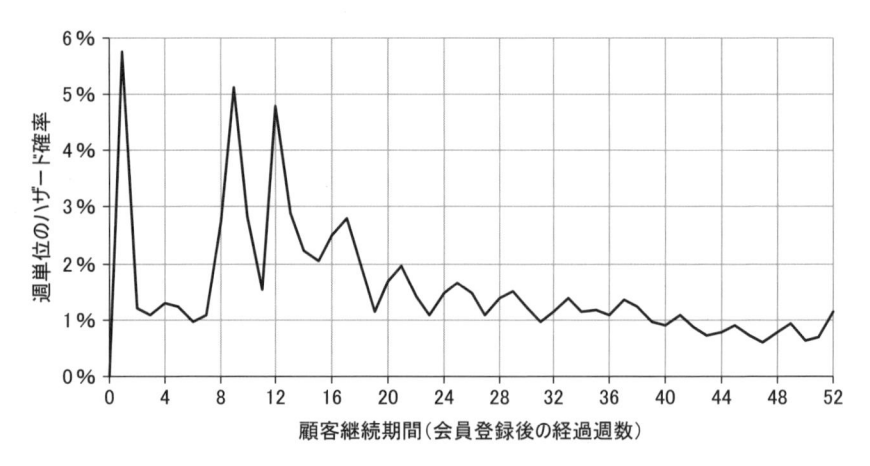

図5.6 会員登録型ビジネスは，このようなハザード確率を示す。

テレマーケティングキャンペーンにおいて，筆者らも最も頻繁に遭遇する問題の1つである。

次の特徴は，この曲線が，およそ9週目と12週目をピークとしたM字型の形状をしている点である。最初のほうのピークは料金未払いによって生じるものである。一度も支払いをしていない顧客や，クレジットカードによる支払いをキャンセルされた顧客は，およそ2カ月後に料金未払いで解約となる。かなりの数の顧客がこの時点で去ってしまうので，ハザード確率が急に高い値となるのである。

「M」の2つ目のピークは，入会割引価格を提供する初期のプロモーションの終了とともに生じる。このプロモーションは典型的には3カ月間程度継続し，その後に顧客は正規料金の支払いが始まる。その時点で多くの顧客が，自分にはもうそのサービスは必要ないと判断するのである。それらの顧客の多くは，他のプロモーションに反応して再び顧客となる可能性が極めて高い。この興味深い事実は，ハザード関数の議論とは関係ないが，ビジネスにとっては重要なことである。

最初の3カ月が経過すると，このハザード関数には，もうそれほど高いピークがなくなってくる。そして4週から5週単位での小さなピークのサイクル

が続くのであるが，それは毎月の支払いサイクルに対応している。顧客は，請求書を受け取った後に退会する傾向がより強いということである。

この図は，およそ6カ月後にハザード確率が緩やかに減少していることを示している。この減少は良いことである。というのも，それは顧客がより長く継続していることを意味し，顧客が去ってしまう可能性が低くなっていることを意味するものだからである。別の言い方をすれば，顧客がその企業の会員である期間がより長くなるにしたがって，それらの顧客はよりロイヤルになっていくということである。

> ヒント ハザード確率の長期的減少は，顧客ロイヤルティの1つの指標である。というのもそれは，より長く継続している者がいわゆる顧客であり，それらの顧客は去ってしまう可能性が少ないことを示しているからである。

### 5.2.3 打ち切り

これまでのハザードの導入部では，生存分析における最も重要な概念の1つである打ち切りには触れずにきた。ハザード確率の定義を思い出してほしい。それは，顧客継続時間 $t$ が与えられた下で，その時点での母集団の顧客数で，離脱した顧客数を割った値である。明らかに，時点 $t$ よりも前に離脱した顧客は，この母集団の顧客数には含まれていない。

より短い期間で離脱した顧客は，リスクがあって母集団から除かれるべき顧客ばかりとは限らない。とはいえ，実際にサービスを利用している顧客なのか，会員登録しただけの顧客なのかにかかわらず，継続期間の短い顧客は，彼らが離脱した後の時点の母集団からは除かれなければならない。これらの顧客は時点 $t$ の前に去ってしまっているので，時点 $t$ のときに離脱することは理論的に不可能だからである。ハザードの計算をする段階で一部の顧客を取り除く打ち切りは，生存分析の極めて重要な部分となっていることが理解できるであろう。

このことを図で確認してみよう。図5.7は，2つの図に1つの顧客の集団を描いたものである。上の図は，カレンダーどおりの時間に沿って生じた事象を

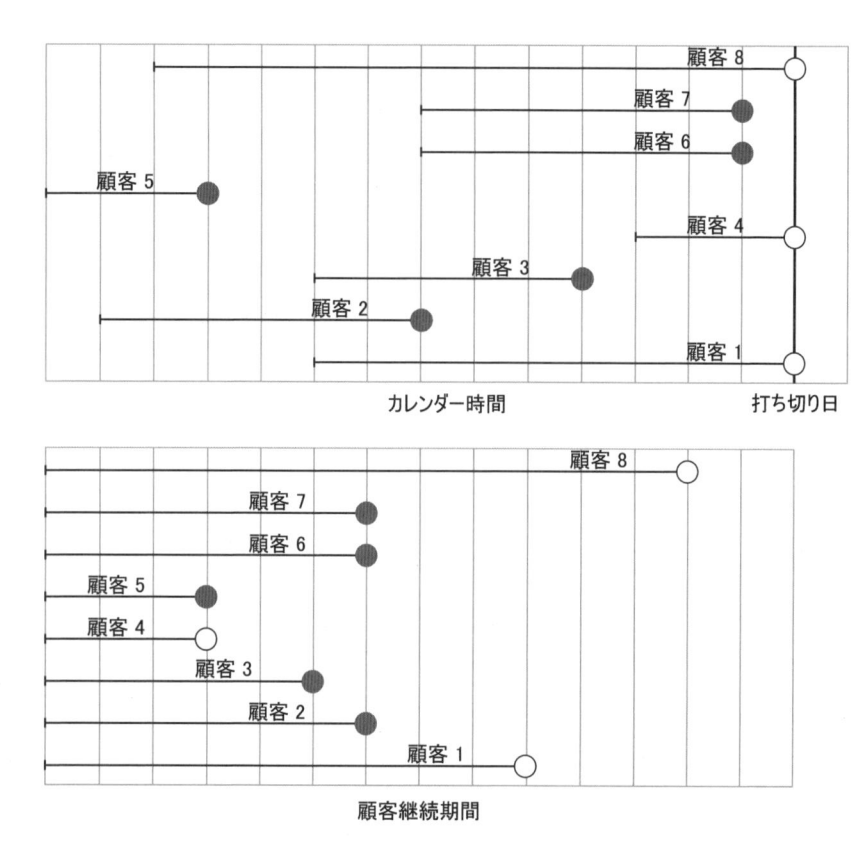

**図 5.7** 上の図は全員が異なる時点でスタートしている顧客のグループを示しており、そのうちの一部の顧客は顧客であり続けているので打ち切りが行われている。下の図は、顧客継続期間に基づいて同じ顧客を図示したものである。

示している。顧客は線で示されており、それぞれの線の右端の小さな丸は白丸か黒丸となっている。黒丸は、その顧客がすでに退会してしまっていることを意味し（つまり「閉じられた会員」と考えることができ）、退会日がわかっているので、その顧客らの継続期間は正確に知ることができる。白丸は、分析の時点までその顧客が継続していたことを意味し（つまり「閉じられていない会員」と考えることができ）、その場合には退会日はまだわからない。このような顧客、より具体的にはこのような顧客の継続期間は、打ち切りが生じている

ということである。これらの顧客の最終的な継続期間は，最低でも現在までの継続期間であり，そのほとんどはもっと長くなるはずである。ただし，それらの顧客が実際に退会するという事象は生じていないので，どのくらい長くなるのかまではわからない。

下の図も同じ顧客のグループを示しているが，カレンダー時間ではなくて顧客継続期間に沿って図示したものである。ここでは，すべての顧客が継続期間ゼロの時点からスタートしている。そして，それぞれの顧客は異なる継続期間で終わっている。もっと具体的に言えば，顧客の継続期間は任意の時点で打ち切りが生じる可能性があるということである。

### 5.2.4 ハザードの計算

それでは，打ち切りの役割について十分な注意を払いながら，これらの顧客のハザードの計算に歩みを進めてみるとしよう。ハザードの計算には，顧客継続期間と打ち切りフラグの両方が必要である。表 5.1 は，図 5.7 の顧客に関する情報を要約したものである。

表5.1 複数の顧客の継続期間データ

| 顧客 | 打ち切り | 顧客継続期間 |
|---|---|---|
| 8 | Y | 12 |
| 7 | N | 6 |
| 6 | N | 6 |
| 5 | N | 3 |
| 4 | Y | 3 |
| 3 | N | 5 |
| 2 | N | 6 |
| 1 | Y | 9 |

それぞれの時点で生じていることを見るのは有益である。任意の時点において，顧客は次の3つの状態のどれかになっている。その状態とは，ACTIVE（会員契約が継続している），STOPPED（当該期間に顧客が退会した），CENSORED（その顧客が計算に含まれない）である。表 5.2 は，各時点でこれらの顧客に起こったことを示している。

表 5.3 は，各時点で起こったことを要約したものである。打ち切りは，顧客としての継続期間の1時点後で生じていることに注意してほしい。それゆえ8番の顧客は時点 12 まで生存していたが，その後に何が生じたかは不明である。ある継続期間が与えられた下でのハザードは，その時点で退会した顧客数を，

表5.2　複数時点にわたる顧客の追跡
（A＝Active（継続），S＝Stopped（退会），空白＝Censored（打ち切り））

| 顧客 | 顧客継続期間 | | | | | | | | | | | | |
|---|---|---|---|---|---|---|---|---|---|---|---|---|---|
| | 0 | 1 | 2 | 3 | 4 | 5 | 6 | 7 | 8 | 9 | 10 | 11 | 12 |
| 8 | A | A | A | A | A | A | A | A | A | A | A | A | A |
| 7 | A | A | A | A | A | A | S | | | | | | |
| 6 | A | A | A | A | A | A | S | | | | | | |
| 5 | A | A | A | S | | | | | | | | | |
| 4 | A | A | A | A | | | | | | | | | |
| 3 | A | A | A | A | A | S | | | | | | | |
| 2 | A | A | A | A | A | A | S | | | | | | |
| 1 | A | A | A | A | A | A | A | A | A | A | | | |

表5.3　各時点の情報に基づくハザードの計算

| | 顧客継続期間 | | | | | | | | | | | | |
|---|---|---|---|---|---|---|---|---|---|---|---|---|---|
| | 0 | 1 | 2 | 3 | 4 | 5 | 6 | 7 | 8 | 9 | 10 | 11 | 12 |
| 継続(A) | 8 | 8 | 8 | 7 | 6 | 5 | 2 | 2 | 2 | 2 | 1 | 1 | 1 |
| 退会(S) | 0 | 0 | 0 | 1 | 0 | 1 | 3 | 0 | 0 | 0 | 0 | 0 | 0 |
| 打ち切り(C) | 0 | 0 | 0 | 0 | 2 | 2 | 3 | 6 | 6 | 6 | 7 | 7 | 7 |
| ハザード | 0.0% | 0.0% | 0.0% | 12.5% | 0.0% | 16.7% | 60.0% | 0.0% | 0.0% | 0.0% | 0.0% | 0.0% | 0.0% |

その時点の退会顧客数と継続顧客数を加えた総顧客数で割ったものとなっている。

　時点3で8人中1人が退会しているので，この時点におけるハザード確率は12.5％である。8人のすべての顧客が時点3までは継続し，その全員が退会しようと思えばできる状況のなかで，実際には1人が退会したということである。時点4では，5番の顧客が時点3で退会し，4番の顧客が打ち切りとなっているので，6人の顧客が残っていることになる。時点4ではどの顧客も退会していないので，そのハザードは0となる。

この計算結果は，ハザード確率が日ごとに0％から60％まで急激に変化し，極めて不安定になりうることを示している。とはいえ通常は，ハザードはそれほど大きく変動するものではない。この不安定な挙動は，単にこの単純な例ではサンプルの顧客数が極めて少ないということに起因しているだけである。このように，各時点における個々の顧客の状態を示せば，それは扱いやすいデータとなるので，計算の仕方を説明するという教育的目的では役に立つ。ただし現実世界では，数千から数百万の顧客のデータが表の縦方向に記録され，横方向の期間が数百日から数千日にも及ぶので，このようなアプローチをするのは現実的ではない。

　ハザードの計算の仕方から，それが0から1の間で変化する条件付き確率となっているという点に言及しておくことも重要である。日や週のような離散的な単位で測定された顧客継続期間に対してハザードが推定されるので，これが可能となっている。他方，科学の分野では，統計学者は，確率よりもむしろハザード比を利用する場合のほうが多い。それらの発想は明らかに強く関連しているのであるが，比率を使う数学は，気後れするような積分や複雑な指数関数，さまざまな因子に対する説明が難しい調整などを利用している。それゆえ，ここでは議論をわかりやすくするために，相対的に簡単なハザード確率のほうを用いる。そうするのは単に話を簡単にするためだけではなくて，そうすることによって顧客データを利用する際に生じるさまざまな問題を解決する示唆も得やすくなるからである。

## 5.2.5　その他の打ち切りのタイプ

　前項では，顧客が退会した後のハザードの計算と，会員継続している場合のハザードの計算という，2つのケースに関する打ち切りを紹介した。この他にも打ち切りが有益となるケースがある。その他の打ち切りのタイプを説明するために，もう一度，医療分野に戻ってみよう。

　あなたは癌の研究者であり，癌の治療薬を開発したとしよう。あなたは，この素晴らしい薬が効くことを証明するための調査を行っている。そういった調査の場合，一般的にはある患者グループに薬を処方した後，数年間追跡するも

のである．たとえば，ここでは5年間としよう．この調査の目的のためには，調査期間中に患者が癌で死亡したか否かのみを知ることができればよいものとする（医学研究者は，病気の再発といった他の事象にも関心を持つだろうが，この単純化した例ではそれは無視する）．

100人の患者を慎重に抽出し，それらの患者に薬を処方したところ，彼らの癌は治癒したように見える．そこであなたは数年間にわたる彼らの追跡調査を行う．この期間に，7人の患者がアイスランドを訪れて，新たに手にした健康を祝うことになった．ところがそこで，こともあろうにひどい悲劇に見舞われ，海底火山の活動によって引き起こされた雪崩に遭遇して，7人全員が死亡してしまう．このような場合，あなたの処置が，癌の死亡率にどの程度効果があったと考えればよいのであろうか．データのみを見れば，死亡率は7％と答えてしまいたくなる．しかし，これらの患者の死亡の原因は明らかに処置とは関連していないので，そのような回答が正しいとは思えない．

実際，その答えは正しくない．これは「競合リスク」の一例である．研究に参加している被験者は，生存し続けるかもしれないし，癌で死亡するかもしれないし，あるいは遠く離れた島国で登山中の事故に遭遇し死亡するかもしれない．もしくは患者がタヒチに行ってしまって，研究から脱落してしまうかもしれない．医学研究者が言うように，そのような患者は「追跡不能」になってしまっているのである．

このような問題に対する解決策は，研究対象の事象が生じる前に追跡研究から脱落した患者を，打ち切りとして扱うことである．もし患者が研究から脱落してしまったとしたら，その患者は脱落したその時点までは健康であったということであり，この期間の情報はハザードを計算するために利用可能である．そしてその後は，何が起こったかを知る術はない．それゆえ彼らは脱落したその時点で打ち切られることになる．もしある患者が研究対象以外の何か別の要因で死亡したとすれば，彼あるいは彼女の追跡は，死亡という事象が生じた時点で打ち切られる．そして，この場合の死亡という事象がハザードの計算に含められることはない．

ヒント 競合リスクを取り扱う正しい方法は，各々のリスクに対するハザード

を個別に計算することであり，その場合に他のリスクについては打ち切りをすることである．複数の顧客を母集団からすべて削除してしまうと，ハザード確率にバイアスが生じてしまうことになる．

競合リスクはビジネス環境でも身近なものである．たとえば，顧客が取引を停止するのには2つのタイプがある．1つは，顧客が自分自身で去ることを決める自発的な停止である．もう1つは，多くの場合は料金未払いが原因で顧客との取引を停止すべきと企業側が意思決定する，非自発的な停止である．

自発的な退会を分析する場合，料金未払いにより強制的に解約させられた顧客のほうには何が生じたと考えるべきであろうか．もし，ある顧客が100日目に強制的に契約を解除されたとすれば，その顧客は1～99日の間は自発的な退会をしていなかったということになる．そうであればこの情報は，自発的な退会についてのハザードを計算するために利用できる．しかし100日目以降は，この顧客は打ち切られることになる．たとえこれ以外の理由で顧客が去ったとしても，それらの顧客について打ち切りを行うことが，さまざまな退会のタイプを含んでいる状況で分析をする上では最良の方法である．

## 5.3 ハザードから生存へ

この章は生存曲線の議論からスタートした．それは，ハザード確率に基づいて作られる場合が最も実際に近いものとなる．これと似た概念であるリテンション曲線もまた，生存曲線の利点を理解するために役に立つ．この節では，リテンションと生存を対比させて論じる．

### 5.3.1 リテンション

リテンション曲線とは，一定の期間で何人の顧客を維持しているのかという情報を提供するものである．リテンション曲線を作るための一般的な方法は次のとおりである．

- 1週間前にスタートした顧客に対して，現時点で継続している割合，つ

まり1週目のリテンションを測定する。
- 2週間前にスタートした顧客に対して，現時点で継続している割合，つまり2週目のリテンションを測定する。
- 以下同様。

図5.8は，このアプローチに基づいたリテンション曲線の例を示している。この曲線の全体的な形状は生存曲線と似ている。ただし，この曲線自体はかなりギザギザしている。たとえばこのデータでは，9週目のリテンションよりも10週目のリテンションのほうが良いという奇妙な結果が見られる。

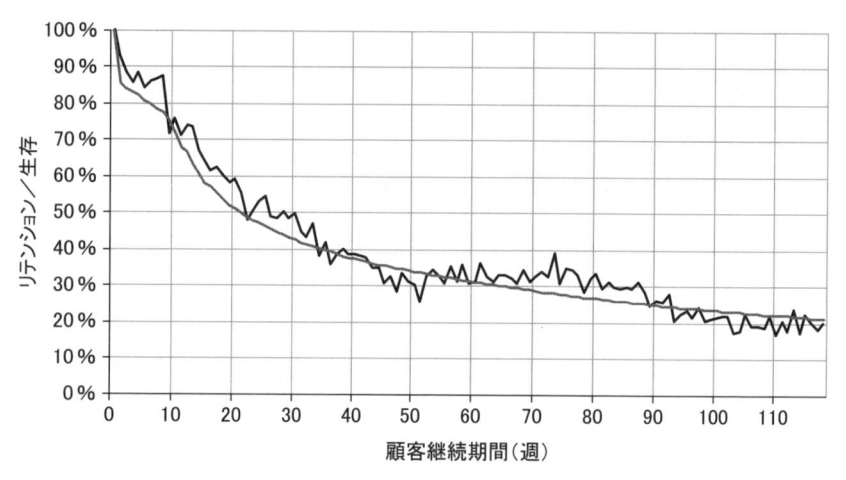

**図5.8** 同じデータに対する生存曲線と比べると，リテンション曲線はギザギザになる傾向がある。

実際，それは奇妙という以上のもので，常識を逸脱している。このリテンション曲線は50％の閾値と複数回交差しているようであるが，それは生存期間の中央値が複数あると結論づけるもので，奇妙で不正確な印象を与える。いったい何が起こっているのであろうか。顧客が生まれ変わっているのだろうか。

これらの問題は，曲線を作る方法に起因する不自然な結果の一例である。任意の時点で獲得された顧客は，他の時点で獲得された顧客より質が良いかもし

れないし，悪いかもしれない。たぶん9週前の特別価格の提供が，結果として性質の異なる顧客を多く取り込んだのであろう。つまり，10週前にスタートした顧客はさまざまな性質の顧客の割合が通常どおりであったのに対して，9週前にスタートした顧客は特定の性質の顧客の割合が多かったということである。それゆえ，10週前にスタートした顧客のほうが1週分余計に解約できる期間があるにもかかわらず，9週前にスタートした顧客のほうが，10週前にスタートした顧客よりも，残っている顧客数がより少なくなっているのである。

顧客の質は，ランダムな変動もするかもしれない。それゆえ，先の図では100週以上の期間が考慮されていることもあって，各週のすべての条件が一定であったとしても，いくつかの期間では違いが見られると予想されるのである。

性質の異なる顧客を惹きつける複数の要因の1つには，マーケティング活動が時間と共に変化するということもある。たとえば，リテンションに関してさまざまな性質を持った顧客が，さまざまなチャネルから獲得されることがよくあり，このようなさまざまなチャネルからの顧客の混在の状況が，時間と共に変化する傾向にあるのである。

## 5.3.2　生存率

ハザードは，ある時点で顧客が解約するかもしれない確率を与える。他方，生存率は，その時点まで顧客が契約を継続している確率を与える。換言すれば，生存率は事象が発生していない状態の累積確率である。

任意の時点において，顧客がその次の時点でも継続している確率は「1 − ハザード」であり，それは「時点 $t$ における条件付き生存率」である。これは，その時点まで継続していた顧客に限定して適用されるため条件付きとなる。この分析の最初の時点では，すべての顧客が含まれることになるので，生存率の値は，時点0で1（すなわち100％）から始まる。それ以降の継続期間全体の生存率を計算するには，対象とする時点までの条件付き確率を掛け合わせることによって，すべての条件付き確率を累積することが必要になる。

ハザード確率はつねに0から1の間の値をとるので，条件付き生存率もまた

0から1の間の値となる。1より小さい値が掛け合わされるので，生存率それ自体は，つねに小さくなっていく。生存曲線は1から始まり，徐々に減少していき，水平となることもあるが，決して増加することはない。

生存曲線は，先に取り上げたリテンション曲線よりも，顧客の維持について理解する上で，もっと有益となることがよくある。図5.8（前掲）は，同じデータから計算されたリテンション曲線と生存曲線を示している。明らかに生存曲線のほうがより滑らかであり，すべての時点で減少している。他方，リテンション曲線は，いたるところで跳ね返っている。このことから，顧客のライフタイムの中央値や顧客の平均継続期間のような指標を計算する場合には，生存曲線を選択するほうが望ましいと言えよう。

### 5.3.3 リテンションと生存の比較

リテンション曲線と生存曲線の間の違いは，最初は直観的にはわからないかもしれない。まるでパノラマ画像を得るために一連のさまざまな写真をつなぎ合わせる写真コラージュのように，リテンション曲線は過去からの顧客の一連のさまざまな状態を実際に貼り付けている。コラージュのなかでは，それぞれの写真の画像は極めて鮮明に見える。しかし，それらの境界は必ずしも相互に滑らかにつながっているわけではない。コラージュのなかの個々の写真は異なって見える。それは，明るさや景色の違いによるもので，それらの違いがコラージュの美しさを引き立てるのである。

これと同じことがリテンション曲線でも生じており，異なる時点でスタートした顧客は異なる景色を持っている。リテンション曲線の任意の時点の値は，実際の生存率の値に近接している。しかし全体的には，それはギザギザして見えるのである。このギザギザを取り除く1つの方法は，同じ時点でスタートした顧客の集団を利用し，彼らについて，さまざまな時点でのリテンションを測定することである。とはいえこの方法では，リテンション曲線が古い顧客のものに限定され，より最近の顧客の情報が無視されてしまうことになる。

> ［ヒント］ リテンション曲線を使うよりも，生存曲線を使いなさい。そのためには，最初にハザード確率を計算し，その後に生存曲線の計算を行うのである。

一方，生存曲線は，$t$ 時点前にスタートした顧客の集合のみに目を向けているのではなく，できるだけ多くの顧客を見ている。0 時点ではすべての顧客が母集団のなかにいるので，任意の時点 $t$ における生存率は，すべての顧客からの情報を利用することになる。そして任意の時点の生存率は，それ以前のすべての時点のハザード確率を含んでいる。

　生存率の計算はすべてのデータを利用しているので，リテンションの計算よりもその値は安定している。リテンション曲線上の各点の値は，それに対応する顧客を，特定の時点でスタートした顧客に限定して計算したものである。また，生存曲線はつねに減少していくので，顧客の半減期や平均継続期間の値はより正確なものとなる。さらに多くの情報を含めることによって，生存率はより正確になり，顧客リテンションの図も滑らかになる。

　顧客を分析する場合，ハザードと生存率の双方が，顧客について価値のある情報を提供してくれる。ちなみに生存率は，すべての顧客から提供されたすべての情報を利用したリテンションの期待値である。たとえば図 5.8（前掲）の 65 週から 90 週の間では，リテンション率が生存率より高い値となっている。この理由を問う良い質問は，「65 週前から 90 週前までの間に，より良い顧客を惹きつけるために何が行われたのか」と尋ねることである。

　生存率は累積値であるので，時間軸上のある特定時点のパターンを隠してしまう可能性がある。他方，ハザード確率は特定の要因をより明確に際立たせる。先に述べた，現実世界のなかのハザードの議論では，ハザード確率を高めるような顧客ライフサイクル内の事象を特定していた。生存曲線は，ハザードほど明確にそのような事象を強調してはくれない。

　異なる顧客グループ間でハザードを比較する場合にも，疑問が生じる。期間横断的なハザードの平均値を比較することには意味がない。数学的には，「平均ハザード」というものは無意味である。正しい方法は，ハザード確率を生存率に変換して，生存曲線上の値を比較することである。

　ここで議論されているハザード確率と生存率の記述は，統計学におけるそれらの取り扱いとは幾分異なっている。次の「◆生存分析と統計学についての注釈」では，その違いについてさらに詳しく説明している。

### ◆生存分析と統計学についての注釈

　この章の生存分析の議論は、時間が離散的であることを仮定している。たとえば、事象の発生日が特定されれば十分で、その日の時刻は重要ではない。これはデータマイニングが取り扱う問題で合理的であるだけでなく、より直感的で、数学的表現を簡単にするものでもある。

　生存分析に関する統計学のアプローチでは、時間は連続であるという逆の仮定をしている。統計学者は、ハザード確率の代わりにハザード比を用いる。その統計学的定義は、微分や積分を含む複雑な数式で行われる。実際、（この章の後半で議論される）コックスの比例ハザード回帰に関する原論文は、ほとんどの企業のマネジャーには、にわかには理解できないタイプの論文で、最初の頁でいきなり2組の二重積分からスタートしている。

　比と確率の間の1つの違いは、比が1を超える値をとったり、負の値をとったりすることができるのに対して、確率はそれができないという点である。加えて、顧客の生存分析に関する多くの問題において、比というのは直観的に捉えにくいようにも見える。

　この章のハザード確率の計算方法は、経験的ハザード推定法（これは類似する生命表法と密接な関係がある）と呼ばれ、時間は離散的であると仮定している。これと極めて似た手法で、カプラン-マイヤー法と呼ばれる手法は、連続時間のデータに対して適用される。連続時間のデータということの真意は、厳密には同一時点で複数の顧客の解約は重ならないということである。この仮定は、科学の世界では合理的なものであるが、ビジネスの世界では、そこまでの厳密さを追求する合理性はない。仮に各事象が離散時間で発生するのであれば、これら2つの手法の結果は厳密に同じものとなる。

　統計学における生存分析の1つの重要な部分は、パラメトリック回帰分析を用いてハザードを推定することである。すなわち、ハザードに関する最良の関数形を見つけようと試みることにある。これは、データから直接ハザード確率を計算する方法の代替的方法である。

　パラメトリックなアプローチには、分析プロセスのなかに共変量を容易に組み込むことができるという重要な利点がある。この章の最初のほうで、そのようなパラメトリックモデルに基づく1つの例を示した。しかし残念ながら、そのようなハザード関数は、統計学者以外の人々にとって、馴染み深い形状になることはほとんどない。集計された解約数に基づいて経験的に計算される離散ハザードは、顧客のライフサイクルを記述するという素晴らしい仕事をするが、もし1つのシンプルな関数がそのようなかなりの複雑さを捉えるとすれば、それは衝撃的なことであろう。

## 5.4 比例ハザード

　デイビッド・コックス卿は，その論文の引用数が最も多い前世紀の統計学者の1人である。彼の業績は，多数の著書と250編以上の論文から成っている。彼は，1985年にエリザベス女王から授けられたナイトの爵位を含む，数多くの賞を受賞している。彼の研究の多くはハザード関数の理解を中心に据えており，その仕事は医学研究の世界においてとくに重要であり続けている。

　この分野における彼の独創性に富んだ論文は，初期要因（時点ゼロの共変量）がハザードに及ぼす影響の解明に関するものであった。これらの初期要因がハザードに対して一様に比例的な影響を与えると仮定することによって，さまざまな要因の影響を測定する方法を発見したのである。本節の目的は，比例ハザードを紹介し，顧客を理解するために，それがいかに役立つかを説明することにある。本節は，比例ハザードが役立つ理由を説明するための，いくつかの事例から話を始める。そしてコックスモデルに戻る前に，1つの代替的なアプローチについて述べる。

### 5.4.1　比例ハザードの例

　喫煙のリスクに関する次の記述について考えてみよう。「平均的には，1日に1箱以上タバコを吸う人は，吸わない人よりも7年寿命が短い」。この記述は，比例ハザードの古典的な例の1つである。研究者は，この研究の時点で，誰が喫煙者で誰が非喫煙者であるかを知っていた。その上で，結果の表現のされ方に注意してみよう。この結論では，誰かが実際にどのくらい長く生きるのかについては言及していない。単に，喫煙の寿命に対する影響について，相対的な度合いを示しているのみである。

　図5.9は，マーケティング分野の1つの事例を示している。そこには2つのハザード確率の系列が示されている。1つは電話勧誘による加入者のものであり，もう1つはダイレクトメールによる加入者のものである。この会員となったときの勧誘方法が，初期条件の1つの例である。テレマーケティングで勧誘された顧客のハザードは相対的に高い。図を見ると，テレマーケティングで勧

誘された顧客は，ダイレクトメールの顧客よりも2倍弱高いリスクがあるように見える．厳密な比率は時点によって変化しており，9週目近辺の比率は2よりもかなり大きくなっている．

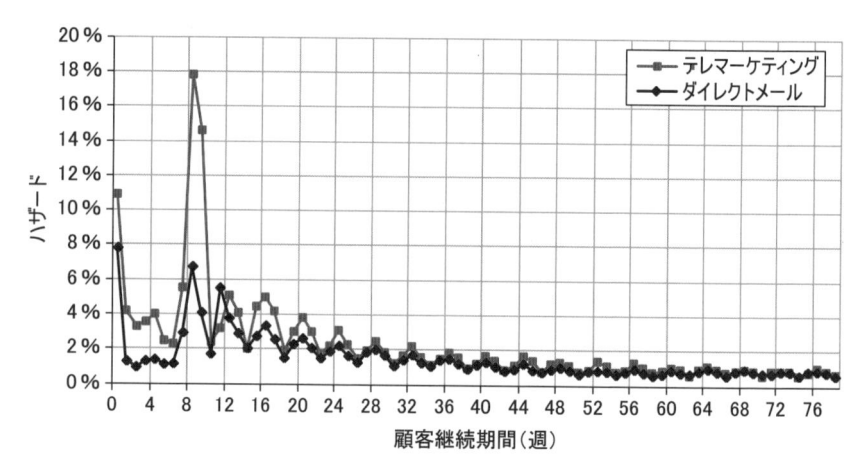

**図5.9** これら2つのハザード関数は，ダイレクトメールで獲得した顧客に対して，テレマーケティングで獲得した顧客の解約リスクが1.5倍以上高いことを示唆している．ただし，その比率は時点によって変化している．

## 5.4.2　層別：生存確率に対する初期効果の測定

　図5.9は異なる2つの顧客グループに対するハザード確率を示しており，その1つはアウトバウンドテレマーケティングキャンペーンを通じて獲得した顧客グループ，もう1つはダイレクトメールキャンペーンを通じて獲得した顧客グループであった．この2つの曲線は，2つのチャネル間の違いを明らかにしている．これらの生存曲線に基づき，2つのグループ間の差異は，1年生存率や生存率の中央値，平均打ち切り継続期間を利用して定量化することができる．初期条件によって規定された複数のグループ間の差異を測定するこのアプローチは，各々のグループが他のグループとは独立に分析されるので，「層別」と呼ばれている．層別を行うことで，わかりやすい視覚化ができ，精度の高い

生存確率の計算が可能になる。SAS や SPSS などの統計パッケージが，この目的のために簡単にデータを層別するオプションを提供している（計算も SQL と Excel を利用して簡単に行うことができる）ので，この分析は極めて容易に行うことができる。

層別は，次の2つの条件が真であると仮定することによって，初期効果を把握するという課題を解決している。1つ目の条件は，初期効果がカテゴリ変数か，あるいは離散化された連続変数でなければならないというものである。

2つ目の条件は，各グループの規模がかなり大きくなければならないということである。たくさんの顧客のデータを使って，わずかな水準値しかとらない1つの変数のみを利用してスタートすること自体は，何の問題もない。けれども，たとえば次のような，興味の対象になる複数の変数があるかもしれない。

- 顧客獲得チャネル
- 顧客獲得時のプロモーション
- 地域

2つ以上の変数が含まれる場合，それらの組み合わせに対応したカテゴリ数は急速に増えていく。それは，データが薄く拡散してしまい，ハザード確率の信頼性がどんどん低下していくことを意味している。

## 5.4.3　コックスの比例ハザード

1972年に，デイビッド・コックス卿はこの信頼性の問題を認識し，現在ではコックスの比例ハザード回帰として知られる，この問題を解決するための1つの分析手法を提案した。本質的には，コックスの比例ハザード回帰は，全期間にわたって一定の1つの確率を提供することによって，カテゴリ変数と連続値をとる変数の双方の，相対的な効果を定量化する1つの方法を提供する。概念的には，それは全期間にわたる「平均的な」効果を計算している。図5.9（前掲）の2つのグループに関しては，その平均はおよそ1とその半分程度であろう。

コックスの成し遂げた仕事は，卓越した洞察に基づいている。彼は初期条件

に注目し，ハザードそれ自体には関心を向けなかった。そのときに問題としたのは，初期条件がハザードにどのような影響を及ぼすのか，ということであった。この問題に答えるための彼のアプローチは，知っておくべき価値がある。

## ＜基本的なアイデア＞

幸いにしてそのアイデアは，それを実際に表現した数式よりも単純である。キーとなるアイデアは部分尤度である。所与の時点 $t$ で解約する顧客は 1 人のみであると仮定すると，時点 $t$ における部分尤度は，ちょうどその特定顧客が解約した尤度そのものとなる。

個々の顧客は任意の時点における自分自身のハザード確率を生成するハザード関数を持っていると考えてみよう。実際のその関数は，複数の共変量にベースラインハザードが掛け合わされたものとなっている。その顧客の生存率は，初期の共変量に基づきハザード確率を計算し，それらを組み合わせることによって推定できる。これは，生存分析をするための古典的な方法である。

コックスも顧客に関する同じ図を見ていたが，それとは別の疑問を投げかけた。彼は 1 人の顧客の生存率について尋ねる代わりに，「所与の時点で，ちょうど 1 つの顧客グループが解約し，残りの顧客は解約しないという状況に対する尤度はどのようになるか」という質問をしたのである。この質問は，図 5.10 のように，データを水平にスライスするのではなく，垂直にスライスすることを意味している。

コックスは，あらゆる時点で解約するすべての顧客に対する大きな式を設定した。この式は，時点とハザード，共変量に関する複雑な表現を含んでいる。しかし，時点に関係なく，共変量がすべて同じ比率でハザードに影響を与えると仮定することで，すべての時点の成分は相殺される。その後に残るのは，共変量のみを含む複雑な数式である。ハザードそれ自体は，その式から消え去ってしまうことになる。

次にコックスの比例ハザード回帰は，観測された複数の解約が最も起こりそうな解約の集合となるように，共変量に対する係数を計算する。ところで，その係数はハザードに対する影響を定量化するものである。任意の特定の共変量に対して，比例ハザードの手続きは，「特定の共変量（たとえば 1 日当たりの

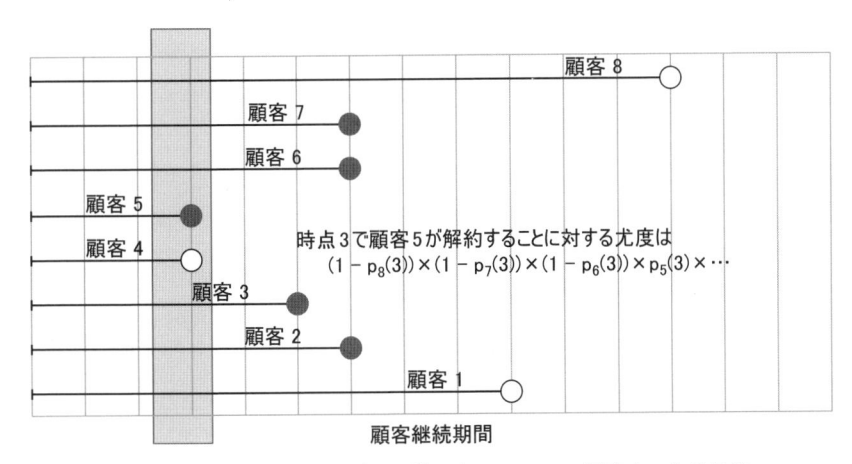

**図5.10** 比例ハザードモデルを導いたコックスの洞察力のある見識は，所与の時点においてすべての顧客に目を向けることであり，その上で「ちょうど1つの顧客集団が解約し，その他の顧客が残っている状態の尤度はどのようなものか」と尋ねることである。

図中：時点3で顧客5が解約することに対する尤度は
$(1 - p_8(3)) \times (1 - p_7(3)) \times (1 - p_6(3)) \times p_5(3) \times \cdots$

顧客継続期間

喫煙本数)の値の増加が，任意の時点のハザードを $X$ ％増加あるいは減少させる」というような結果を提供する。この他に注意すべき点は，共変量がある特定の値をとるという下で，ベースラインハザードの値に対するハザード確率の比率が，すべての時点で一定になっているという点である。それゆえ「比例ハザード回帰」と名付けられているのである。

共変量の影響を計算するための基本となる手法は，最尤法と呼ばれる統計手法であり，それはロジスティック回帰[*2] を解くために利用される手法と類似している。

&lt;比例ハザードの利用&gt;

比例ハザード回帰は，共変量がハザード確率に及ぼす影響を計算するのであり，ハザード確率それ自体を計算するものではない。その計算を行うためには，ベースラインハザードが必要である。全体のハザード確率をベースライン

---

[*2] 訳者注：原著第6章にロジスティック回帰の記述があるが，本書には含まれていない。ロジスティック回帰および最尤法については統計学の専門書を参照されたい。

ハザードとして利用するのは，手頃な方法に見える。しかし，これは良い方法ではない。むしろ，共変量の値が 0 であるときのハザード確率を，ベースラインハザードとして求めるべきである。

その理由を確認するために，半分の顧客がダイレクトメールで勧誘され，残りの半分がテレマーケティングで勧誘された顧客の集団を考える。「ダイレクトメール」と呼ぶ変数を設定し，ダイレクトマーケティングの顧客は 1，テレマーケティングの顧客は 0 の値をとるものとする。

これらの顧客に対する全体のハザード確率は，「ダイレクトメール」変数の平均の値 0.5 となる。しかしベースラインについては，その平均が 0 となるほうが望ましい。というのも，「ダイレクトメール」変数の影響は通常，0.5 から 1 への変化に対して評価されるのではなく，0 から 1 への変化に対して評価されるからである。幸いなことに，SAS の PHREG プロシジャのような比例ハザード回帰を実行できる多くのソフトウェアは，適切なベースラインハザードを計算するようになっている。

### ＜比例ハザードの限界＞

コックスの比例ハザード回帰は，たいへん強力で優れたものである。とはいえ限界もある。この手法が機能するように，コックスは多くの仮定を置かなければならなかった。彼はこの手法を連続時間のハザードに対してデザインし，任意の時点では 1 人の顧客のみが解約するという仮定を置いていた。しかし，その基本的なアイデアは離散時間のハザードに対しても成り立つものであり，同一時点で複数の解約を取り扱うのである。

> **注意** コックスの比例ハザード回帰は，初期条件がハザード関数全体に及ぼす影響に序列をつけて定量化する。しかしその結果は，どの時点であっても初期条件がハザードに対して一定の影響を及ぼすという，多くの場合は疑わしい仮定に強く依存している。注意して使うべきである。

比例ハザードモデルの最大の仮定は，文字どおり比例についての仮定である。初期条件のハザードに対する効果は，時点毎に変化するような要素を持ってはいない。しかし実際には，そのようなことはない。たとえ科学の世界のな

かであったとしても，初期条件がそのような完全な比例関係を保っている状態は稀である。ましてや顧客の行動の世界であれば，なおさらありそうもない。顧客は，コントロールされた実験のなかのものではない。物事はつねに変化していく。新しい計画や価格施策，競争は，いつも生じている。

時間とともに変化する効果を考慮に入れようとすると，初期条件を説明する簡単なアルゴリズムがないのは困ったことである。しかし，そのような考慮をしてもしなくても，結果にそれほど違いがない場合がよくあるという，うれしい情報もある。たとえ比例についての仮定を置いていたとしても，コックスの回帰は，どの共変量がハザードに対して大きな影響を及ぼすのかを明らかにすることに関しては，十分に機能する。別の言い方をすれば，その手法は，どの初期条件が顧客の離脱と関係しているのかを，うまく説明できるのである。

コックスの手法は，時点0の共変量，すなわち統計学者が言うところの初期条件のみに対してデザインされていた。その後この手法は，顧客のライフタイムのなかで生じる事象，たとえば顧客が製品をアップグレードしたか否か，苦情を言ってきたかどうかというようなものも扱えるように，拡張されてきている。統計学の用語では，これらは時点依存共変量と呼ばれ，顧客との関係性が開始された時点のみではなく，その後の顧客継続期間のなかの任意の時点でも，追加的な要因が生じる可能性があることを意味する。そのような要因の例としては，顧客維持キャンペーンに対する顧客の反応や，苦情の申し立てなどが考えられる。コックスの最初の研究以降，彼およびその他の統計学者は，このタイプの要因を組み込むために，その手法を拡張してきているのである。

## 5.5 生存分析の実際

生存分析は，顧客を理解し，顧客維持に対するマーケティング活動を定量化するために，極めて役立つものであることが実証されてきている。その手法は，何かの事象が生じるまでの期間を推定する方法を提供している。この節では，実際の生存分析の例をいくつか提示する。

## 5.5.1 異なる退会タイプの扱い

顧客と接点を持つビジネスは，顧客がさまざまな理由で去ってしまうことに向き合わなければならない。この章の序盤でハザード確率の説明をし，顧客のライフサイクルに影響を及ぼすビジネスの局面をハザードがどのように記述するのかについて解説した。とくに，ハザードの複数のピークが，料金を支払わない顧客を強制的に解約させるようなビジネスプロセスと連動していることを確認した。

料金未払いの顧客は区別して扱われるべきであるので，それらをハザードの計算から取り除いておきたくなる。しかし，それは誤ったやり方である。というのもその問題点は，取り除かれるべき顧客がわかるのは，強制的に解約させられた「後」でしかないというところにある。先に述べたように，分析で顧客を選別するために，顧客との関係性が終了してから得られた知識を利用することは，不正確なハザードの推定結果をもたらすので，良いアイデアとは言えない。

正しいアプローチは，これを2つの問題に分割することである。1つは自発的解約のハザードはどの程度か，もう1つは強制的解約のハザードはどの程度かというものである。それぞれの問題ではすべての顧客の情報を利用し，焦点を当てている要因ではないほうの要因で解約した顧客について，打ち切りを行う。自発的解約のハザードの計算を行う場合には，どの時点で強制的に解約させられた顧客であっても，その顧客が解約となる時点までは，分析にその顧客を含めておかなければならない。その上でその顧客は，強制的解約の時点で打ち切りとする。この方法であれば，道理にかなう結果を得ることができる。顧客が強制的に解約される時点までは，その顧客は自発的解約をする可能性があったということである。

とはいえ，それぞれのリスクに対する生存曲線を持つだけでは十分ではない。むしろゴールは，さまざまな時点で顧客に起こったことを，リスクという観点から理解することである。たとえば図5.11は，時間の経過に沿って携帯電話の顧客に起こったことを示している。図の下部領域は生存曲線の下側の部分に対応しており，契約継続中の顧客の割合を示している。中間の領域は自発

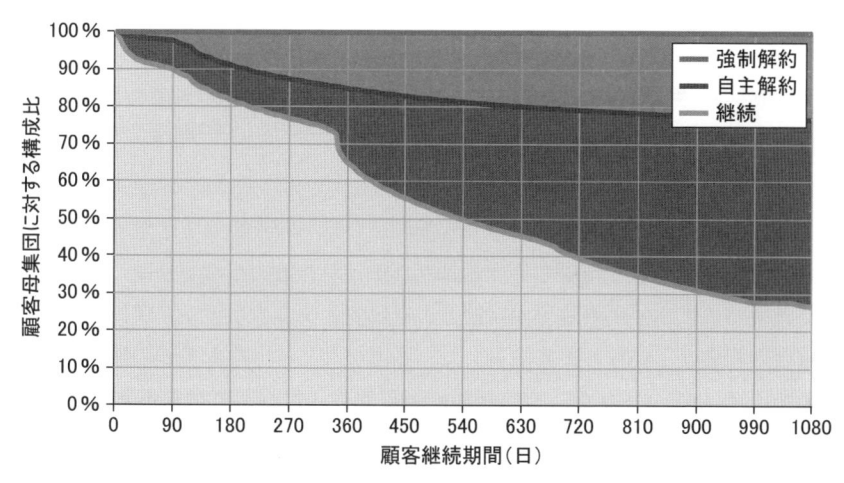

図5.11 競合リスクを使うと，所与の顧客継続期間におけるさまざまなリスクに屈してしまう顧客の割合を示す図を作ることができる。

的解約の顧客で構成されており，言わばとり逃したチャンスである。上部の領域は料金未払いによる強制的解約の顧客で構成されており，これらの顧客は実際の損失を表している。

この図のもう1つの見方は，財務的視点から眺めることである。下部領域は，毎月料金を支払い続けている継続顧客が含まれる部分である。上部の領域は強制解約の顧客であり，彼らは，一時は料金を支払ったものの，その後は（彼や彼女が解約した時点の彼らの負債金額分だけ）企業に損失を与えている。最後に中間の領域は，自主的に去った顧客で構成されている。それらは，失われた収入を取り戻すチャンスを表していると見ることができる。たとえば，そのような解約を5％減らせた場合の価値はどの程度になるのであろうか。

どの時点でも，これら3つの領域を足し上げれば100％になることに注意してほしい。これらの曲線は2つの部分から構成されている。はじめに，全体の生存曲線が，所与の時点で解約した顧客の割合を測定するために利用される（これが実質的なハザード確率である）。続いてそれらの解約は，おのおのの競合リスクに対するハザードに基づいて分割される。先の図は，オリジナルの生存曲線と，異なるタイプの解約を累積した値に対応した曲線を示しているので

ある。

> **ヒント** 生存曲線の下の領域は、（興味対象の事象を経験していない）継続している顧客を表している。一方、その曲線の上の領域は、（興味対象の事象を経験し）解約してしまった顧客を表している。

この方法は，他の目的でも利用できる。かつて，ある新聞を購読する複数の顧客グループについて理解しようと試みたことがある。そのときはとくに，獲得チャネルによって生存確率が時間とともに変化するのか否か，変化するとすればどの程度かということに注目した。不運なことに，ある1つの期間で，購読者の1つのグループが，その新聞の不買運動に反応して講読契約をキャンセルし，その期間の全体の解約率の水準が上昇してしまった。当然の帰結として，この期間のハザード確率が上昇し，生存確率が減少した。

このような特殊な解約を考慮する方法はあるのだろうか。その答えは「イエス」である。というのも，この会社は，顧客が解約した理由を記録しておくという良い仕事をしていたからである。結局のところ，この新聞をボイコットした顧客は，彼らが解約した日に単純に打ち切りされるだけである。これを医学分野風に言えば，それらの顧客は「追跡不能」ということになる。こうして打ち切りすることによって，ボイコットを含めることなく，全体の正確なハザード確率の推定値が計算できたのである。

## 5.5.2 顧客はいつ戻ってくるだろうか

これまでの生存分析の議論は，顧客関係性の終了に焦点を当ててきた。しかし生存分析は，悪いことが起こる確率を予測すること以外にも，多くのことに利用できる。たとえば，顧客が解約した後に戻ってくる時期を推定するために，生存分析を応用することも可能である。

この場合，ハザードは，顧客が解約した時点からの所与の日数が与えられたときに，その顧客が戻ってくる確率である。これに対応する生存曲線は，依然として解約した状態のままでいる顧客の割合を示すことになる。その逆，すなわち1から生存曲線の値を引いたものは，再び戻ってきた顧客の累積数であ

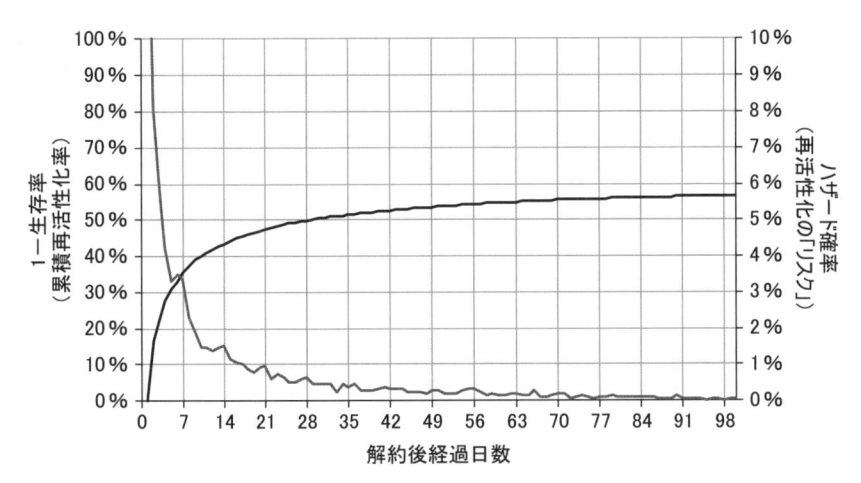

図5.12 この図は，再活性化の「ハザード確率」とともに，1－生存率，すなわち再活性化の累積比率を示している。

る。こちらの値のほうが一般にはより興味深いものであり，その例が図5.12に示されている。この曲線はゼロからスタートし，徐々に増加していることに注意してほしい。

これらの曲線は，いくつかの興味深い特徴を持っている。その1つは，最初の頃の再活性化率が極めて高いことである。最初の週に3分の1以上の顧客が再契約している。ビジネス上の経験則が，この現象について説明を与えてくれる。解約の多くは，顧客の料金未払いに起因している。それらの顧客の多くは，ぎりぎりまで支払いを伸ばしていただけなのである。つまり彼らは，本当は携帯電話を持っていたいのだが，料金を支払いたくなかっただけなのである。とはいえ携帯電話を止められると，彼らは急いで支払いを済ませるのである。

90日後には，ハザード確率はほとんどゼロになっている。つまり顧客は再活性化していない。再びビジネスプロセスがその理由を説明してくれる。電話番号は，顧客が解約してから90日間は取り置きされている。通常，顧客が再契約する場合，彼らは前と同じ番号を使いたがる。しかし，90日が経過してしまうと，その番号は他に割り振られてしまうので，その顧客は新しい電話番

号を使わなくてはならなくなるのである。

　これまでの議論は，新しい（再契約した）顧客が，期限切れのアカウントとどのように関連付けられたのかという問題には立ち入らずにきた。このケースでは，顧客の名前に関連付けられている電話番号を分析で用いた。これはかなり正確な照合が保証されていた。というのも，再契約した顧客は自分の電話番号や請求情報を持っていたからである。これは地味なやり方ではあるが，再契約者を見つけるのには役立つ。ただし，このやり方は，加入者割引を得る目的で電話番号をわざと変更するような顧客を見つけることには役立たない。

　もう1つのアプローチは，たとえ顧客が異なるアカウントに登録されていても，時間を超えて同一個人を特定しようとするものである。通常の業務の一部として社会保障番号や自動車免許証番号を集めている企業は，そのような個人を特定する番号を利用して，アカウントを，時間を超えて結びつけることができる（ただし，すべての顧客が，この種の識別情報を正確に提供してくれるわけではないことに注意しなければならない）。場合によっては，名前や住所，電話番号，あるいはクレジットカード番号があれば，十分に照合できることもある。さらによくあるのは，この仕事が，個人IDや世帯IDを割り当てる会社にアウトソーシングされ，その外注先が，どの新規顧客が実際に再獲得された元の顧客であるのかを特定する情報を提供するということである。

　初期共変量の研究は，さらに多くの情報を与えてくれる。ここで「初期」とは，非活性化していたときの顧客について，わかっているあらゆることを意味する。これには，初期の製品やプロモーションの情報のみではなく，解約前の顧客の行動も含まれる。再契約しやすいのはクレームをたくさんつける顧客だろうか，それともあまりクレームをつけない顧客だろうか。頻繁に住所を変更する顧客，料金の支払いが遅れる顧客はどうだろうか。

　この例は，古典的な事象発生時間の問題を理解するためのハザードの利用についてのものである。生存分析にかかわるこの類の他の問題としては次のようなものがある。

- 最低価格プランでスタートした顧客は，どれくらいの期間でプレミアムプランに変更するのか。

- プレミアムプランに変更した顧客は，どのくらいの期間でそれより下位のプランに移るのか．
- 過去の顧客取引履歴と購買期間が与えられたとき，顧客の期待購買間隔はどのくらいの長さになるか．

　生存分析を利用するのに適した1つの局面は，顧客が過去に訪れた回数など，異なる複数の初期条件の効果を計算することが容易な場合である．比例ハザードモデルを利用することで，どの交互作用が最も影響しそうなのか，あるいは影響しなさそうなのかも含めて，どの共変量が望む結果に対して最も影響するかを測定することが可能である．

## 5.5.3　顧客価値の理解

　顧客価値はビジネス，とくに顧客の開始と終了時点が明確に定義されている会員登録型ビジネスにおいて，最も重要な概念の1つである．顧客価値全体を計算するには，次の3つの項目を考慮に入れておくべきである．

- 顧客によってつくられる収入
- 顧客にかかわるコスト
- 顧客との関係性の長さ

　最も適用しやすいのは会員登録タイプの関係性であるが，他のタイプの関係性にもこのアイデアを適用することは可能である．

　生存分析は，顧客価値の計算において極めて重要な役割を果たしうる．というのも，それはパズルの3番目のピースである顧客との関係性の長さに対する答えを与えるからである．生存分析の背後にあるアイデアは，収入の理解を深めるために適用することもできる．

　この節は，そういったテーマについての概要を示すことを意図している．顧客価値全体の計算には，さらに詳細な情報を必要とすることがよくある．とくに，その焦点は収入に向けられる．というのも，顧客によって増加度合いが異なるからである．他方，コストの説明は極めて技巧的である．加えて顧客は，

他の人への推奨といった，単純な計算ではうまく考慮できない，別の便益を提供してくれるかもしれない．

## ＜基本的な計算の実施＞

顧客価値の基本的な計算は収入に焦点を当てており，それは次の2つの項目の積となっている．

- 顧客が顧客として残っていると期待される時間の長さ
- 単位時間当たりの顧客価値

生存分析は，顧客の残りの期待継続期間の推定値を提供してくれる．単位時間当たりのその値は，すべての顧客について一定であったり，初期条件に基づいて顧客グループ毎に一定であったりするかもしれない．

1つの生存曲線が，期待継続期間についての1つの推定値を与えてくれることはない．それは，ある顧客が任意の期間生存している確率の推定値を提供してくれるのである．顧客価値の計算においては，対象期間が必要である．この対象期間は，典型的には1年や2年，あるいは5年といった期間であり，計算を行う上での1つの時間枠を提供する．このとき「顧客価値はどのくらいか」という問題は，「今後2年間の顧客価値はどのくらいか」という問題になる．

このようにすることで，顧客価値の計算において，切断された平均顧客継続期間を利用することが可能となる．思い出してほしい．新規顧客にとってこれは生存曲線の下の部分であり，生存確率の累積合計として簡単に計算できる．既存顧客に対しては，彼らが当該時点まで生存していたという仮定のもとで，その生存曲線の下の領域を利用する．これは条件付き生存曲線であり，図5.13に示されるように，当該時点における生存数によって除された生存曲線として計算される．

基本的な顧客価値の計算は，切断された平均顧客継続期間と単位時間当たり顧客価値を単純に掛けたものである．切断された平均顧客継続期間は，（新規顧客に対する）全体的な生存曲線に基づくものか，あるいは（既存顧客に対する）条件付き生存曲線に基づくもののどちらかである．

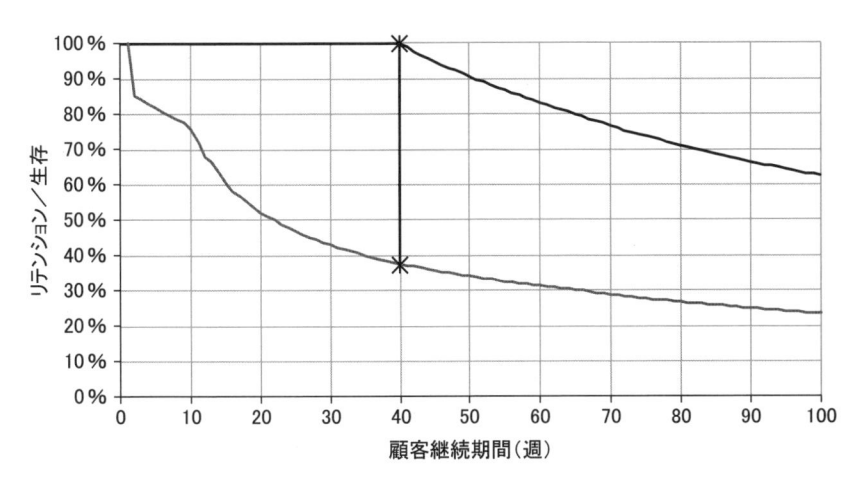

**図5.13** 条件付き生存確率とは，顧客がある時点まで生存していたと仮定した下での生存確率である。この値は，その時点の生存数を同時点の顧客数で割ることによって求められる。

## <金額面に対するアイデアの拡張>

　生存分析の背後にあるアイデアを，顧客価値を求める式の財務側に適用することも可能である。単位時間当たり顧客価値の平均値を計算する最も単純な方法は，たとえば初期条件に基づく月別収入の平均値を使うことである。とはいえ，この方法は時間と共に変化する顧客の購買パターンを考慮していない。

　そこでむしろ，「$n$番目の単位時間の間で継続している顧客について，彼らによってもたらされる平均収入はどの程度か」と尋ねてみなさい。たとえば，1年間アクティブであった顧客は，彼らの顧客継続期間の最初の12カ月のそれぞれの月において，収入に貢献してくれている。この月々の平均額は，実際の収入額に応じて，月によって変動するかもしれない。というのも，その顧客グループは，13カ月目にはアクティブではなくなり，その月の平均値の計算には含まれないかもしれないからである。

　ここで大事なことは，収入額はアクティブな顧客のみに基づいて決まるということである。実際の収入額を生存曲線と組み合わせるのと同じ方法で，アクティブな顧客からの月別平均収入額を生存曲線と組み合わせることもできるの

である。

**＜顧客の移動の考慮＞**

顧客との関係性には複数の異なる段階があることが多い。よくあるのは，この段階が，顧客の所持する製品のタイプに基づいているというようなことである。たとえば，1つか2つの製品を持つある銀行の顧客は「新しい」顧客，3つか4つの製品を持つ顧客は「成長中」の顧客，5つ以上であれば「ロイヤル」顧客と考えられるかもしれない。この場合，顧客価値についての質問は，「顧客が1つのグループから次に移動するまでの期間はどのくらいか」になる。

ある企業は，彼らの登録顧客を3つのグループに分割した。具体的には，継続期間が1年未満の顧客を「新規」，1年から2年の顧客を「中間」，2年以上の顧客を「ロイヤル」としたのである。この場合，顧客グループの定義は継続期間のみに依存しており，生存分析を使ってその移動経路を解明することは容易である。

また別のケースでは，ロイヤルティの区分けは製品の別の価値に基づくかもしれない。たとえば，標準のクレジットカード保持者と（ゴールド，プラチナ，チタン，ブラックなどの）プレミアムカード保持者といった区分けである。顧客価値の観点からは，これらの顧客グループのおのおのが異なる価値判断を持っている。顧客価値全体の計算では，顧客が同じ製品を保持し続ける期間や，アップグレードする時点，ダウングレードする時点，あるいは解約する時点を見つけるために，競合リスクを利用することが必要になるのである。

### 5.5.4 予測

他に生存分析の応用として興味深い例は，将来の顧客数の予測，あるいは同じことであるが，将来の所与の時点における解約数の予測である。それらをまとめれば，生存分析によって，所与の期間内でどのくらいの顧客が出入りするのかを，うまく推定できる。

そういった予測には2つの構成要素がある。その1つは既存顧客のモデルであり，顧客のライフサイクル期間内の共変量を考慮に入れることができる。こ

のモデルは，1つあるいはそれ以上の生存モデルを顧客に適用することによって機能する。仮に顧客が100日間継続していたとすれば，その翌日に解約する確率は100日目の時点でのハザード確率である。その次の日に解約する確率を計算するためには，はじめにその顧客が100日目には解約していないと仮定して，その上で101日目に解約する確率を計算することになる。これは100日目の時点での条件付き生存確率（1－ハザード確率，つまり解約しない確率）に，101日目のハザード確率を掛けたものである。これをすべての顧客の継続期間に適用することで，既存顧客のなかで将来解約する人数の予測値が得られる。

図5.14は，生存分析の専門家であるWill Pottsが求めた，1カ月間の解約数の予測を示している。また，同じ期間の実績値も併せて示してある。この生存率に基づく予測は，実際に生じている状況に極めて近くなっている。この結果を見ると，解約顧客数には週単位のサイクルがあることが図から読み取れる。

顧客レベルでの予測の2つ目の構成要素は，計算がもう少し難しくなる。この要素は，予測に与える新規顧客の効果であり，その難しさは技術的なもので

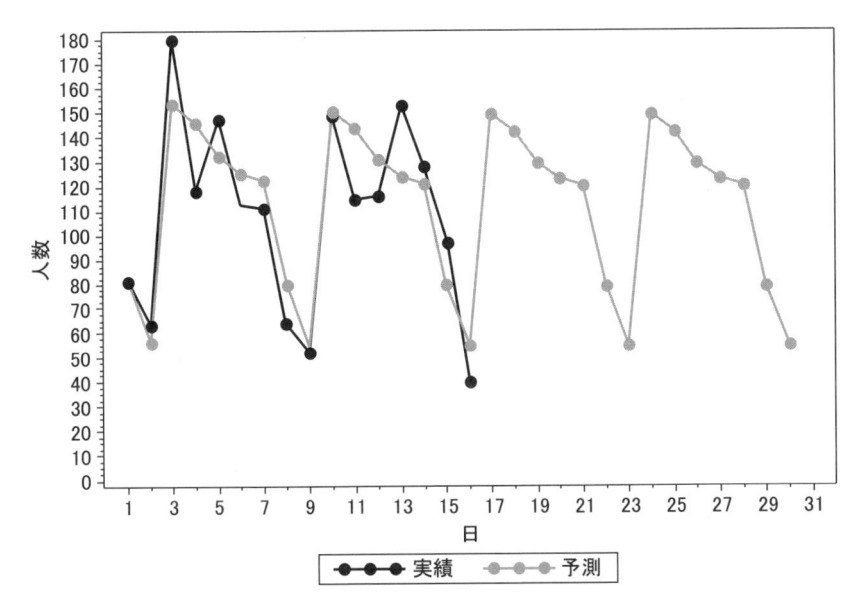

図5.14 生存分析を顧客の解約予測に利用することもできる。

はない．困難なのは，新規顧客の「スタート時点」の推定値を得ることである．幸いなことに，製品単位やチャネル単位，あるいは地区単位に細分化された新規のスタート顧客を含む予算を予測することがよくある．生存分析モデルにも，これらの効果を組み込んで改良することができる．ただし，予測は，予算と同じ程度の正確さにしかならないのはもちろんである．しかしながら，生存分析の手法に基づく予測は，予算と実績を数値管理するプロセスに統合できる点で優れている．

これらの構成要素，すなわち既存顧客の解約数の予測値と，新規顧客の解約数の予測値を組み合わせることで，将来の顧客数の推定値を得ることが可能になる．筆者は，このような数年先の予測を行うクライアントと一緒に仕事をしたことがある．その新規顧客モデルには顧客獲得チャネルを含めたので，結果としてその予測モデルは，将来の顧客獲得チャネルミックスの最適化に用いることが可能な1つのツールを提供している．

### 5.5.5 時間と共に変化するハザード

生存分析においてより難しい問題の1つは，ハザード確率それ自体が時間について一定なのか，あるいは時間と共に変化するのかという点である．科学的研究で設定される仮定は，ハザード確率は変化しないというものである．科学分野における生存分析のゴールは，さまざまな状況における「真の」ハザード確率の推定値を得ることにある．

この仮定は，マーケティングでは真であるかもしれないし，そうではないかもしれない．確かにこの仮定を用いた生存分析は，顧客データの分析に役立つという価値が実証されてきている．しかし，ハザード確率が時間とともに変化する可能性があると考えると，それもまた興味深い洞察を与える可能性がある．とくに，もしハザード確率が変化するとすれば，市場や顧客が時間とともに良くなっていくのか，あるいはその逆なのかについて，ある種の洞察を与えてくれるはずである．

この問題に答えるための1つの方法は，これからスタートする顧客ではなくて，すでに解約している顧客，とくに過去数年の間のそれぞれの年で解約した

顧客のハザードを手掛かりにするというものである。言い換えると，昨年解約した顧客のハザード確率と，その前の年に解約した顧客のハザード確率の間には，有意な差があるかということである。この章の前のほうで，解約した日付に基づいて選択した顧客集団を使ったハザードの計算では，正確なハザード確率は求められないことを注意した。この問題はどう克服できるであろうか。

　これらのハザードを計算する1つの方法がある。この方法は顧客の時間枠を用い，その時間枠のなかで生じた解約に基づいて，ハザード確率を計算する。経験的なハザード確率の定義を思い出してほしい。それは，ある特定の時点で解約した顧客の数を，その時点で解約することが可能であった人数で割った値である。これまでは，可能性のあるすべての顧客が計算に含まれていた。それに対してこのアイデアでは，焦点となっている期間に解約可能であった人のみに対象を限定するのである。

　1つの例として，2010年に解約した顧客に基づくハザード確率の推定を考えてみよう。2010年に解約した顧客は，2010年の最初の日にアクティブであった顧客か，2010年中に新規に会員となった顧客のどちらかである。どちらであっても，その顧客らは，スタート時点の総人数のカウントに寄与するのみである。たとえ彼らの継続期間が2010年の最初の日（あるいは新規顧客のスタートからの期間が0日）のみであったとしても同じである。

　そこで今度は，1日のハザード確率の計算について考えてみよう。1日の顧客継続期間で解約可能で，かつ2010年に解約する顧客の母集団とはどのようなものであろうか。2009年12月31日から2010年12月30日の間にスタートした顧客のみが，2010年中に1日の継続期間で解約可能である。それゆえ1日ハザードの計算は，継続期間が1日の解約顧客数を総解約数として用いる。解約の可能性がある母集団は，2009年12月31日から2010年12月30日までの間に開始した顧客で構成される。もう1つの例として，365日ハザードであれば，2009年に開始した顧客の母集団人数に基づくことになる。

　その結果は，特定の期間内の解約数に基づくハザード確率の推定値となる。とはいえ比較の目的であれば，ハザードそれ自体よりも，生存曲線のほうがより役に立つ。図5.15は1つの例を提示しており，それは，生存率が数年間にわたって確かに減少していることを示している。その生存率の変化は小さいも

のであるかもしれない。しかし，その計算は数十万人の顧客に基づいており，顧客の質の低下を表しているのである。

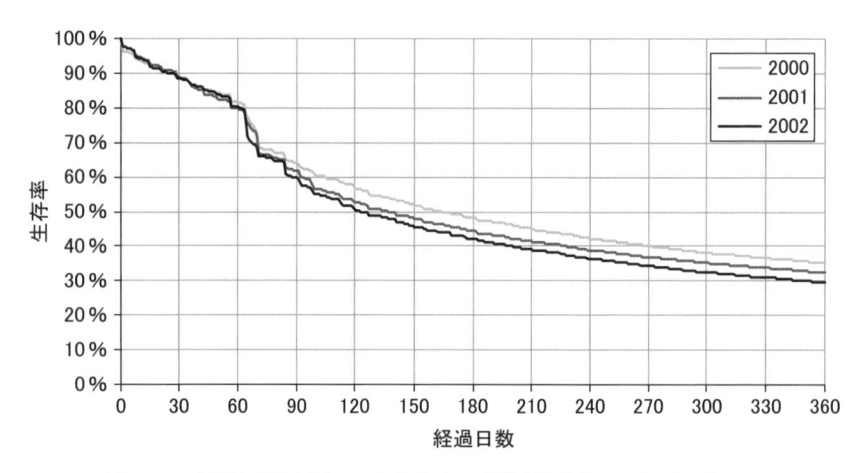

**図 5.15** 時間枠手法を用いると生存率の時間変化を見ることができる。

## 5.6 得られた教訓

　ハザードと生存分析は，顧客を理解するために設計されている。この章ではハザードを，離散的な時間単位のなかで定義された所与の時点において，顧客が離脱する条件付き確率として紹介した。生存分析のこのような取り扱いは，統計学の立場から見ると正統なものではなく，統計学では，離散時間の確率よりもむしろ連続的な比率に基づくアプローチが好まれる。とはいえ，このアプローチは，顧客を分析するという点では直観的でわかりやすい。

　ハザードは，顧客のライフサイクルの X 線写真のようなものである。これと関連する生存率についてのアイデア，すなわちある特定の時点まで継続していた顧客の割合は，異なる複数の顧客間の比較を可能にし，その結果をドルやセントなどの金額に変換することを可能にする。十分な顧客数がある場合は（そして通常はそうであるが），顧客を層別してグループごとに別々の曲線をつ

くると，比較しやすくなる。ある特定時点における生存率や顧客数の半減期，平均顧客継続期間のようなその他の指標は，顧客をよりよく理解するために役に立つものである。

生存分析において大事なコンセプトの1つは，打ち切りである。これは，一部の顧客が分析から取り除かれることを意味している。この打ち切りというアイデアは，自主的解約と強制的解約のような競合リスクを理解するために，拡張して利用することができる。また，打ち切りを行えば，全体の結果に影響を及ぼすことなく，一時的なボイコットのような特定の影響を除くこともできる。

ハザードの最も強力な点の1つは，どの要因がハザード確率を増減させる影響力を持っているのかを明らかにする能力である。顧客を層別することに加えて，もう1つの手法であるコックスの比例ハザード回帰は，1970年代からその価値が実証されてきており，その拡張や改良が継続的に行われてきている。

生存分析は，顧客の離脱確率を測定することを超えて，多くの応用がなされてきた。それが，顧客価値を計算する際の，基本的な構成要素となることもよくある。またそれは，顧客ライフサイクルにおけるさまざまなタイプの事象の予測や，顧客数の予測にも用いられる。生存分析は極めて強力な手法であり，顧客ならびにそのライフサイクルの理解を深めるために，特別にデザインされたようにさえ見えるものである。

# 索引

**【アルファベット】**
audio signature　*190*
CART　*72*
constellation　*191*
F 検定　*85*
LOESS　*188*
look-alike モデル　*160*
MBR　*157*
neighbor　*158*
null　*72*
paired テスト　*161*
R 木　*168*
RBF ネットワーク　*108, 134*
ROC チャート　*44*
similarity　*158*
social information filtering　*196*
spectrogram　*191*
XOR 関数　*110*

**【あ】**
アウトバウンド　*16*

**【い】**
一般化デルタ　*131*

**【う】**
打ち切り　*223*

**【え】**
枝刈り　*86, 92*
エントロピー　*76, 77, 78*

**【お】**
丘登り　*133*
オーバーサンプリング　*39*
オーバーフィッティング　*122*

オーバーフィット　*7*
重み　*110*
重み付き投票　*186*
音声認証方式　*190*
温度計コード　*145*

**【か】**
カイ 2 乗値　*80*
ガウス関数　*135*
学習用データ　*88, 160*
学習率　*131*
隠れ層　*119*
活性化関数　*116*
カットオフ　*43*
カテゴリ　*15*
カテゴリ変数　*71*
感度分析　*152*

**【き】**
記憶ベース推論　*157*
記述モデル　*1*
キャンペーン　*49, 50*
休眠顧客　*3, 4*
偽陽性　*45*
協調フィルタリング　*157, 195*
業務システム　*19*
局所的散布図平滑化法　*188*
局所モデル　*64*
近傍レコード　*158*

**【く】**
クイックプロップアルゴリズム　*134*
クーポン　*15*

**【け】**
結合関数　*116*

欠損値　34, 71
検証用データ　88

【こ】
顧客価値　247
顧客シグネチャ　29
顧客半減期　208
誤差関数　129
誤差逆伝播法　108, 129
コーディング　35
誤分類率　73, 88
コールセンター　18
コンスタレーション　191

【さ】
最近傍アプローチ　158
サポートベクターマシン　98, 99, 100

【し】
閾値　110
シグモイド関数　117, 118
時系列モデリング　149
自己組織化マップ　110
ジニ係数　75, 76, 77
社会情報フィルタリング　196
集計期間　8
収入の最大化　4
樹形図　67
条件つきエントロピー　174
情報利得　76
情報利得比　78
所属確率　62
神経伝達物質　113
人工ニューラルネットワーク　107, 115
真陽性　45

【す】
数値変数　70
ステップ関数　117
スペクトログラム　191

【せ】
生存曲線　207
生存率　231
生命保険　17
説得可能顧客　5

【そ】
双曲線正接関数　117
相互情報量　172, 173
喪失顧客　5

【た】
ダイレクトメール　21, 50
ターゲット変数　2, 9
多層パーセプトロン　108, 119, 110

【ち】
調整済み誤差率　87
貯蓄口座　31

【つ】
追加反応モデル　4

【て】
定数ハザード　220
データウェアハウス　10, 18, 19
データビジュアライゼーション　24
デモグラフィクス変数　10
伝達関数　116

【と】
投資口座　31

【に】
二項定理　92
二値反応モデル　3, 5, 21, 41
二値変数　69
ニューラルネットワーク　107

【ね】
ネットワークトポロジー　122

【の】
ノード　111

【は】
ハザード確率　218
バスタブ型ハザード　221
パーセプトロン　108
反応率最大化　4

【ひ】
ビジュアライゼーションツール　25
標本誤差　8

【ふ】
フィードフォワードニューラルネットワーク　124
部分木　87, 89
普遍的な近似　137, 139
ブランド　15
プロセス管理　103
プロファイリング　10
プロファイリングモデル　1, 2
分岐基準　79
分類　63

【へ】
平均2乗誤差　133
ベル型関数　135

【ほ】
ポイントカード　14
ポートレートソフトウェア　5

【ま】
前処理　36
マンハッタン距離　180

【も】
目的志向的データマイニング　1, 2, 11
目的層　123
モデルの安定性　7

【や】
焼き戻しシミュレーション　133

【ゆ】
ユークリッド距離　161, 180

【よ】
予測　64
予測モデル　1, 2

【ら】
ランキング　62

【り】
利益最大化　4
リテンション曲線　229
リフト図　41
リフト値　39, 40

【る】
類似性　158
ルール　93

【れ】
レコード距離関数　179
レコメンデーション　158, 195

ISBN978-4-303-73427-5
### データマイニング手法【3訂版】〈予測・スコアリング編〉
2014年3月25日　初版発行　　　　　　　　　　　　　　　　© 2014

| 訳　者 | 上野勉・江原淳・大野知英・小川祐樹・斉藤史朗 | 検印省略 |
|---|---|---|
|  | 佐藤栄作・谷岡日出男・原田慧・藤本浩司 |  |

発行者　岡田節夫
発行所　海文堂出版株式会社

　　　　本　社　東京都文京区水道2-5-4（〒112-0005）
　　　　　　　　電話 03(3815)3291(代)　FAX 03(3815)3953
　　　　　　　　http://www.kaibundo.jp/
　　　　支　社　神戸市中央区元町通3-5-10（〒650-0022）

日本書籍出版協会会員・工学書協会会員・自然科学書協会会員

PRINTED IN JAPAN　　　　　　　　　印刷　田口整版／製本　小野寺製本

|JCOPY|＜(社)出版者著作権管理機構 委託出版物＞

本書の無断複写は著作権法上での例外を除き禁じられています。複写される場合は、そのつど事前に、(社)出版者著作権管理機構（電話03-3513-6969、FAX 03-3513-6979、e-mail: info@jcopy.or.jp）の許諾を得てください。